高职高专"1+X"模式智能新能源汽车专业系列教材

新能源汽车使用与维护

主　编　胡敏艺　蒋光辉
副主编　杨学易　欧阳全胜　赵群芳　边东生
参　编　徐旭升　王亚华　　黄仁义　敖克勇

机械工业出版社
CHINA MACHINE PRESS

本书以新能源汽车使用与维护为主线，介绍了新能源汽车驾驶操作方法以及新能源汽车故障应急处理及事故救援流程、高压系统维护技术、底盘系统维护技术、辅助电气系统维护技术。

本书的特点是理论联系实际，采用理实一体化教学模式，并将丰富的媒体资源以二维码形式插入教材，实现立体化教学。

本书以比亚迪 e5、比亚迪·秦为主要参考车型，以其他常见新能源车型典型案例为辅，运用了丰富的案例和新颖的资源形式，对新能源汽车日常操作使用与维护进行了详细的讲解。同时提供了相应的技能训练项目（实训演练）和复习题（任务练习），以培养学生分析和解决实际问题的能力。

本书内容通俗易懂、深入浅出，适合作为高等职业院校新能源汽车专业核心教材，也可作为汽车服务人员在职培训及自学指导用书。

图书在版编目（CIP）数据

新能源汽车使用与维护 / 胡敏艺，蒋光辉主编 . —北京：机械工业出版社，2022.7（2025.2 重印）
高职高专"1+X"模式智能新能源汽车专业系列教材
ISBN 978-7-111-71206-0

Ⅰ .①新⋯　Ⅱ .①胡⋯②蒋⋯　Ⅲ .①新能源 – 汽车 – 使用方法 – 高等职业教育 – 教材②新能源 – 汽车 – 车辆修理 – 高等职业教育 – 教材
Ⅳ .① U469.707

中国版本图书馆 CIP 数据核字（2022）第 122697 号

机械工业出版社（北京市百万庄大街 22 号　邮政编码 100037）
策划编辑：齐福江　　　　　责任编辑：齐福江
责任校对：李　杉　贾立萍　封面设计：严娅萍
责任印制：单爱军
北京虎彩文化传播有限公司印刷
2025 年 2 月第 1 版第 4 次印刷
184mm×260mm·15.75 印张·379 千字
标准书号：ISBN 978-7-111-71206-0
定价：69.00 元

电话服务　　　　　　　　网络服务
客服电话：010-88361066　机 工 官 网：www.cmpbook.com
　　　　　010-88379833　机 工 官 博：weibo.com/cmp1952
　　　　　010-68326294　金 书 网：www.golden-book.com
封底无防伪标均为盗版　机工教育服务网：www.cmpedu.com

前 言 FOREWORD

党的二十大报告提出建设现代化产业体系和强化现代化建设人才支撑的理念。我们要实现的中国式现代化，是人与自然和谐共生的现代化，必须贯彻新发展理念，坚持可持续发展，坚定不移走生产发展、生活富裕、生态良好的文明发展道路，走中国式现代化新道路。近年来，能源转型已在全球形成高度共识，新能源革命也在加速进行，新能源汽车发展迅猛，国家对此的政策扶植力度也有增无减。在《新能源汽车产业发展规划（2021—2035年）》中也指出，到2035年，新销售的车辆将以新能源汽车为主流，公共领域用车要实现全面电动化，在商业化应用上要实现燃料电池汽车，在规模化应用上实现高度自动驾驶汽车，从而促进节能减排，提升社会运行效率。在此背景下，"新能源汽车使用与维护"也成为了智能新能源汽车技术专业的必修课。党的二十大报告提到的人才强国战略，内涵更丰富，更具有新时代的特色。报告非常明确地把大国工匠和高技能人才作为人才强国战略的重要组成部分，人才培养已经成为重大课题。本课程坚持思政育人、文化育人、专业育人、实践育人四位一体的教学理念，采用理实一体的教学模式，以实际维修案例导入典型工作任务，将素质教育融入课堂教学，注重对学习者专业知识、动手能力和职业素养的综合培养。

本书共有5个项目18个任务。介绍了新能源汽车的使用、纯电动汽车高压系统的维护、混合动力汽车高压系统的维护、新能源汽车底盘系统的维护以及新能源汽车辅助电气系统的维护，使学生系统性地了解新能源汽车构造与使用、维护方面的知识。

本书以职业教育工学一体化课程改革模式作为课程设置与内容选择参照点，以科学性、实用性、通用性为原则，完全符合职业教育汽车类课程体系的设置。同时，本课程还配套了一系列的数字资源，丰富了教材，也使得教学趣味性更浓。

本书为高职高专院校新能源汽车专业、汽车运用技术专业等教学用书，也可作为成人高等教育或汽车技术人员培训教材，汽车维修人员和汽车技术爱好者也可用于自学。

本书由胡敏艺（贵州轻工职业技术学院）、蒋光辉（贵州轻工职业技术学院）任主编，由杨学易（贵州轻工职业技术学院）、欧阳全胜（贵州轻工职业技术学院）、赵群芳（贵州轻工职业技术学院）、边东生（奇瑞万达贵州客车股份有限公司）任副主编，参加编写的还有徐旭升（贵州轻工职业技术学院）、王亚华（贵州轻工职业技术学院）、黄仁义（贵州建设职业技术学院）、敖克勇（遵义职业技术学院）。在编写本书的过程中，得到了上海景格科技股份有限公司的大力支持，在此表示感谢。

由于编者的水平有限，书中难免存在一些疏漏和不足，恳请各位读者指出并提出宝贵意见，以便在修订时改正和完善。

编 者

目 录 CONTENTS

项目一

新能源汽车使用

随着新能源汽车的日益普及，人们对汽车的安全性和舒适性提出了更高要求，能按照保养手册对新能源汽车进行正确的定期维护也越来越重要。但正确的维护需要建立在对新能源汽车的使用有基本认知的基础之上，只有了解了新能源汽车的基本知识，才能为后期维护打下坚实的基础。

本项目以比亚迪e5和比亚迪秦为例，介绍纯电动汽车和混合动力汽车驾驶的基本知识，在此基础上介绍新能源汽车紧急故障应急处理的情况和方法，新能源汽车事故救援的操作流程规范，及一些典型的事故救援处理方法。

任务一　纯电动汽车驾驶

老张新买了一辆纯电动汽车，但由于之前从未驾驶过这类汽车，于是向4S店客服人员寻求帮助。作为客服人员需要熟悉车辆驾驶室布局、驾驶流程及驾驶时的注意事项等知识，方可对老张进行指导。请在完成本任务的学习后教会老张驾驶纯电动汽车。

学 习 目 标

1）了解比亚迪e5汽车驾驶室的结构组成。
2）知道比亚迪e5汽车驾驶室各部分组成的功能。
3）掌握纯电动汽车驾驶操作流程。
4）知道纯电动汽车驾驶注意事项。
5）能规范地进行比亚迪e5汽车上电、驾驶操作。

知 识 储 备

汽车驾驶室是整个汽车的重要组成部分，不仅可以为驾驶员提供便利的工作条件，而且可以为乘员提供舒适的乘坐环境。此外，汽车驾驶室布局措施和设备还有助于安全行车和减轻事故后果。因此，要驾驶纯电动汽车，首先应该了解车辆驾驶室的结构与功能。

一、纯电动汽车驾驶室认知

纯电动汽车驾驶室通常包括仪表板、组合开关、制动踏板、加速踏板、换档操纵机构、驻车制动器、点火开关和安全带等，不同类型的纯电动汽车在驾驶室布局上稍有不同。本任务主要以比亚迪e5为例展开介绍。

1. 仪表板

汽车仪表板主要包含指示灯和各种仪表，用于反映车辆各系统的工作状况，以便为驾驶员提供所需的汽车运行参数信息；提醒驾驶员采取必要的措施消除指示灯提示存在的问题，合理、安全地使用汽车。比亚迪e5纯电动汽车组合仪表包括功率表、信息显示屏和车速表，如图1-1-1所示。

（1）功率表

功率表用于显示当前模式下整车的实时功率。功率表默认用"kW"（米制功率单位：千瓦）来指示整车的功率，也可通过菜单中的单位设置选择"HP"（英制功率单位：马力）。当车辆在下坡或慢速行驶时，功率指示值可能为负值，这表示当前车辆正在给动力电池充电。

（2）信息显示屏

信息显示屏主要包含电量表、里程信息、室外温度、档位指示、故障信息、行车信息、提示信息。其中电量表用于指示当前车辆动力电池预计剩余的电量。里程信息用于显示车辆已行驶的总里程数。室外温度用于显示室外温度信息。档位指示用于显示变速杆在某位置时相应的档位指示。故障信息主要用于提示用户检查相应的系统信息。行车信息主要显示车辆行驶时的胎压、能量流程图、续驶里程、累计平均电耗等信息。提示信息主要用于充、放电提示。

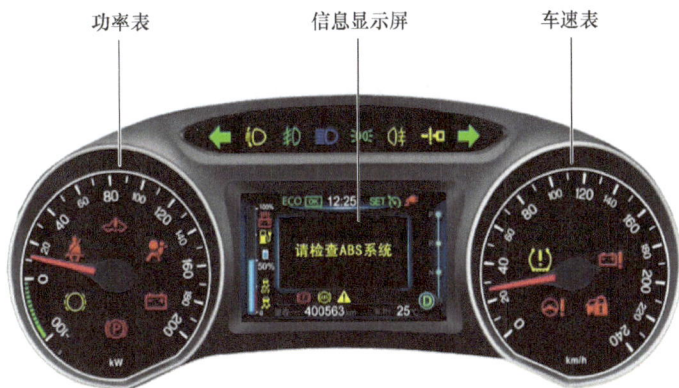

图 1-1-1   比亚迪 e5 纯电动汽车组合仪表

（3）车速表

车速表用于显示当前行驶情况下整车的实时车速。车速表默认用"km/h"（千米/小时）来指示整车的车速，也可通过菜单中的单位设置选择"MPH"（英里/小时，俗称"迈"）。当电源档位处于"ON"位时，此表指示当前车速值。

2. 组合开关

比亚迪 e5 汽车组合开关主要有转向盘组合开关、外部灯光组合开关、刮水器组合开关、电动车窗组合开关、车外电器调节组合开关、仪表及驾驶模式组合开关、天窗及车内照明组合开关及其他开关。

（1）转向盘组合开关

多功能转向盘是指在转向盘两侧或者下方设置一些功能键，让驾驶员更方便地操作转向盘。多功能转向盘（图 1-1-2）包括音响控制按键、影像按键、电话按键等装置，各装置的功能见表 1-1-1。

（2）外部灯光组合开关

外部灯光组合开关主要用于控制车辆外部灯光的开闭情况，位于转向盘下部，转向开关左侧。比亚迪 e5 外部灯光组合开关包括前照灯，前、后雾灯，转向信号灯和示廓灯。

图 1-1-2   比亚迪 e5 多功能转向盘

1）前照灯。其作用主要是夜间行车或天气状况不太好的情况下，为驾驶员提供照明。前照灯有"○"档、"AUTO"档、"示廓灯"档和"近光灯"档四个档位，当车灯开关处于这些位置的任何一处时，指示灯将点亮以示提醒。

①"○"档。组合开关左手柄打到"○"档（图 1-1-3），所有灯光都关闭。

②"AUTO"档。组合开关打到"AUTO"档（图 1-1-4），组合开关根据光照强度传感器所感受到的光照强度情况而自动点亮或熄灭车灯。

表 1-1-1　比亚迪 e5 多功能转向盘各装置功能

按键名称	按键图片	按键符号	按键符号功能
音响控制按键		"+"号	调高音量
		"-"号	调低音量
		"∧"	收音机模式下：自动搜寻上一强信号电台（调高频率） CD/USB/SD/AUX 模式下：播放上一首（曲目号 +1）
		"∨"	收音机模式下：自动搜寻下一强信号电台（调低频率） CD/USB/SD/AUX 模式下：播放下一首（曲目号 -1）
	模式	/	1）若音响处于关机，短按该键可进行开机操作，进入上次关机时的记忆播放模式。长按该键时，可以关闭音响系统 2）按下该键，选择模式，可在 FM → AM → CD（若已装唱片）→ USB（若 USB 接口已连接 U 盘）→ AUX（若 AUX 接口已连接播放器）→ SD（如插入）之间切换循环 3）如果记忆播放模式无播放源（如无碟片、无外接音频设备），则直接切换到 FM 模式，再次按下时按照上面所述顺序进行切换
	选择	"▲"	仪表菜单向上切换
		"▼"	仪表菜单向下切换
	确定	/	进入菜单
影像按键		/	多媒体进入全景模式，显示右影像界面和倒车影像界面
电话按键		/	通话时短按结束通话（在蓝牙相关的所有界面点击转向盘上的挂断，系统退出蓝牙界面，跳转到进入前的非蓝牙界面）
		/	拨打 / 接听（当系统处在与蓝牙无关的界面下时，蓝牙未连接情况下，短按该键，系统跳转到蓝牙连接界面；蓝牙已经连接的情况下，系统跳转到拨号主界面）

注：电源档位处于"ON"位时，音响控制开关才可用。

③"示廓灯"档。组合开关打到"示廓灯"档（图 1-1-5），可点亮前示廓灯、后示廓灯、后牌照灯及室内灯。

④"近光灯"档。近光灯的操作方法是将组合开关打到"近光灯"档（图 1-1-6），近光灯开启。具体操作时需要注意三点：第一，当组合开关打到"近光灯"档，组合开关左手柄向前推（图 1-1-7），直至听到"咔哒"声时，远光灯及仪表远光指示

图 1-1-3　比亚迪 e5 前照灯"○"档

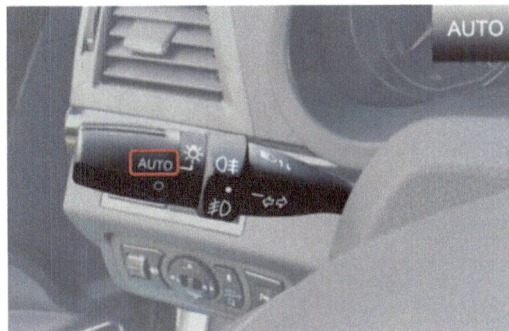

图 1-1-4 比亚迪 e5 前照灯 "AUTO" 档

图 1-1-5 前照灯 "示廓灯" 档

图 1-1-6 "近光灯" 档

图 1-1-7 向前推组合开关左手柄

灯将点亮。若要切换回近光灯，则将组合开关左手柄拉回（图 1-1-8）即可。第二，若组合开关左手柄向后拉，然后松开，此时远光灯点亮然后熄灭。第三，无论组合开关打到哪一位置，如果向后拉起组合开关左手柄不放，远光灯就会持续点亮。

2）前、后雾灯。雾灯主要用于在雨雾天气行车时为驾驶员照明道路，并对其他行人或车辆给予安全警示。

图 1-1-8 向后拉组合开关左手柄

前雾灯的开启方法是，将组合开关打到示廓灯档 "ǝ◎ɛ" 或 " ᴇ◎ " 档，并且雾灯旋钮打到 "前雾灯" 档，前雾灯开启。此时，仪表板上的指示灯 "ᴇ◎" 点亮，以示提醒。

后雾灯的开启方法有两种：一种方法是将组合开关打到 "ǝ◎ɛ" 档，并且打到 "前雾灯" 档，再将雾灯旋钮打到 "后雾灯" 档，后雾灯开启；另一种方法是将组合开关打到 " ᴇ◎ " 档，再将雾灯旋钮打到 "后雾灯" 档，后雾灯开启。

3）转向信号灯。转向信号灯主要用于汽车转弯时发出闪光信号，使前后车辆、行人、交警了解其行驶方向。转向信号灯的开启方法是将组合开关左手柄下拉，左转向灯及仪表转向指示灯同时开始闪烁；将组合开关左手柄上推，右转向灯及仪表转向指示灯同时开始闪烁。

打开转向信号灯后，可以松手，此时转向信号灯也将持续闪烁，待完全转过弯道之后，自动熄灭。

4）示廓灯指示灯。示廓灯指示灯 ⅀⌀⊏ 的作用是提醒驾驶员车外的灯亮着。当车灯开关处于"⅀⌀⊏"或"▮⊃"的位置时，此灯会亮起，若已将电源档位处于"OFF"位，而尚未关闭车灯开关时，此指示灯会一直点亮。当驾驶员打开驾驶员侧车门时，也会听到提醒的声音。

熄火退电，遥控闭锁，进入防盗报警状态之后，自动熄灯功能会自动将前照灯、示廓灯熄灭，此时示廓灯指示灯也熄灭。

（3）刮水器组合开关

刮水器组合开关用于控制刮水器和洗涤器，位于转向盘下部，转向开关右侧。刮水器开关共分为5个档位（图1-1-9），即MIST档（点动刮水模式）、OFF档（停止模式）、INT（AUTO）档（间歇模式）、LO档（低速刮水模式）和HI档（高速刮水模式）。选择档位时，可以上抬或下压控制杆。

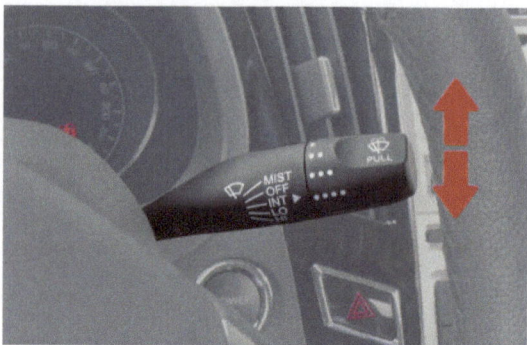

图1-1-9　刮水器组合开关

1）MIST档（点刮模式）。MIST档表示手动开启，向上按一下整个刮水器往车前的方向推一次，刮水器就刮一次。若使刮水器在点刮模式下运作，应从"OFF"位置将控制杆上抬，刮水器将高速刮水，直至驾驶员将控制杆松开为止。

2）OFF档（停止模式）。OFF档是指刮水器处于不工作状态。

3）INT（AUTO）档（间歇模式）。INT（AUTO）档表示自动间歇刮擦功能，将拨杆拨到此档位，刮水器就会自动工作。在间歇档位时，带间歇时间调节旋钮，随着雨滴数的增加，其刮水间歇时间分别为1s、3s、5s和7s，分档自动调节。

4）LO档和HI档（低速刮水模式和高速刮水模式）：LO档和HI档是指刮水器在低速与高速档位时，刮水器连续刮水。

当清洗前风窗玻璃时，需将刮水器控制杆向后拉起，此时洗涤器就会一直喷水，同时刮水器运作。当松开控制杆时，洗涤器将停止喷水，刮水器将摆动3次后停止。

（4）电动车窗组合开关

电动车窗组合开关位于驾驶侧车门内把手前部，可控制所有车门玻璃升降，并控制车门锁闭/解锁。当电源档位处于"ON"位时，使用各侧车窗控制开关，可控制该车门玻璃的升降。驾驶员侧车窗控制开关有四个按键，可分别控制四个车门玻璃的升降（图1-1-10）。

驾驶员侧车窗开关具有一键升降功能（部分车型无此功能，如图1-1-11所示），即将按键按到底，手松开后，车窗可自动下降到底；将按键完全拉起，手松开后，车窗可自动上升。一般具有一键升降功能的车窗都具有防夹功能，那么当驾驶员侧车窗在上升过程中，有人或物体被夹住时，玻璃会停止上升并自动向下反转一定的距离。

若按下驾驶员侧其他车窗开关，乘员侧车窗下降；若拉起驾驶员侧其他车窗开关，乘员侧车窗玻璃升起。总之，只要按动开关，车窗玻璃就会随之移动。

图 1-1-10　电动车窗组合开关示意图

图 1-1-11　锁止键

若按下车窗锁止按键，仅驾驶员可对车窗玻璃进行升降操作，各乘员无法进行其他车窗玻璃升降操作。同时这 3 个按键上的工作指示灯熄灭。再次按下车窗锁止按键，按键升起，恢复各乘员侧的玻璃升降器开关功能，同时这 3 个按键上的工作指示灯点亮。

除了上述功能之外，车窗系统控制还具有延迟功能，即当电源档位关闭后，仍可保证在最长 10min 的时间内开启或关闭车窗。但是当打开任意一扇前车门时，延迟功能会立即被取消。此时，必须将电源档位切换至"ON"位才能控制车窗。此外，当仪表设置车窗系统延迟功能时，长按遥控器解锁，四门玻璃会自动下降，松开按键，玻璃会停止动作；长按左前门微动开关，玻璃会自动上升；松开按键，玻璃会停止动作。

（5）车外电器调节组合开关

车外电器调节组合开关位于仪表左下侧，由电动外后视镜开关、前照灯调节开关、倒车雷达电源开关组成。

1）电动外后视镜开关。电动外后视镜开关用于调节外后视镜，共有四个方向，即上、下、左、右（图 1-1-12），分别对应开关的前、后、左、右动作。该开关有关闭档、左外后视镜档和右外后视镜档 3 个档位。

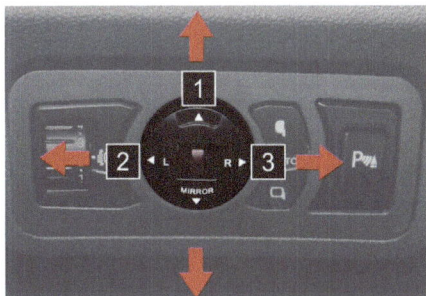

图 1-1-12　电动外后视镜开关

① 关闭档。在此档时，开关不能前后左右动作，调节功能关闭。

② 左外后视镜档。把调节按钮向左按下，即选择了左外后视镜。

③ 右外后视镜档。把调节按钮向右按下，即选择了右外后视镜。

当装有电动外后视镜折叠开关 时，按下折叠按键"Ｑ"，左右外后视镜开始同时折叠。按下"Ｑ"展开按键，左右外后视镜回到展开状态。

当电动外后视镜折叠开关处于 AUTO 位，车辆遥控闭锁时，左右外后视镜同时折叠，车辆遥控解锁时，左右外后视镜同时展开，开关处于折叠或展开状态时，AUTO 功能自动取消。

2）前照灯调节开关。前照灯调节开关用于调节前照灯高度。当组合开关在前照灯档时，前照灯调节开关处于 0 档，近光灯灯光照射高度最高；前照灯调节开关处于 5 档，近光灯灯光照射高度最低。根据乘员人数和车辆的载货状况可以调整近光灯照射高度

（表 1-1-2），调节开关至 0～5 某一档位，近光灯灯光照射高度随之变化。当组合开关打到示廓灯档时，前照灯调节开关背光点亮。

表 1-1-2　前照灯调节开关档位

就坐人员和车内载货状况		旋钮位置
就坐状况	行李舱负载	
驾驶员	无	0
驾驶员＋前排乘员	无	0
满员	无	0.5
满员	最大负荷	2
驾驶员	最大负荷	3

3）倒车雷达电源开关。装有倒车雷达电源开关时，倒车雷达系统通过指示器和蜂鸣器来提示驾驶员车辆和障碍物之间的大致距离。这种系统利用传感器来探测障碍物。按下开关　，倒车雷达系统处于工作状态。

（6）仪表及驾驶模式组合开关

仪表及驾驶模式组合开关位于车外电器调节组合开关上部，包括背光调节开关、ODO/TRIP（总里程 / 单里程）开关和 ECO（经济节能模式）开关，如图 1-1-13 所示。

1）背光调节开关。按背光调节开关"＋"号时，仪表背光亮度变亮一个档次，依此类推每按一下"＋"时，仪表背光变亮一个档次（仪表背光有 10 档）。当按背光调节开关"－"号时，仪表背光亮度变暗一个档次（仪表背光有 10 档），依此类推每按一下"－"时，仪表背光变暗一个档次。开关长按时可以实现连续变化。

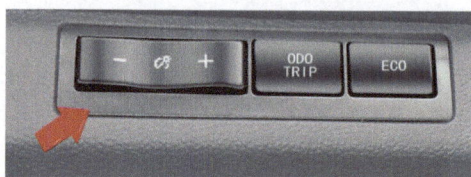

图 1-1-13　仪表及驾驶模式组合开关

2）ODO/TRIP 开关。ODO/TRIP 开关为自复位开关，每按下开关一次，仪表上的里程页面切换 1 次，共切换 3 次，页面循环切换。短按此按键切换液晶显示屏上的长 / 短里程信息，长按此按键可清零短里程。

3）ECO 开关。当装有该开关时，按下"ECO"开关，整车进入 ECO 模式，同时组合仪表上会有 ECO 字符显示。

（7）天窗及车内照明组合开关

天窗及车内照明组合开关位于车顶前部，可以控制天窗以及车内照明。

1）天窗开关。天窗共有四个按键（图 1-1-14），操纵天窗时，电源档位必须处于"ON"的位置。当按下按键"2"时，天窗可以斜升开启；按下按键"1"时，天窗可以从斜开状态关闭；按下按键"4"时，天窗可以完全打开滑入顶盖；按下按键"3"时，天窗可以从打开状态关闭。当天窗到达希望的位置时，松开开关天窗即可停止运动。由于天窗无防夹功能，因此在开闭天窗前，

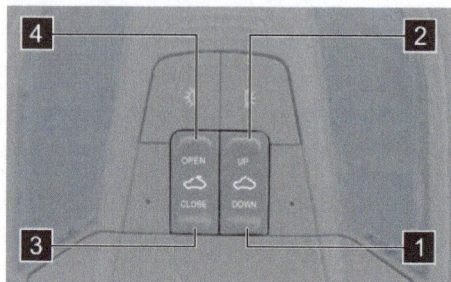

图 1-1-14　天窗开关

一定确认所有乘员的手都已从天窗上移开。

2）车内照明开关。车内照明开关包括左阅读灯控制开关和右阅读灯控制开关（图1-1-15）。当按下左/右阅读灯控制开关时，左/右侧阅读灯点亮，再次按下左/右阅读灯控制开关时，左/右侧阅读灯熄灭。

（8）其他开关

1）转向盘调节开关。转向盘用于操纵汽车行驶方向，控制汽车转向轮，使汽车直行或转向。转向盘调节开关位于转向柱下部，要改变转向盘的角度时，可握住转向盘，将转向管柱调节手柄向下按，将转向盘倾斜至需要的角度，然后将调节手柄恢复至原位（图1-1-16）。

图1-1-15　车内照明开关

1—左阅读灯　2—左阅读灯控制开关
3—右阅读灯　4—右阅读灯控制开关

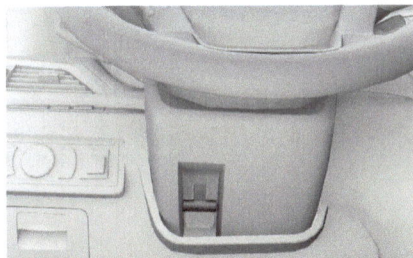

2）紧急警告灯开关。紧急警告灯用于提醒其他车辆与行人注意本车发生了特殊情况，如图1-1-17所示。当按下紧急警告灯的按钮时，可点亮危险警告指示灯。此时6盏车外转向信号灯和仪表板上的2盏转向信号指示灯一起闪烁。

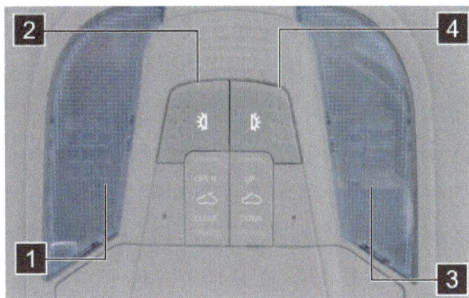

图1-1-16　转向盘调节开关

图1-1-17　紧急警告灯开关

3）放电开关。放电开关位于中控台左侧（图1-1-18）。车辆电源档位处于"OFF"档，按"放电"开关，进入放电模式设置，此时组合仪表上显示提示信息。在放电过程中，再按"放电"开关，放电结束。若需要再放电，可再次按"放电"开关。

4）车后微动开关。车后微动开关位于车辆行李舱牌照灯右侧（图1-1-19），该开关的解锁方式是携带有效钥匙（智能钥匙或卡式钥匙），按下车后微动开关则所有车门解锁。此时按下行李舱开关则打开行李舱。该开关闭锁的方式是盖上行李舱，行李舱闭锁，按下车后微动开关则所有车门闭锁。

图1-1-18　放电开关

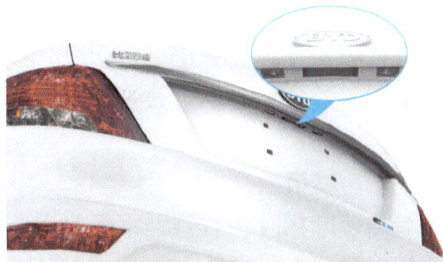

图1-1-19　车后微动开关

3.制动踏板

（1）制动踏板功用

制动踏板俗称"刹车踏板"，是行车制动器的操纵装置，用于汽车减速或停车，其位置如图1-1-20所示。踩下制动踏板时，会产生制动作用；松开制动踏板时，制动解除。在踏下制动踏板产生制动作用的同时，制动灯电路也会接通，此时制动灯亮起，以警告后边随行车辆。

图 1-1-20　制动踏板位置

（2）制动踏板操作方法

纯电动汽车制动踏板操作可以分为3种：缓慢制动（即预见性制动）、紧急制动和间歇性制动。

1）缓慢制动。缓慢制动是指当需要轻踩制动踏板进行制动时，根据行车实际情况，在确保安全的情况下，缓慢踏下制动踏板，使制动片处于缓慢接合摩擦状态，最终使车辆停止。缓慢制动时，右脚迅速放在制动踏板上，根据需要车速及停车点距离，逐渐用力踏下制动踏板直至停车。

2）紧急制动。紧急制动是指汽车在行驶过程中遇到紧急情况时，驾驶员迅速正确地使用制动器，在最短距离内将车停住。紧急制动时，双手紧握转向盘，快速踏下制动踏板，采取一脚踩到底的方法，使车迅速停止。

3）间歇性制动。间歇性制动是断续踏下和放松制动踏板的一种制动方法。在山区行车时由于长期下坡，制动系统易产生高温，造成制动性能降低，为防止制动系统温度过高，驾驶员常使用间歇性制动方法。

4.加速踏板

（1）加速踏板功用

加速踏板俗称"油门踏板"，其主要作用是控制发动机节气门的开度，从而控制发动机的动力输出。在自动档汽车中加速踏板不仅用于控制发动机节气门，还用于将驾驶员的动作信号传递给变速器电子控制器。

（2）加速踏板布置形式

比亚迪e5汽车加速踏板呈"悬挂式"，如图1-1-21所示。"悬挂式"加速踏板由于转轴位于支架顶端，下部结构相对要简单、单薄一点，所以使其踩踏方式更轻巧，而且在设计上可以将踏板支架做成铁棍，在很大程度上可以节约成本，因此一般的厂商都喜欢选用这种踏板。

加速踏板

图 1-1-21　加速踏板布置位置

（3）加速踏板操作方法

踩踏加速踏板时，右脚脚跟轻放在制动踏板和加速踏板中间的驾驶室底板上，并作为支点，脚前掌向右稍倾斜。脚掌前部轻踏在加速踏板上，用踝关节和膝关节伸屈的力量抬起或踏下。

踩下时应轻柔、平稳、准确。决不能忽快忽慢、忽踏忽抬，更不能一脚就踏到底。要根据发动机的声音变化和车辆行驶的需要准确地控制加速踏板。抬起时要平稳地放松。

5. 换档操纵机构

比亚迪 e5 汽车档位执行器的档位标示在变速杆上，如图 1-1-22 所示，主要有 P 位、R 位、N 位和 D 位四个档位。"P"位是驻车档，在车辆起动或关闭时，都需要按下此按钮，车辆才能正常起动或关闭，需要注意的是无论出于什么原因，只要下车，就必须换至驻车档——"P"位。起动车辆时，车辆应处于"ON"位，踩下制动踏板，即可从"P"位切换至其他档位；"R"位是倒车档，必须在车辆完全停止后方可使用；"N"位是空档，需要暂时停车时使用；"D"位是行车档，正常行驶时使用此档位。无论更换为哪个档位，只要换档成功后，手松开，变速杆会自动回到中间位置。

6. 驻车制动器（电子驻车系统）

（1）驻车制动器功用

驻车制动器，通常是指机动车辆安装的手动制动系统，俗称手刹。在车辆停稳后它用于固定车辆，避免车辆在斜坡路面停车时由于溜车造成事故。比亚迪 e5 电子驻车开关（即 EPB 开关）如图 1-1-23 所示。需要注意的是，驻车及离车时必须保证 EPB 处于拉起状态。

图 1-1-22　比亚迪 e5 换档操纵机构

图 1-1-23　比亚迪 e5 电子驻车开关

（2）驻车制动器操作方法

1）EPB 开关拉起操作方法。比亚迪 e5 汽车有两种方法可以拉起 EPB 开关：

① 手动拉起 EPB。向上拉起一下 EPB 开关，EPB 会施加适当的驻车力，仪表上的指示灯 Ⓟ 会先闪烁后常亮，常亮代表 EPB 已拉起，并有文字提示"电子驻车已起动"。

② EPB 自动拉起。EPB 自动拉起又包含两种情况：一种情况是熄火自动拉起，即踩制动踏板将车停下后，按下起动键操作熄火（点火开关由 OK 位转至 OFF 位）后，EPB 会自动拉起，待到仪表上指示灯 Ⓟ 由闪烁变为常亮且有文字提醒"电子驻车已起动"后，再松开制动踏板；另一种情况是 P 位自动拉起，即停车后踩住制动踏板挂至 P 位，EPB 会自动拉起，待到仪表上指示灯 Ⓟ 由闪烁变为常亮，且有文字提醒"电子驻车已起动"后，再松开制动踏板。

2）EPB 开关释放操作方法。比亚迪 e5 汽车有两种方法可以释放 EPB 开关：

① 手动释放 EPB。车辆处于上 OK 位或起动状态，且档位处于非 P 位（驻车档）时，持续踩住制动踏板并按下 EPB 开关，开始释放电子驻车，直至仪表上的指示灯 Ⓟ 熄灭，此时表示已释放电子驻车，并有文字提示"电子驻车已解除"。

若手动释放 EPB 无效时，需持续按住 EPB 开关 2s 以上。若 EPB 能够释放，则请尽快开到距离最近的维修店，检查制动踏板灯开关信号及相关零件和线路；若依然不能释放，则建议立即与比亚迪汽车授权服务店联系。

② 车辆起步时自动释放 EPB。EPB 自动释放又包含两种情况：一种情况是换档自动释放，即车辆处于平路驻车状态时起动车辆，持续踩下制动踏板，将档位由 P 或 N 位挂入 D 或 R 等行驶档位后，EPB 会自动释放，指示灯 ⓟ 熄灭，并有文字提示"电子驻车已解除"；另一种情况是驶离自动释放，即当车辆已经起动，档位处于 D 或 R 等行车档位，EPB 处于拉起状态时，只需缓慢踩下加速踏板到一定深度，EPB 会自动释放，指示灯 ⓟ 熄灭，并有文字提示"电子驻车已解除"。

在实际驾驶过程中，有时会遇到一些特殊情况，不同的特殊状况需要进行不同的操作。下面以坡道起步和应急制动情况为例进行介绍。

1) 坡道起步。坡道起步可以分为车辆驻车状态下的坡道起步和车辆行进过程中连续坡道起步两种工况。

① 车辆驻车状态下的坡道起步：车辆已经处于驻车状态时，不要手动释放 EPB，只需正常地执行换档——踩油的起步操作，EPB 就会智能地控制释放时机以保证车辆顺畅起步。

② 车辆行进过程中连续坡道起步：当车辆需要在坡道起步时，请先确认 EPB 已经拉起（指示灯 ⓟ 常亮，则 EPB 已经拉起），如果 EPB 未拉起，则请按照手动拉起 EPB 的操作，随后即可按照驶离自动释放的方法进行操作，这样车辆可以轻松顺畅地起步。

2) 应急制动。车辆行驶过程中需要制动，发现脚制动失效或受阻时，可持续拉起 EPB 开关，对两个后轮进行强制制动，起到应急制动效果。在强制制动过程中仪表上的指示灯会闪烁，并发出警报声和文字提醒"请释放电子驻车开关"。若驾驶员中途想要取消制动，则松开 EPB 开关即可；若车速降至 3km/h 以下，EPB 将会进入驻车状态，此后再松开开关，EPB 不会解除制动（车辆已经驻车）。

7. 点火开关

比亚迪 e5 汽车通过电子智能钥匙可以实现车门闭锁或解锁，以及起动车辆（图 1-1-24）。当使用电子智能钥匙或者微动开关闭锁车门时，转向盘将锁定。按下起动按钮时，转向锁定自动解除。如果起动按钮上的绿色指示灯闪烁，则表示转向锁卡住。要将其释放，按下起动按钮的同时，轻晃转向盘即可；如果橙色指示灯闪烁，则表明起动部分有故障，建议到比亚迪汽车授权服务店检查车辆。

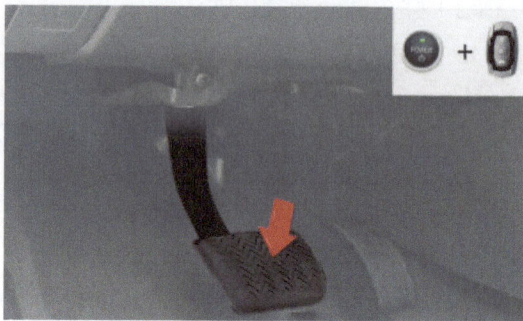

图 1-1-24　起动车辆

踩下制动踏板并按下起动按钮，此时智能进入和智能起动系统警示灯点亮，且车辆中的蜂鸣器鸣响一声。在蜂鸣器鸣响后的 30s 内将电子智能钥匙接近起动按钮，蜂鸣器会再次鸣响一声提示可以起动车辆。在此蜂鸣器鸣响后的 5s 内起动车辆。

8. 安全带

（1）安全带功能

安全带是汽车发生碰撞过程中保护驾乘人员的基本防护装置。比亚迪 e5 汽车安全带功能主要有安全带的紧急锁止（ELR）功能、安全带的预紧限力功能、安全带的自动锁止（ALR）功能和安全带的未系声光报警功能。

1）紧急锁止（ELR）功能。车辆急转弯、紧急制动、发生碰撞或乘员身体前倾太快时，安全带会自动锁紧，实现对乘员的有效约束和保护；车辆平稳行驶时，安全带随着乘员缓慢、平稳的移动而拉出回卷，乘员可活动自如。

2）预紧限力功能。当车辆发生严重的正面碰撞，满足预紧装置触发条件时，预紧装置迅速卷收部分安全带并将其锁紧以加强对乘员的保护作用。限力装置将安全带对乘员身体的束缚力限定在一定范围之内，从而避免因束缚力太大而对乘员造成伤害。

3）自动锁止（ALR）功能。该功能可用于固定保护儿童。将安全带全部拉出即可启动锁止功能，锁止功能启动后安全带只能回卷不能拉出，且回卷时会有连续的"咔嗒"声。安全带完全回卷后，自动锁止功能即自动关闭，安全带可自由拉出回卷。

4）未系安全带声光报警功能。若车辆起动后，若驾驶员未系安全带，声光报警系统将开始工作，直到驾驶员系好安全带。当前排乘客座椅载有乘客，而该乘客又未系安全带时，在多功能显示屏上，将看到一个前排乘客安全带未系指示灯，并伴有警示音以提醒驾乘人员，直至前排乘客系好安全带。

（2）安全带使用方法

安全带的使用时可依照以下步骤进行操作。

1）调整座椅至合适位置，调整靠背至合适角度。

2）调节三点式安全带的位置。首先，将安全带平顺地拉出，使之斜跨过靠近安全带拉出位置的肩部而斜跨胸前，安全带不应位于手臂下方或从颈部后方跨过。然后将腰部安全带尽可能保持在低至臀部的位置，切记一定不要扣在腰部位置（图 1-1-25）。

3）将锁舌插入带扣，直到听到"咔嗒"声，反方向拉锁舌，确认锁止成功。注意：安全带不能扭曲。

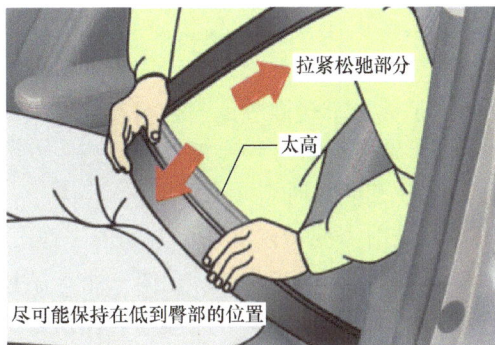

图 1-1-25　安全带正确操作方法

4）调整安全带高度调节器至合适位置，以获得最佳舒适性和保护作用。

5）调整完毕后，用力拉一下肩部安全带，检查安全带高度调节器是否锁止。

6）解锁安全带。按下带扣上的红色解锁按钮，锁舌自动弹出，安全带自动回卷。

（3）安全带使用注意事项

使用安全带时需要注意以下几点。

1）请勿 2 人或 2 人以上共用一条安全带，即使是儿童也不行。

2）车辆行驶前，应确保车中所有乘员均已正确系好安全带。否则在紧急制动或发生碰撞事故时，车中乘员易受伤，重者甚至死亡。车辆上的安全带根据成人体型设计，不适用于儿童，因此需根据孩子的年龄和体型选择合适的儿童保护装置。

3）孕妇也应像其他乘员一样按正确的使用方法系好安全带，尤其注意将腰部织带尽可能低地横跨于髋部，避免发生事故时织带勒紧腹部而对孕妇和胎儿造成严重伤害。

4）避免将座椅靠背过度倾斜。座椅靠背直立向上时，安全带所起的保护作用最佳。

5）请勿使安全带、锁舌、带扣被车门夹住，否则可能损坏安全带。

6）定期检查安全带有无切痕、磨损、松动等异常情况。发现异常建议立即联系相关汽车授权服务店进行确认和处理，在此之前，请勿使用相应的座椅。

7）切勿擅自拆卸、拆解或改装座椅安全带。

8）事故发生后建议到相关的汽车授权服务店检查安全带。若预紧功能被激活，则一定要更换安全带。

9）如果发生严重事故，则即使未出现明显的损坏，也应将安全带连同座椅总成一起更换。

二、纯电动汽车驾驶操作

1. 纯电动汽车驾驶流程

纯电动汽车驾驶流程主要包括四个步骤：车况检查、驾驶前准备工作、起动车辆、驾驶车辆、驻车。

（1）车况检查

1）打开前机舱盖，检查冷却液液位、制动液液位是否符合标准，标准液位应在 MAX 和 MIN 之间。

2）使用胎压测试仪检测轮胎气压是否符合标准。标准气压可以在车辆出厂铭牌中查看。

3）检查车辆周围地面是否存在漏液痕迹或零件散落痕迹等情况。

4）环车检查车辆表面是否完好，是否存在板件变形、脱漆和板件脱落情况。

（2）驾驶前准备工作

驾驶前需要做以下几个方面的工作。

1）进入车内之前，须检查一下车辆四周的情况。

2）调节座椅位置、座椅靠背角度、头部保护装置的高度和转向盘的角度。

3）调节车辆内侧和外侧的后视镜。

4）关上所有车门。

5）系好安全带。

（3）起动车辆

起动车辆的步骤主要有以下 5 点。

1）操控有效智能钥匙。

2）踩住制动踏板。

3）按下起动按钮。

4）检查驾驶就绪指示灯（ON 指示灯）亮起。

5）检查电池电量和计程表上的预估行程。

（4）驾驶车辆

驾驶车辆的步骤如下。

1）踩住制动踏板。

2）将变速杆挂入"D"位。松开后变速杆会回到原来的中央位置。

3）确认显示在仪表上的"D"位信息。

4）松开制动踏板。

5）踩下加速踏板，开始驾驶。

（5）驻车

驻车的操作步骤如下。

1）驻车时，踩住制动踏板的同时按下变速杆上的"P"位按键。通过电子驻车状态指示灯，确认电子驻车处于"已启动"状态，然后松开制动踏板。

2）按下电源档位处于"OFF"位置。

3）如果停车场装置有充电设备，可根据需要对动力电池进行充电。

2. 纯电动汽车驾驶注意事项

为了安全行驶，延长电动汽车的寿命，纯电动汽车使用时需要注意以下事项。

（1）路面状况不良时的注意事项

1）行驶路段若有镶边石时应缓慢行驶，并尽可能保持正常直线行驶，避免根据路面反馈频繁改变行驶方向。

2）经过颠簸路面或在坎坷不平的道路上行驶时要减慢车速，否则道路冲击将严重损坏轮胎。

3）避免在具有高而尖锐边缘的物体上行驶，否则将导致轮胎发生炸裂等严重损坏。

4）长距离下陡坡行驶时应减速。如果踩制动次数过多，会导致制动系统过热而无法正常工作。

（2）驾驶积水路段注意事项

1）驶入积水路段前必须查明积水深度，积水高度不得超过车身下边缘。

2）如要涉水行车，在车辆起步前应关掉空调，减速慢行，然后轻踩加速踏板且不要松脚，以稳定而缓慢的速度通过积水路段。

3）顺利涉水通过积水区后，必须连续轻踩制动踏板数次将制动盘上的水蒸发，以便尽快恢复正常的制动性能。

4）切勿将车辆停在过深的积水中。

（3）冬季驾驶注意事项

1）确认冷却液具有正确的防冻保护作用。也就是说，要使用与原车型号相同的冷却液，根据环境温度选择合适的冷却液型号加注到冷却系统中。若使用不适当的冷却液，则将损坏电动机冷却系统。

2）检查电池和电缆状况。寒冷的天气会使起动型铁电池的能量降低，因此，起动型铁电池应保持有充分的电量以用于冬季起动。

3）避免车门锁被冰雪冻结。

4）在车门锁孔内，喷入一些除冰剂或甘油，以防结冰。

5）使用含有抗冻剂的洗涤液。这类产品在相应的汽车授权服务店和汽车零件店，均有供应。水和抗冻剂的混合比率要符合厂商规定。

6）避免挡泥板的下方积有冰雪。挡泥板的下方积有冰雪，会造成转向困难。在严寒的冬季驾驶时，应时常停车，检查挡泥板下是否积有冰雪。

7）根据行驶路况的不同，建议携带若干必要的紧急用具或物品，比如防滑链、车窗刮刀、一袋沙或盐、信号闪光装置、小铲、连接电缆等。

实训演练

电动汽车驾驶操作方法

请扫描二维码，查看"电动汽车驾驶操作方法"技能视频，结合视频内容及相关资料，规范地完成纯电动汽车驾驶的实训。

实训工具与准备：

1）设备：2018 款比亚迪 e5。
2）防护用品：车内外防护三件套。

一、行车前检查

1）安装车内防护三件套。
2）检查、确认车辆状况，如图 1-1-26 所示。
3）打开前机舱盖。
4）检查冷却液液位是否符合标准，正常液位应在最高液位与最低液位之间，如图 1-1-27 所示。

图 1-1-26　确认车辆状况

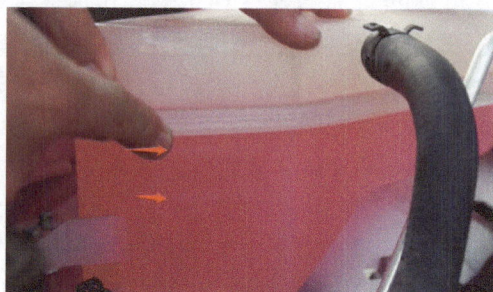

图 1-1-27　检查冷却液液位

5）检查制动液液位是否符合标准，正常液位应在最高液位与最低液位之间，如图 1-1-28 所示。

6）检查低压蓄电池接线柱是否连接可靠，接线柱周围是否存在氧化腐蚀现象，如图 1-1-29 所示。

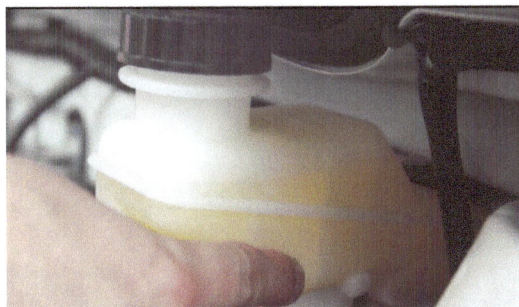

图 1-1-28　检查制动液液位

图 1-1-29　检查低压蓄电池接线柱

7）蓄电池外观是否正常，有无漏液、漏气现象。

8）关闭机舱盖。

二、驾驶前操作

1）打开车门进入驾驶室。

> ⚠ **注意事项：** 电动汽车由于其特性无法通过表现判断车辆是否高压上电完成，所以行驶前应着重查看仪表"OK"灯是否正常点亮。

2）调节座椅至合适的位置，如图 1-1-30 所示。

3）调节转向盘至合适位置，确保行驶安全，如图 1-1-31 所示。

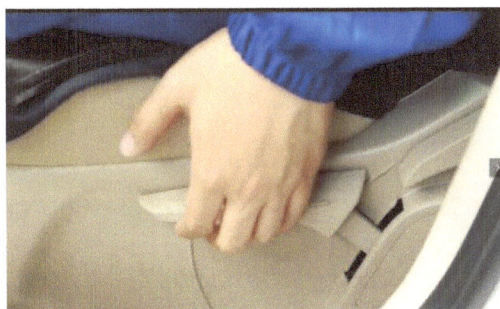

图 1-1-30　调节座椅

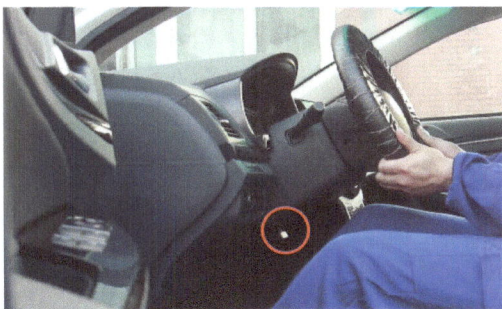

图 1-1-31　调节转向盘

> ⚠ **注意事项：** 调整座椅使驾驶员处于操作最舒适状态，制动踏板和加速踏板操作均无阻碍。

4）检查变速杆是否处于 P 位，驻车制动是否开启。

5）踩下制动踏板，按下电源开关，起动车辆。

6）检查仪表中警告灯是否正常，仪表中提示信息是否正常，如图 1-1-32 所示。

> ⚠ **注意事项：** 需要注意检查仪表 OK 灯是否正常点亮，若起动后 OK 灯不点亮，则说明车辆上电未完成，此时车辆无法行驶。

7）检查动力电池剩余电量，若电量较低，则应先充电再行驶，以免造成车辆无电抛锚。

8）调整后视镜至合适位置，如图 1-1-33 所示。

9）系上安全带，并检查安全带锁止情况是否可靠。

10）检查车门是否完全关闭，确认仪表无车门未关提示。

图 1-1-32　检查仪表

图 1-1-33　调整后视镜位置

三、驾驶车辆

1. 前进行驶

1）确保车辆处于起动上电状态。

2）踩下制动踏板，调整变速杆至 D 位，检查驻车制动器是否正常解除，如图 1-1-34 所示。

3）确认周围路况后，松开制动踏板，轻踩加速踏板，车辆向前行驶。

4）行驶过程中需观察仪表、车速等信息，根据车速和行驶环境实时调节车速，如图 1-1-35 所示。

5）观察周围路况，选择适合停车的位置。

图 1-1-34　前进行驶前检查

图 1-1-35　调节车速行驶

6）踩下制动踏板，缓慢停下车辆。

7）在车辆滑行或减速过程中，观察仪表中制动能量回收的状态。

2. 倒车行驶

1）观察车辆四周，确认行驶路径附近无障碍物。

2）踩下制动踏板，将变速杆推入 R 位并松开驻车制动器，如图 1-1-36 所示。

3）通过后视镜和车窗观察车辆周围和道路情况，确保安全后，松开制动踏板进行倒车行驶。

> ⚠ **注意事项：**倒车行驶过程中，必须实时观察车辆周围和道路情况。

图 1-1-36　推入 R 位

3.停车操作

1）观察车辆四周，选择合适的停车位置。

2）踩下制动踏板，缓慢停车。

3）保持制动踏板踩踏状态，调整变速杆至 P 位。

4）检查仪表中的驻车制动是否正常启动，若指示灯不亮，则可手动拉动驻车制动器控制开关，开启驻车制动器。

5）关闭车辆电源开关。

6）取下车内防护三件套。

7）离开车辆，并使用遥控钥匙锁闭车门。

四、整理清洁

按照 7S 管理标准，整理工具、场地和设备。

任务练习

一、选择题

1）比亚迪 e5 纯电动汽车仪表包括（　　）。

A.功率表、信息显示屏和车速表

B.信息显示表、车速表和功率表

C.车速表、信息显示屏和功率表

D.功率屏、信息显示表和车速表

2）仪表的报警显示窗中间位置显示 Stop，则表示（　　）。

A.运行准备就绪　　B.禁止车辆运行　　C.系统完成自检　　D.车辆出现故障

3）前照灯有（　　）。

A.“○”档　　　B.“AUTO”档　　　C.“示廓灯”档　　　D.“近光灯”档

4）汽车在行驶过程中遇到紧急情况时，驾驶员迅速、正确地使用制动器，在最短距离内将车停住，这一制动操作称为（　　）。

A.缓慢制动　　B.紧急制动　　C.间歇性制动　　D.快速制动

5）（　　）是驻车档，在车辆起动或关闭时，都需要按下此按钮，车辆才能正常起动或关闭。

A.R 位　　　　B.N 位　　　　C.P 位　　　　D.D 位

二、判断题

1）MIST 档表示手动开启，向上按一下整个刮水器往车前的方向推一次，刮水器就刮一次盖。（　　）

2）LO 档和 HI 档是指刮水器在低速与高速档位时，刮水器连续刮水。（　　）

3）车窗系统控制不具有延迟功能。（　　）

4）操纵天窗时，电源档位必须处于"OFF"的位置。（　　）

5）转向盘用于操纵汽车行驶方向，控制汽车转向轮，使汽车直行或转向。（　　）

6）车速表用于显示当前行驶情况下整车的实时车速。（　　）

7）刮水器组合开关用于控制刮水器和洗涤器，位于转向盘上部，转向开关右侧。（　　）

8）加速踏板俗称"油门踏板"，其主要作用是控制发动机节气门的开度，从而控制发动机的动力输出。（　　）

9）踩踏加速踏板时，左脚脚跟轻放在制动踏板和加速踏板中间的驾驶室底板上，并作为支点，脚前掌向右稍倾斜。（　　）

三、简答题

简述制动踏板的功用。

任务二　混合动力汽车驾驶

混合动力汽车既可以用传统燃油车的方式行驶，也可以用纯电的方式行驶，还可以根据车况灵活切换行驶模式。他的驾驶操作方法相比于传统汽车的操作方法更加复杂。要驾驶混合动力汽车，就必须了解车辆的各种工作模式，并熟悉车辆的驾驶操作方法以及一些注意事项。

学习目标

1）了解比亚迪·秦的工作模式。

2）掌握混合动力汽车的驾驶操作。

3）知道混合动力汽车的驾驶注意事项。

知识储备

从大排量自然吸气，到小排量涡轮增压；从传统燃油汽车到混合动力汽车，消费者不论是在驾驶习惯还是用车习惯上都发生了很大改变。因为混合动力汽车包含两套动力系统，在动力切换上比纯电动汽车更复杂，所以驾驶混合动力汽车需要掌握一定的操作要领。

本任务以比亚迪·秦为例，介绍混合动力汽车的两种工作模式和驾驶操作。

一、混合动力汽车的工作模式

比亚迪·秦采用 DM（Dual Mode，双模）系统工作模式，包含 EV（纯电动）以及 HEV（混合动力）两种驱动模式，这两种模式又可分别在 ECO 经济模式和 SPORT 运动模式下运行，如图 1-2-1、图 1-2-2 所示。

图 1-2-1　经济模式　　　　　　　图 1-2-2　运动模式

1. EV 模式

EV 工作模式下，动力电池提供电能以供电机驱动车辆，此模式满足多种工况的行驶，如起步、倒车、怠速、加速、匀速行驶等。

纯电动模式包含纯电经济模式（EV+ECO 模式）和纯电运动模式（EV+SPORT 模式）两种模式。

（1）EV+ECO 纯电经济模式

在纯电经济模式下，车辆进入纯电力驱动状态，由动力电池提供电能，电动机驱动车辆行驶。但为了实现最大限度地节约电量，对车辆的加速度进行了一定的限制，如图 1-2-3 所示。

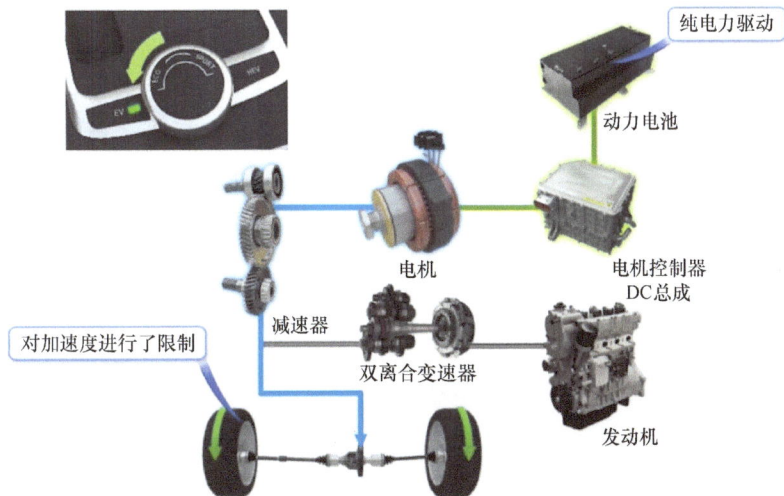

图 1-2-3　EV+ECO 纯电经济模式

（2）EV+SPORT 纯电运动模式

在纯电运动模式下，车辆继续保持纯电力驱动状态，但不会对车辆加速度进行限制，车辆动力性能较好。

需要注意的是，在急加速、车速过高、爬坡、混合动力系统温度较高、混合动力系统或室外温度较低、电量低等情况下，车辆可能会自动切换到 HEV 模式，使用发动机驱动，在车辆以较稳定的速度行驶时，发动机输出的一部分转矩会驱动电机进行发电，对动力电池进行充电，如图 1-2-4 所示。

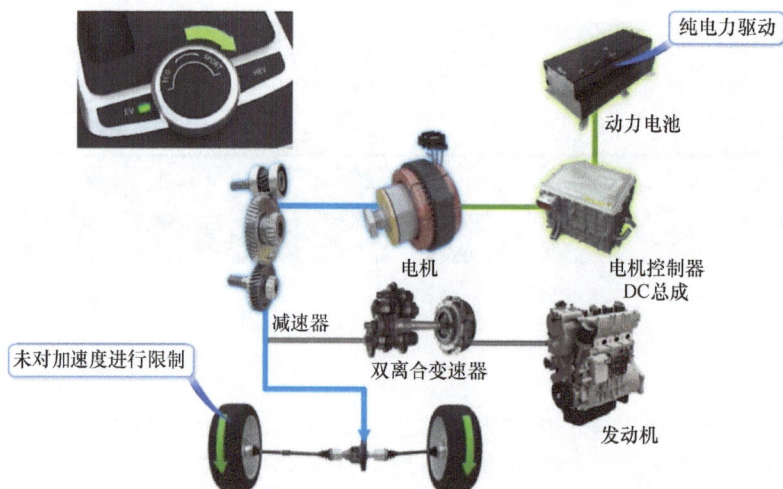

图 1-2-4　EV+SPORT 纯电运动模式

2. HEV 模式

HEV 模式下，车辆由发动机和电机共同驱动，动力性最佳，同时仍能保证混合动力系统具有良好的经济性。当电量不足或高压系统故障时，可单独使用发动机驱动，实现了高压系统的独立性。

（1）HEV+ECO 双驱经济模式

为了保证较好的经济性，车辆将根据动力电池荷电状态的改变，切换动力系统的工作模式（图 1-2-5、图 1-2-6、图 1-2-7）。当电量小于 5% 时，纯发动机驱动，并对动力电池充电；当电量在 5%～15% 之间，且车速小于 30km/h 时，车辆由纯电力驱动；此时若将车速提至 30km/h 以上，则车辆将由纯发动机驱动，并对动力电池充电；当电量大于 15%，且车速小于 60km/h 时，车辆由纯电力驱动；此时，若将车速提至 60～80km/h，车辆将由发动机和电机共同驱动；若继续提升车速至 80km/h 以上，则车辆将由纯发动机驱动。

（2）HEV+SPORT 双驱运动模式

在双驱运动模式下，发动机一直工作，停止和起动只能靠手动进行。发动机以 100% 的动力传输给车轮，电机也在最大功率工作。

3. 工作模式切换

比亚迪·秦的驱动模式切换开关如图 1-2-8 所示。

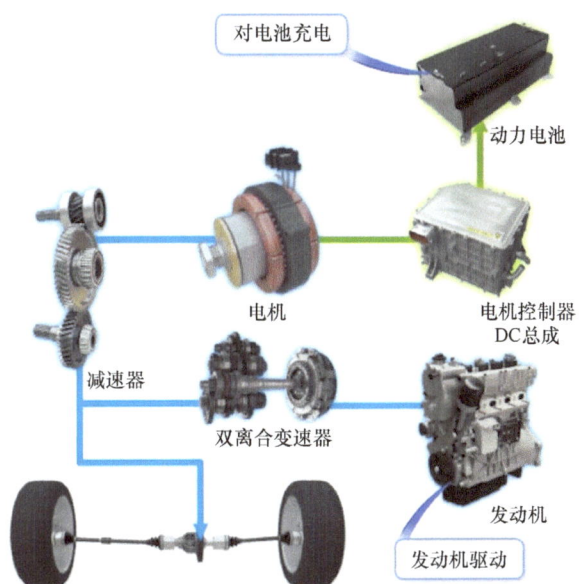

图 1-2-5 双驱经济模式下纯发动机驱动

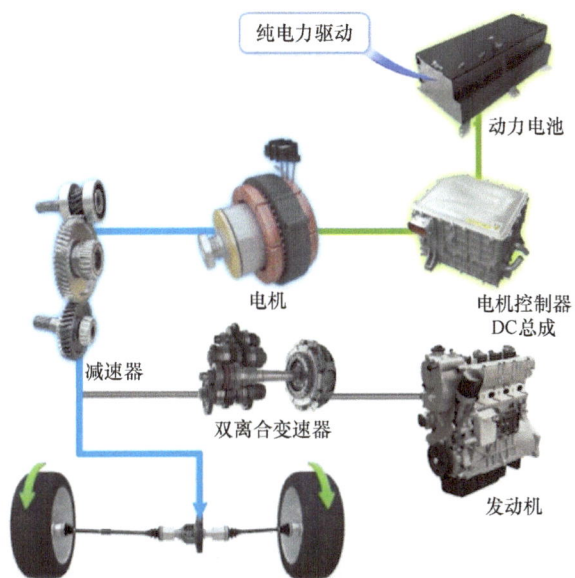

图 1-2-6 双驱经济模式下纯电力驱动

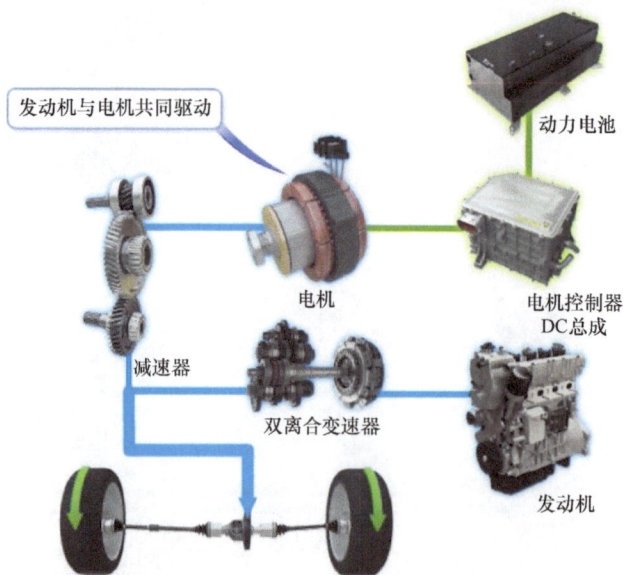

图 1-2-7　双驱经济模式下发动机和电机共同驱动

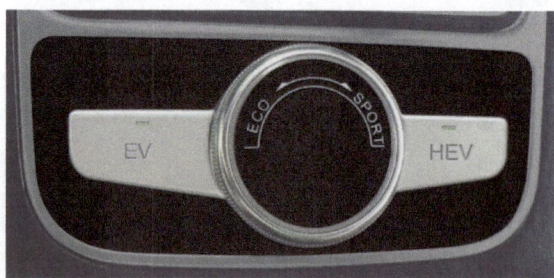

图 1-2-8　比亚迪·秦的驱动模式切换开关

（1）EV 模式下切换

"EV"按钮上的指示灯（冰蓝色）点亮表示在 EV 模式，逆时针旋转旋钮，进入 ECO（经济）模式，在保证动力的情况下，最大限度地节约电量；顺时针旋转旋钮，进入 SPORT（运动）模式，以保证较好的动力性能。

（2）HEV 模式下切换

"HEV"按钮上的指示灯（蓝色）点亮表示在 HEV 模式，逆时针旋转旋钮，进入 ECO（经济）模式，此时为了保证较好的经济性和动力性，当电量低于 5% 时，发动机会一直起动；当电量大于 5%，且车速较低时，将不会起动发动机。顺时针旋转旋钮，可以进入 SPORT（运动）模式，让发动机持续工作，保持充沛的动力。

（3）EV 强制模式

EV 模式行驶过程中，在高压系统无故障、无起动发动机需求的情况下，当电量下降到 15% 时，整车自动由 EV 模式切换到 HEV 模式。若仍需进入 EV 模式，可长按 EV 按钮，直到仪表上 EV 指示灯持续闪烁，表明整车进入"EV-ECO 模式"，此时输出功率受到一定限制；当电量下降到 5% 时，整车将自动切换到"HEV-ECO 模式"。

二、混合动力汽车驾驶操作

1. 混合动力汽车驾驶流程

（1）车况检查

1）打开前机舱盖，检查冷却液液位、制动液液位是否符合标准，标准液位应在 MAX 刻度和 MIN 刻度之间。

2）检查发动机机油液位是否正常，标准液位应在仪表机油刻度显示或机油尺的 MAX 刻度和 MIN 刻度之间。

3）使用胎压测试仪检测轮胎气压是否符合标准。标准气压可在车辆出厂铭牌中查看。

4）检查车辆周围地面是否存在漏液痕迹或零件散落痕迹等情况。

5）环车检查车辆表面是否完好，是否存在板件变形、脱漆和板件脱落情况。

（2）EV 驾驶前的准备工作

在驾驶混合动力汽车前需要做好以下准备工作。

1）进入车内之前检查车辆四周环境的情况。

2）调节座位位置、座位高度、座位靠背角度、头部保护装置的高度和转向盘的角度。

3）调节车辆内侧和外侧的后视镜。

4）关好所有车门。

5）系好安全带。

6）确认驻车操纵机构被充分释放，驻车制动提示灯熄灭。

（3）起动车辆

起步前需放开电子驻车制动（EPB），释放 EPB 时，同时踩制动踏板。若操作不当，则可能导致 EPB 无法释放，车辆无法行驶；也可能导致 EPB 释放不到位，后轮拖滞。

比亚迪·秦车辆配有一键起动系统。混合动力系统在踩制动踏板的同时通过短暂地按下"起动 / 停止"按键，当"OK"点亮时，车辆可以起动。

（4）驾驶车辆

驾驶过程中要平稳地加速或减速，混合动力汽车的能源在减速时能够通过再生制动器完成回收，通过多媒体"行驶设置"选项可以设置"能量回馈强度"，如图 1-2-9 所示。

用户可以根据对松加速踏板减速感的需求自由选择回馈强度，以体验不同的减速感，获得不同的驾驶乐趣。松加速踏板回馈强度设定以后具有记忆功能，即使车辆退电，下次再上电时，仍保持上次设定的回馈模式。

（5）驻车

驻车时，拉起 EPB 开关，并按下"P"位按键。

2. 混合动力汽车驾驶注意事项

在驾驶混合动力汽车的过程中，需要注意以下事项。

图 1-2-9　设置能量回馈强度

（1）路面状况不良时的注意事项

1）行驶路段若有镶边石时应缓慢行驶，尽可能保持直线行驶。

2）经过颠簸路面或在坎坷不平的道路上行驶时要减慢车速，否则道路冲击将严重损坏轮胎。

3）避免在具有高而尖锐边缘的物体上行驶，否则将导致轮胎爆裂之类的严重损坏。

4）长距离下陡坡行驶时应减速。如果踩制动次数过多，则会导致制动系统过热而无法正常工作。

（2）驾驶经过积水路段的注意事项

1）驶入积水路段前必须查明积水深度，积水高度不得超过车身下边缘。

2）如要涉水行车，建议在车辆起步前将空调关掉，使用 EV 模式，若 SOC 偏低，则采用 HEV 模式，然后轻踩加速踏板不要松脚，以稳定而缓慢的速度通过积水路段。若松开踩加速踏板的脚，则会造成排气回压将水倒吸入发动机，使发动机损坏。

3）切勿将车辆停在水中，也不可在水中倒车和关闭发动机。

4）顺利涉水通过积水区后尽可能避免紧急制动，同时必须连续轻踩制动踏板数次将制动盘上的水膜除去，以尽快恢复正常的制动性能。

（3）冬天驾驶的注意事项

1）确保冷却液的冷冻保护作用。使用与原厂规格相同的冷却液，根据环境温度选择合适的冷却液型号。

2）检查电池和电缆状况。寒冷的天气会降低起动型铁电池的能量，因此起动型铁电池应保持充分的电量以用于冬季起动。

3）确认机油的黏度适合冬季驾驶。

4）避免车门锁被冰雪冻结。在车门锁孔内喷入一些除冰剂或甘油，防止结冰。

5）使用含有抗冻剂的清洁液。水和抗冻剂的混合比率需符合厂商要求。

6）避免档泥板的下方积有冰雪。在严寒的冬季驾驶时，应经常检查档泥板下是否积有冰雪。

7）根据驾驶地点的不同，建议携带若干必要的紧急用具。防滑链、车窗刮刀、一袋沙或盐、信号闪光装置、小铲、连接电缆等最好能常备车中。

实训演练

混合动力汽车驾驶操作方法

请扫描二维码，查看"混合动力汽车驾驶操作方法"技能视频，结合视频内容及相关资料，规范的完成混合动力汽车驾驶的实训。

实训工具与准备：

① 2018 款比亚迪·秦。

② 举升机。

一、行车前检查

1）安装车内防护三件套，起动车辆，检查车辆起动是否正常。

2）打开前机舱盖，安装车外防护三件套。

3）检查冷却液液位是否符合标准，正常液位应在 MAX 与 MIN 之间，如图 1-2-10 所示。

4）检查制动液液位是否符合标准，正常液位应在 MAX 与 MIN 之间，如图 1-2-11 所示。

5）取下车外防护套件，关闭前机舱。

6）进入车辆，按下起动开关至"ON"状态。

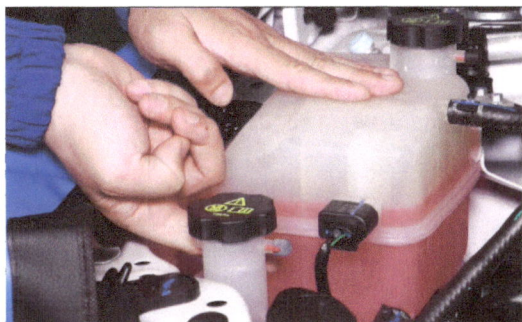

图 1-2-10　检查冷却液

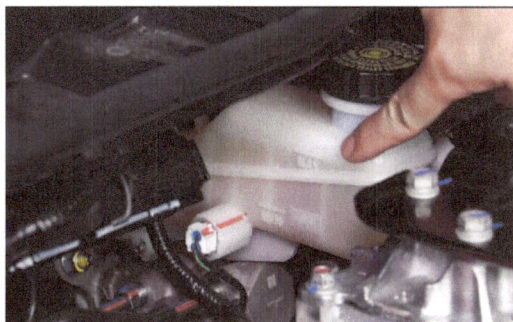

图 1-2-11　检查制动液

7）通过操纵多功能转向盘调取机油液位信息，并观察机油液位是否符合标准，正常液位应在 MAX 与 MIN 之间，如图 1-2-12 所示。

8）检查低压蓄电池接线柱是否连接可靠，接线柱周围是否存在氧化腐蚀现象，如图 1-2-13 所示。

图 1-2-12　检查机油液位

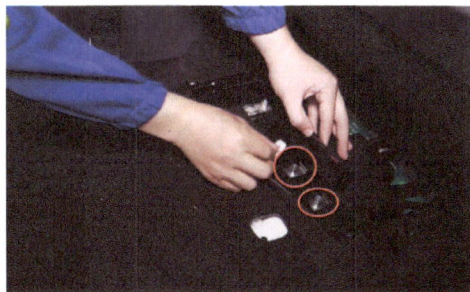

图 1-2-13　检查低压蓄电池接线柱

9）检查蓄电池外观是否正常。

10）环车一周，检查车辆周围是否存在障碍物。

11）检查车轮表面是否正常，有无扎钉、鼓包和轮胎老化现象。

二、驾驶前的操作

1）打开车门进入驾驶室。

2）调节座椅至合适的位置。

> 🔔 **注意事项**：应确保座椅调节后驾驶员处于操作最舒适状态，制动踏板和加速踏板操作均无阻碍。

3）调节转向盘至合适位置，确保行驶安全。

4）系上安全带，并检查安全带锁止情况是否可靠。

5）踩下制动踏板，按下点火开关，起动车辆。

6）检查变速杆是否处于 P 位状态，驻车制动是否开启。

7）检查仪表中警告灯是否正常，仪表中提示信息是否正常。

> 🔔 **注意事项**：需要注意检查仪表 OK 灯是否正常点亮，若起动后 OK 灯不点亮，则说明车辆上电未完成，此时车辆是无法行驶的。

8）检查动力电池剩余电量，若电量较低，则应先充电再行驶。

9）检查车门是否完全关闭，确认仪表无车门未关提示。

10）调整后视镜至合适位置，如图 1-2-14 所示。

11）调节左侧反光镜至合适位置。以同样方法调节右侧反光镜至合适位置。

12）调节后视镜至合适位置，确保行驶安全。

图 1-2-14　调整后视镜

三、操作驾驶

1. 模式选择

1）举升车辆至车轮离开地面，如图 1-2-15 所示。

2）确保车辆处于起动上电状态。

3）选择信息娱乐屏幕中的设置按钮，选择行驶设置。

4）选择能量回馈强度设置，此处可设置制动能量回馈强度，若强度高，则会增加制动时的回收量，表现在松开加速踏板时加速感较为明显，如图 1-2-16 所示。

图 1-2-15　举升车辆

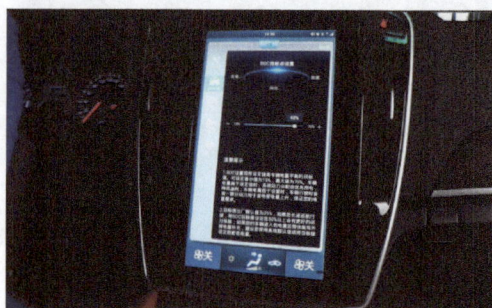

图 1-2-16　设置模式

⚠ **注意事项**：严禁在车辆行驶时切换回馈模式，该操作会分散驾驶员注意力，有可能诱发交通事故。

5）按压驱动模式按钮、旋转中央扶手处的旋钮可任意选择驱动模式，如图 1-2-17 所示。

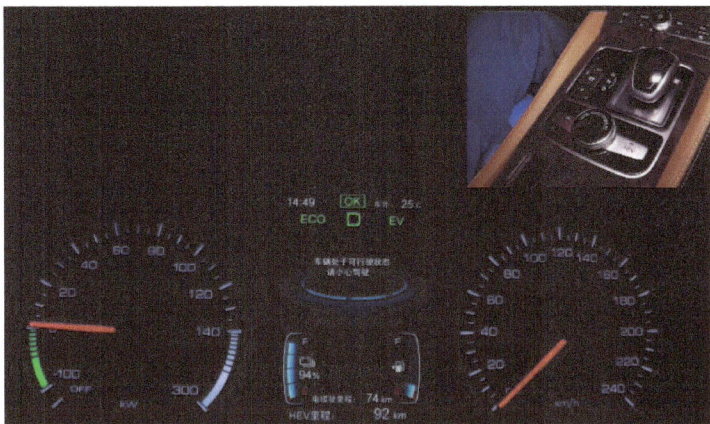

图 1-2-17　旋转驱动模式

⚠ **注意事项**：目前可切换经济模式和运动模式。经济模式下主要依靠电能驱动车辆，而运动模式下依靠发动机驱动车辆的比例将增加。

2. 前进行驶

1）确保车辆处于起动上电状态。

2）踩下制动踏板，将变速杆调至 D 位，解除驻车制动。

3）确认周围路况安全后，松开制动踏板，轻踩加速踏板，车辆向前行驶。

⚠ **注意事项**：行驶过程中需观察仪表、车速等相关信息，根据车速和行驶环境实时调节车速。

3. 倒车行驶

1）观察车辆四周确认行驶路径周围没有障碍物，并确保车速为 0km/h。

2）踩下制动踏板，将变速杆调至 R 位，解除驻车制动。

3）通过后视镜、倒车雷达及倒车影像等辅助进行倒车行驶。

⚠ **注意事项**：倒车雷达会根据车辆后方障碍物的距离进行蜂鸣声反馈，若蜂鸣声频率越高，则说明障碍物距离约近，此时应及时停止车辆以免碰触障碍物。

4. 停车后的操作

1）踩下制动踏板，缓慢停下车辆。

2）保持制动踏板的踩踏状态，将变速杆调至 P 位。

3）按下驻车制动按钮，如图 1-2-18 所示。

4）检查仪表中的驻车制动器指示灯是否正常亮起，若指示灯不亮，则可手动拉动驻车制动器控制开关，开启驻车制动器，如图 1-2-19 所示。

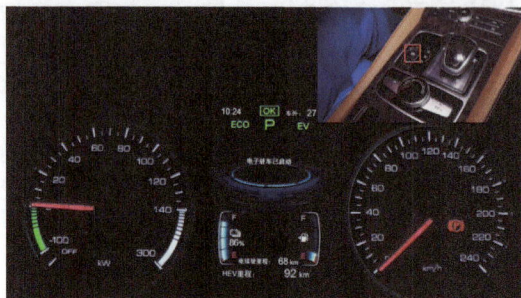

图 1-2-18　按下驻车制动按钮

图 1-2-19　驻车指示灯

5）关闭车内外全部用电设备。

6）离开车辆，并使用遥控钥匙锁闭车门。

> 注意事项：实际行车中，需观察周围路况，选择合适的停车位置并停靠到位。

7）将车辆降至地面。

8）设备复位，清洁场地。

四、整理清洁

按照 7S 管理标准，整理工具和场地。

任务练习

一、选择题

1）混合动力或纯电动汽车，动力电池电压在 300V 左右，任何维护操作都必须（　　）。

A. 先上电　　　　　　B. 先下电　　　　　　C. 先开关　　　　　　D. 先开关，再断电

2）电动汽车的核心是（　　），也是区别于内燃机汽车的最大不同点。

A. 电力驱动及控制系统　　　　　　　　B. 驱动力传动

C. 驱动电动机　　　　　　　　　　　　D. 电源和电动机的调速控制装置

3）在纯电经济模式下，车辆进入纯电力驱动状态，由（　　）提供电能，但为了实现最大限度地节约电量，对车辆的加速度进行了一定的限制。

A. 电动机　　　　　　B. 发动机　　　　　　C. 动力电池

4）电池的体积越大，其能量（　　）。

A. 越大　　　　　　B. 越小　　　　　　C. 固定不变　　　　　　D. 不确定

5）蓄电池的（　　）影响电动汽车的电池布置空间。

A. 体积比能量　　　　B. 质量比能量　　　　C. 体积比功率　　　　D. 质量比功率

二、判断题

1）驻车制动器，通常是指机动车辆安装的手动刹车，简称手刹。　　　　（　　）

2）车辆行驶过程中需要制动，发现脚制动失效或受阻时，不可持续拉起 EPB 开关。

（　　）

3）若驾驶员中途想要取消制动，松开 EPB 开关即可。　　　　　　　（　　）

4）混合模式下动力系统在踩制动踏板的同时通过短暂地按下"起动 / 停止"按键，当"OK"点亮时，车辆不可以起动。　　　　　　　　　　　　　　（　　）

5）寒冷的天气会降低起动型铁电池的能量，因此，起动型铁电池应保持充分的电量以用于冬季起动。　　　　　　　　　　　　　　　　　　　　　（　　）

6）驶入积水路段前必须查明积水深度，积水高度不得超过 20cm。　　（　　）

7）行驶路段若有镶边石时应缓慢行驶，尽可能保持直线行驶。　　　（　　）

8）顺利涉水通过积水区后不能紧急制动。　　　　　　　　　　　　（　　）

9）驻车时，拉起 EPB 开关，并按下"P"位按键。　　　　　　　　（　　）

10）可在水中倒车和关闭发动机。　　　　　　　　　　　　　　　（　　）

三、简答题

简述混合动力汽车车况的检查流程。

任务三　新能源汽车紧急故障应急处理

驾驶员在驾驶车辆的过程中，要时刻关注车辆状况。遇到紧急故障时，需具备一定的应急处理能力，这样可以很好地预防危险的发生。新能源汽车相比于传统汽车，在行驶过程中需要关注的信息更多，对驾驶员的应急处理能力要求更高。本任务以比亚迪 e5 纯电动汽车为例，介绍各故障警告灯的含义以及在驾驶过程中可能碰到的紧急情况和处理方式。

学习目标

1）认识新能源汽车的故障警告灯。

2）了解新能源汽车的紧急情况。

3）掌握故障应急处理原则以及应急处理工具的使用方法。

4）掌握纯电动汽车和混合动力汽车常见故障的应急处理方法。

5）能按照操作规范对比亚迪 e5 进行备用轮胎更换。

知识储备

故障警告灯即车辆发生故障时提醒人们某处发生故障的警告灯。一般情况下故障警告灯在车辆上电瞬间会一起亮起，然后熄灭。如果警告灯一直未熄灭，则说明车辆某处存在问题，此时车主便需要对车辆进行相应的检查。新能源汽车的故障警告灯多数与传统汽车含义相同，但也有些是新能源汽车上特有的故障警告灯。

本任务主要介绍故障警告灯及其含义、新能源汽车常遇见的紧急情况及处理方法、纯电动汽车和混动汽车常见故障应急处理。

一、故障警告灯及含义

故障警告灯即车辆发生故障时亮起的灯。新能源汽车的故障警告灯多数与传统汽车相同，但也有些是新能源汽车上特有的警告灯。图 1-3-1 为常见的汽车故障警告灯及指示灯。

符号	名称	符号	名称
	驻车制动故障警告灯*		ESP OFF 警告灯(装有时)
	驾驶员座椅安全带指示灯*		防盗指示灯
	充电系统警告灯*		主告警指示灯*
	前雾灯指示灯	ECO	ECO指示灯(装有时)
	后雾灯指示灯		动力电池电量低警告灯
	智能钥匙系统警告灯*		动力电池故障警告灯*
	ABS故障警告灯*		胎压故障警告灯(装有时)
	电机冷却液温度过高警告灯		电子驻车状态指示灯
	ESP故障警告灯(装有时)*	OK	OK指示灯
	车门状态指示灯*		动力系统故障警告灯*
	SRS故障警告灯*		动力电池过热警告灯*
	EPS故障指示灯		动力电池充电连接指示灯
	示廓灯指示灯		巡航主指示灯(装有时)
	远光灯指示灯	SET	巡航控制指示灯(装有时)
	转向指示灯		

图 1-3-1　常见的汽车故障警告灯及指示灯

1. 驻车制动故障警告灯

当点火开关档位处于"START"档时，若此灯点亮，则可能存在制动液液位低、真空压力故障、EBD 故障、电子驻车故障等问题。而在操作中警告灯短暂的点亮不代表有问题。

2. 驾驶员座椅安全带指示灯

驾驶员座椅安全带指示灯用于提醒驾驶员扣好座椅安全带。当点火开关档位处于

"START"档时，若驾驶员的座椅安全带未扣紧，则驾驶员座椅安全带指示灯点亮。除非驾驶员扣紧安全带，否则指示灯将持续点亮。

3. 充电系统警告灯

若汽车在充放电或非充放电过程中充电系统警告灯点亮，则说明充电系统出现故障，造成这一故障的原因可能是警告 DC 模块及起动型铁电池模块存在问题。

4. 智能钥匙系统警告灯

按下"点火开关"按钮，如果此时无电子智能钥匙，则智能钥匙系统警告灯点亮数秒，并且会伴随蜂鸣器鸣响一声，组合仪表上显示"未检测到钥匙"。将电子智能钥匙拿进车内，该警告灯熄灭，转向轴锁解锁，车辆可以上电起动。

按下"起动 / 停止"按钮，如果有电子智能钥匙，警告灯闪烁，则表示钥匙电池电量不足。

5. ABS 故障警告灯

当点火开关档位处于"START"档，ABS 故障警告灯点亮时，如果防抱死制动系统工作正常，则 3s 后此灯熄灭。此后，如果系统发生故障，此灯将再次点亮直至故障消除。

当 ABS 故障警告灯点亮，驻车制动故障警告灯熄灭时，防抱死制动系统不工作，但是制动系统仍将正常工作，在紧急制动或在湿滑路面上制动时车轮会抱死。

如果点火开关档位处于"START"档时，ABS 警告灯不亮或持续点亮，或在驾驶过程中 ABS 故障警告灯点亮，则说明警告灯系统监控的部件中发生故障。

如果 ABS 指示灯和制动系统指示灯同时点亮，并且驻车制动已被完全释放，则表明前后轮制动力分配系统也已失效。

6. SRS 故障警告

当点火开关档位处于"START"档时，若 SRS 故障警告灯点亮，约 5s 后，此警告灯熄灭，则表示安全气囊系统工作正常；若此警告灯上电后一直不亮或持续点亮，或在驾驶过程中此灯点亮或闪烁，则说明由警告灯系统监控的部件中某处发生故障。

7. EPS 故障警告灯

长时间频繁地原地转动转向盘或蓄电池馈电时，转向感觉沉重但 EPS 警告灯没有点亮则无须担心，此现象为非故障模式。如果在驾驶过程中该警告灯点亮，需要立刻将车辆停在安全的地方，并联系修理厂商。

8. 胎压警告灯

当点火开关档位处于"START"档时，若胎压故障警告灯点亮几秒钟后熄灭。则说明胎压监测系统工作正常。

当胎压故障警告灯点亮或闪烁，同时组合仪表显示"请检查胎压监测系统"，胎压显示界面数值位显示"---"时，表示胎压系统有故障；若组合仪表胎压显示界面有一个或多个数值位变红时，表示对应轮胎处于快速漏气状态。

当胎压故障警告灯常亮，同时组合仪表胎压显示界面有一个或多个数值位变黄时，表示对应轮胎处于欠压状态。

9. ESP 故障警告灯

点火开关档位处于"START"档时，ESP 故障警告灯会点亮。如果 ESP 系统工作正常，则 3s 后此警告灯熄灭；若此警告灯上电后一直不亮（无 5s 自检、持续点亮或在驾驶中此灯持续点亮，则说明由该警告灯系统监控的部件发生故障。

当车辆在行驶过程中，ESP 故障警告灯出现闪烁情况，则表明 ESP 系统正在工作。操作过程中，该警告灯短暂点亮也不表示有问题。

10. ESP OFF 警告灯

点火开关档位处于"START"档时，若 ESP OFF 灯点亮 3s 后熄灭，则说明车辆稳定性控制系统正常。

当按下"ESP OFF"开关时，若 ESP OFF 警告灯持续点亮，再次按下"ESP OFF"开关后此灯熄灭，则说明车辆稳定性控制系统正常；若再次按下"ESP OFF"开关后此灯常亮不熄，则说明车辆稳定性控制系统出现故障。

11. 车门状态指示灯

若车门未全部关闭，则车门状态指示灯将保持点亮状态，直到所有的车门完全关闭为止。

12. 动力系统故障警告灯

当点火开关档位处于"START"档时，若动力系统故障警告灯持续点亮，或在驾驶过程中该警告灯点亮，则说明由该警告灯系统监控的部件中某处发生故障。但在操作过程中，动力系统故障警告灯短暂点亮不代表该警告灯监控的系统出现问题。

13. 电机冷却液温度过高警告灯

当点火开关档位处于"START"档时，冷却液温度表用于显示电机冷却液的温度。正常运转时，该表的指针应自底部标记处上升到中间位置。在恶劣的条件下，例如酷暑季节或长时间爬坡、高速行驶后，电机可能产生过热现象。此时冷却液温度表的指针将移到红色刻度标记区，冷却液图标变红，同时右侧信息显示屏显示"冷却液温度过高，请立即将车辆停靠在安全路段，使电机降温，并建议联系比亚迪汽车授权服务店"。

14. 动力电池过热警告灯

当在炎热的天气长时间、长途爬坡时，长时间处于停停走走的交通状况，频繁急加速、急踩制动踏板或长时间车辆运转得不到休息易造成动力电池过热，此时动力电池过热警告灯会点亮，需停车降温。

15. 动力电池故障警告灯

当点火开关档位处于"START"档时，若动力电池故障警告灯点亮几秒钟后熄灭，则说明动力电池系统工作正常；若该警告灯持续点亮或在驾驶过程中持续或偶然点亮，则说明动力电池系统发生故障。

二、新能源汽车紧急情况

新能源汽车在充电及运行过程中可能出现意外事故，造成动力系统

的短路、开裂、漏电、热冲击、爆炸、燃烧等，由此对乘员造成伤害。以下是新能源汽车可能碰到的紧急情况及处理方式。

1. 高压漏电时的应急处理

由于新能源汽车为电力驱动，有高压元件，若发生高压漏电，则可能会发生车辆起火、人员触电等危急情况。因此，驾驶员必须特别注意绝缘报警系统（在新能源汽车组合仪表上会有提示文字出现），若发生绝缘报警，按以下方法进行处理。

1）充电过程中发生绝缘报警时，应立即关闭充电电源，并拔下充电枪，通知专业人员前来处理。

2）车辆行驶过程中发生绝缘报警时，驾驶员需尽快将车靠边，停止行驶，疏导乘客有序下车，在报警原因尚未排除之前，驾驶员不能强行起动车辆继续前行。

由于新能源汽车使用的是大于400V的高压直流电，车辆起动前后及车辆断电时系统会产生大量的热，所以要注意高压、高温的情况，同时用户不能拆解、移动或更改动力电池部件及连接线，避免引发烧伤或触电，造成人员伤亡。

2. 车辆紧急关闭系统激活时的应急处理

车辆紧急关闭系统的主要作用是在车辆异常情况下保护乘员及车辆，降低意外事件以及意外伤害发生的风险。当车辆的高压控制系统发生故障、车辆后方发生严重碰撞以及车辆前方发生碰撞后安全气囊没有打开时，车辆紧急关闭系统就会被激活，车辆的正常上电"OK"指示灯将熄灭，车辆高压无法上电，进入驾驶就绪状态。此时建议按照以下方法处理。

1）尽快联系授权经销商服务店，与客服人员沟通具体处理方法。

2）联系道路救援，在车后合适的距离放置三角警示牌，等待牵引车辆到来。

3. 动力电池泄漏时的应急处理

当新能源汽车发生碰撞后，可能会出现车内有碱液气味、车外有明显碱液流出、动力电池包内部出现冒烟等情况，此时说明发生了动力电池漏液故障。由于新能源汽车动力电池多为锂电池，电池电解液为碱性液体，会对人体皮肤及车辆元件造成一定程度的腐蚀，当电池发生泄漏时，需要按照以下方式妥善处理。

1）立即将车辆点火开关关闭至"OFF"位，并在条件允许的情况下断开前舱12V起动铁电池。

2）确保泄漏液体及动力电池远离火源。

3）立刻联系授权经销商服务店请求救援。

4）在经销商服务店客服人员的指导下，可对车辆进行简单的检查，查看动力电池托盘边缘是否开裂，有无明显的液体流出。

当维修人员到达现场处理时，需要注意以下事项。

1）请勿触碰泄漏出的液体，操作前需佩戴防腐蚀手套。发生大量泄漏时，请统一收集，按照危险化学品处理，加入葡萄糖酸钙溶液处理有毒气体。

2）人体不慎接触泄漏液体时，应立即用大量清水冲洗10～15min。如果有疼痛感，可用2.5%的葡萄糖酸钙软膏涂敷，或用2%～2.5%的葡萄糖酸钙溶液浸泡止痛。若无改善或出现不适症状，则请立即就医。

3）收集的泄漏液体需统一回收处理，请勿随意弃于水、土壤等环境中。

4. 车辆碰撞时的应急处理

如发生碰撞或突发撞击，车辆会起动高压保护措施，自动切断高压供电系统，同时车门锁将开启，车内照明灯点亮，危险警告灯闪烁，组合仪表上的高压电池包切断警告灯、直流/直流充电故障警告灯、动力系统故障警告灯点亮，车辆将无法起动。

5. 车辆爆胎时的应急处理

当轮胎急剧泄气和爆破时，车身会立即倾斜，转向盘随之以极大的力量自行向该方向急转，很容易发生碰撞事故。此时应：

1）松开加速踏板，双手紧握转向盘，尽力逆向抵住转向盘自转，努力控制车辆直线行驶。当速度降到车辆恢复控制后，将车行驶到道路一侧停车。

2）切忌反向急转转向盘或急踩制动踏板进行制动。否则车辆会发生蛇行或侧滑，使驾驶员更加慌乱，造成翻车或撞击等重大事故。

6. 车辆倾翻时的应急处理

车辆倾翻一般都有先兆，如横向侧翻时，驾驶员身体在离心力的作用下有向外飘的感觉；路肩外斜坡翻车时，车身会先缓慢倾斜；纵向倾翻时，驾驶员会有车头下沉或车尾翘起的感觉。

翻车后，若是混合动力汽车应及时放出邮箱内的燃油，并拆卸维修开关，切断高压系统，以防发生火灾。

7. 车辆制动失效时的应急处理

车辆制动失效时应设法降低车速。将档位迅速换入 N 位，缓慢拉起驻车制动。不在万不得已时，不要一次拉得过紧，以防止驻车制动装置失效、损坏；制动的同时要控制行驶方向，将车辆靠向路边，逐渐减速停车。在高速公路上发生制动失效时，可适度地使车辆靠向防护栏使其摩擦产生阻力，强制车辆减速。

8. 车辆掉入河水时的应急处理

当河水很浅时，待车辆稳定后，摸清水流、水底情况，设法驶出或牵拉车辆；若驾驶室被水淹没，不要急于开车门、车窗，待车厢或驾驶室被水灌满时，深吸气破窗或推门潜游而出。

三、故障应急处理原则

在车辆的使用过程中，可能会突然发生一些险情，如果不能做出相应的技术措施，就会造成严重的人员伤亡和财产损失。因此要掌握一些故障应急处理方法。

1. 沉着、冷静

遇到紧急情况时要保持心态沉着、头脑清醒，切勿惊慌失措。快速做出正确判断、采取果断措施，是做好应急处理的先决条件。

2. 重减速、轻方向

行车过程中如果遇到紧急情况，首先需减速，减速后仍然不可避免地相撞时才采取打转向盘的避让措施。

3. 避重就轻、减少损失

危机当头时优先考虑能够避免重大事故、重大损失的措施，可以不受交通法规的限制，以减轻事故损失后果。

四、故障应急处理工具的使用方法

当车辆发生故障需要维修时，会使用故障应急处理工具就显得尤为重要。目前常用的随车应急工具包括干粉灭火器或二氧化碳灭火器、轮胎修补剂、备用轮胎、三角警示牌、牵引钩等，如图 1-3-2 所示。

01	1kg干粉灭火器	02	2.2m1000A跨接线	03	红色收纳包
04	反光背心	05	反光警示牌	06	3m3t拖车绳
07	医疗包（含多件）	08	多功能安全锤	09	多功能兵工铲
10	静电贴一包	11	PVC临时停靠车牌	12	灭火器固定带

图 1-3-2 随车应急工具

1. 灭火器

车辆行驶过程中如果电机控制器出现故障、元件温度失控、电线插头接触不良、通电时打火引燃电线绝缘层及动力电池内部故障等很可能引起火灾。新能源汽车灭火不能使用水基灭火器，应选用干粉或二氧化碳灭火器，如图 1-3-3 所示。灭火器的使用方法如下。

1）提起灭火器（若为干粉灭火器，使用前先摇动数次，使瓶内干粉松散）。

2）拔下保险销，压下压把。

3）离火焰 2m 处，站在上风口对准火焰根部喷射。

2. 轮胎修补剂或备用轮胎

轮胎修补剂或备用轮胎如图 1-3-4 所示，主要用于行驶过程中车辆轮胎漏气时进行紧急处理。更换车辆备胎较为复杂，需要一定操作技巧，主要步骤如下。

1）将车辆平稳地停放至水平路面上，档位挂入 P 位，拉起驻车制动器。

2）使用随车千斤顶举升受损轮胎侧车身至轮胎离地。

3）拆卸受损车轮。

4）更换备胎；通常备胎为非常规尺寸轮胎，因此需要控制行驶速度，一般不得超过 80km/h。

5）取下随车千斤顶。

而使用轮胎修补剂则比较便利，但有以下使用条件。

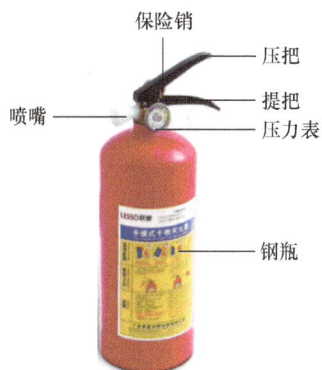

图 1-3-3 手提式干粉灭火器

图 1-3-4 轮胎修补剂或备用轮胎

1）适用于子午线轮胎。

2）受损孔径不能大于 5mm。

3）仅适用于胎面受损情况，胎侧受损不适用。

若满足轮胎修补剂的使用条件，仅需将轮胎修补剂罐连接至车辆气门嘴，释放补胎剂罐压力，至轮胎气压充足后取下补胎剂罐即完成轮胎修补。

不过需要注意的是，轮胎修补剂仅在应急时使用，修补后仍需就近寻找轮胎修复门店进行轮胎修复，否则会造成二次漏气，严重时甚至会造成轮胎内壁腐蚀的情况。

3. 三角警示牌

三角警示牌（又称为"三角警告牌"）是由塑料反光材料做成的被动反光体，驾驶员在路上遇到突发故障停车检修或者是发生事故的时候，利用三角警示牌的反光性能，可以提醒其他车辆注意避让，以免发生二次事故。

三角警示牌设置时须符合我国现行道路交通安全法规的规定，在常规道路上，发生故障或者发生交通事故时，应将三角警示牌设置在车后 50～100m 处；而在高速公路上，则要在车后 150m 外的地方设置警示标志，若遇上雨雾天气，需将距离提升到 200m，以便后方的车辆及早发现，防止事故的发生，如图 1-3-5 所示。

4. 牵引钩

如图 1-3-6 所示，牵引钩位于行李舱中的随车工具中，用于牵引车辆。其安装步骤如下。

1）拆下车辆保险杠上的圆形或方形的小盖板。

2）将牵引钩穿过小方孔旋进保险杠横梁上的螺纹孔中，一定要确保牵引钩完全拧紧。

图 1-3-5　三角警示牌

图 1-3-6　牵引钩安装位置

五、纯电动汽车常见故障应急处理

1. 电池温度异常

驾驶员在行驶过程中要特别注意电池温度，当发现某只电池温度超过规定值时，则需停车打开电池舱盖查看电池，如有异味或者电池箱内有烟冒出，则按以下程序处理。

1）将车辆靠边停好。

2）将手动检修开关拔掉，切断新能源汽车高压。

3）联系维修站人员进行维修。

2. 车辆行驶过程中听到啸叫或摩擦声

踩下制动时如果听到啸叫或摩擦声。应按照以下步骤进行处理。

1）驶离主干道，将车辆停在安全的地方。

2）车辆熄火并打开紧急闪光灯。

3）检查制动片与制动盘中是否有异物，若有异物，则请及时清理。若是制动衬块磨损严重，则请不要继续行驶，应立即联系维修站人员检查并更换制动衬块。

3. 车辆行驶过程中轮胎泄气

如果车辆在行驶的过程中发生轮胎泄气，请按以下步骤进行应急处理。

1）缓慢降低车速，保持直线行驶。将车驶离道路至远离交通繁忙的安全地带。不要停在高速公路的中央分叉道上。

2）车辆熄火并打开紧急闪光灯。

3）拉上电子驻车开关并按下"P 位"按键或拉起驻车制动装置。

4）车上的所有人员都必须下车至安全地点。

5）使用随车工具更换备胎或使用随车修补剂修补轮胎。

4. 车辆行驶过程中无法行驶

当车辆在行驶的道路中无法行驶时，可以拨打相应的供应商救援电话，进行拖车救援服务。

常见的牵引方式有悬吊牵引、牵引车牵引和运输车或牵引系绳牵引。最佳的牵引方式是进行悬吊牵引（前轮抬起）或使用牵引车牵引，如图 1-3-7 所示。不允许使用前轮着地的牵引方式，如图 1-3-8 所示。

图 1-3-7　最佳牵引方式

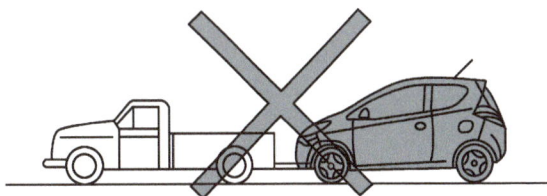

图 1-3-8　前轮着地牵引

（1）使用悬吊牵引（前轮抬起）的牵引方式，操作步骤如下。

1）将点火开关打开至"START"档，将变速杆置于 N 位。

2）松开驻车制动装置。使用悬吊牵引方式时，禁止车辆的牵引速度超过 30km/h，牵引距离超过 50km。

（2）使用运输车的牵引方式，操作步骤如下。

1）将车辆以低于 5km/h 的速度从地上牵引到运输车甲板上。

2）使用牵引绳固定车辆轮胎，固定方式如图 1-3-9 所示。

图 1-3-9　车辆固定方式

3）关闭点火开关，将变速杆置于 P 位。

4）将防滑橡胶垫放置在轮胎周围。

六、混合动力汽车常见故障应急处理

1. 车辆过热

发动机冷却液温度表指示过热、发现动力损失、听到很响的金属敲击声，则表示发动机过热，应按以下步骤处理。

1）将车安全驶离道路，然后停车并打开紧急闪光灯。拉起驻车制动装置或按下"P位"按键。如果在使用空调，则应把空调关闭。

2）检查车辆冷却液是否泄漏。

① 检查散热器、软管和车辆下面有无明显的冷却液泄漏痕迹。

② 如果冷却液未泄漏，则检查冷却液膨胀罐。如果已经干涸，则在发动机运转的状态下，向膨胀罐中加冷却液至"MAX"和"MIN"刻度线之间。

③ 发动机冷却液温度下降到正常温度后，再次检查膨胀罐中的冷却液液位。必要时，再加到合适的刻度。严重的冷却液流失表明系统中有泄漏的地方，应立即联系维修站人员检查。

2. 车辆行驶过程中油液缺失

行驶中汽车发生油液泄漏，而附近又没有汽车维修点时，应按以下步骤进行处理。

1）找出泄漏部位并采取临时补救措施。

2）检查油液是否能够维持行车。如果缺失严重而又无多余的油液可以补充，可以就地取材选择代替品。

但需要注意的是，代替用品的性能比原油液相差甚远，因此再次行车时要倍加小心，以免车辆受到损害。

3. 低压电池失效

比亚迪系列车辆使用低压铁电池，当低压系统电压低至一定程度后，低压铁电池将切断整车电源，以保护车辆。此时若需要应急起动，应持续按下左前门微动开关激活低压铁电池，并立即将车辆点火开关置于"OK"位，给低压铁电池充电。

4. 智能遥控钥匙电池失效

若智能遥控钥匙电池电量耗尽时，车辆仪表会显示未检测到智能遥控钥匙，车辆无法从休眠状态被唤醒。若需要应急起动，可按照以下步骤操作。

1）踩下制动踏板并按下起动按钮，此时智能进入和智能起动系统警示灯点亮，且车辆中的蜂鸣器鸣响一声。

2）在蜂鸣器鸣响后的 30s 内将电子智能钥匙靠近起动按钮，蜂鸣器会再次鸣响一声提示可以起动车辆。

3）在此蜂鸣器鸣响后的 5s 内起动车辆。

任务练习

一、选择题

1）检查油液是否能够维持行车。如果缺失严重，而又无多余的油液可以补充，可以就地取材选择代替品。若缺失发动机机油，可以将（　　）当代替品。

A. 矿泉水　　　　　　　B. 食用油　　　　　　　C. 肥皂液

2）最佳的牵引方式是进行（　　）或使用牵引车牵引。不允许使用前轮着地的牵引方式。

A. 悬吊牵引　　　　　　B. 运输车牵引　　　　　C. 牵引系绳牵引

3）在常规道路上，发生故障或者发生交通事故时，应将三角警示牌设置在车后（　　）处。

A. 10～50m　　　　　　B. 30～100m　　　　　　C. 50～100m

二、判断题

1）当点火开关档位处于"START"档时，若此灯点亮，则可能存在制动液液位低、真空压力故障、EBD 故障、电子驻车故障等问题。　　　　　　　　　　　　（　　）

2）驾驶员座椅安全带指示灯用于提醒驾驶员扣好座椅安全带。　　　　　（　　）

3）当车辆在行驶过程中，ESP 故障警告灯出现闪烁情况，则表明 ESP 系统出现问题。　　　　　　　　　　　　　　　　　　　　　　　　　　　　（　　）

4）若车门未全部关闭，则车门状态指示灯将保持闪烁状态，直到所有的车门完全关闭为止。　　　　　　　　　　　　　　　　　　　　　　　　　　　　（　　）

5）在炎热的天气长时间、长途爬坡时，长时间处于停停走走的交通状况，频繁急加速、急踩制动踏板或长时间车辆运转得不到休息时易造成动力电池过热，此时动力电池过热警告灯会点亮，需降低车速。　　　　　　　　　　　　　　　　　（　　）

6）车辆紧急关闭系统的主要作用是在车辆异常情况下保护乘员及车辆，降低意外事件以及意外伤害发生的风险。　　　　　　　　　　　　　　　　　　　（　　）

7）当 ABS 故障警告灯点亮，驻车制动故障警告灯熄灭时，防抱死制动系统不工作，但是制动系统仍将正常工作，在紧急制动或在湿滑路面上制动时车轮会抱死。　　（　　）

8）如果 ABS 指示灯和制动系统指示灯同时点亮，并且驻车制动已被完全释放，则表明前、后轮制动力分配系统也已失效。　　（　　）

9）长时间频繁地原地转动转向盘或蓄电池馈电时，转向感觉沉重但 EPS 警告灯没有点亮则无须担心，此现象为非故障模式。　　（　　）

10）充电过程中发生绝缘报警时，应立即关闭充电电源，并拔下充电枪。　　（　　）

三、简答题

1）简述车辆制动失效时的应急处理方法。

2）简述当在车辆行驶过程中听到啸叫或摩擦声时的处理方法。

任务四　新能源汽车事故救援

车辆在行驶过程中，难免会遇到一些事故，若这些事故处理不好，轻则造成财产损失，重则造成人员伤亡。因此作为驾驶员，必须掌握一定的汽车救援操作方面的知识和技能，才能在遇到事故时将损失降到最低。新能源汽车由于存在高压电方面的安全隐患，因此对驾驶员的事故处理能力要求更高。本任务，我们将重点学习新能源汽车救援安全操作的流程以及典型事故的救援方法。

学习目标

1）知道新能源汽车救援安全操作流程。
2）掌握新能源汽车三大典型事故救援处置程序。
3）能够依据实际情况应对新能源汽车的突发事故。

知识储备

如今，随着新能源汽车的发展普及，新能源汽车的安全问题也变得越来越突出。例如，2016 年国内新能源汽车发生起火事故 29 起，共涉及 40 辆车，而其中新能源乘用车占到起火事故的 97%。由此可见，学会新能源汽车救援的相关知识非常重要。

一、新能源汽车救援安全操作流程及规范

新能源汽车发生的事故原因有多种，但无论是什么事故，当车辆发生事故后，驾驶员需保持冷静，依据下列流程进行操作（图1-4-1）。

1. 立即停车

车辆发生交通事故时必须立即停驶车辆，将档位挂入P位，并拉起驻车制动，切断电源，开启危险报警闪光灯。此外还须按规定在车后设置危险警告标志，比如三角警示牌。若是在夜间发生事故，还需打开示廓灯、尾灯。

2. 及时报案

当事人在事故发生后应及时将事故发生的时间、地点、肇事车辆及伤亡情况，打电话或委托过往车辆、行人向附近的公安机关或执勤交警报案，在警察到来之前不能离开事故现场。在报警的同时也可向附近的医疗单位、急救中心呼救、求援。如果现场发生火灾，则还应向消防部门报告。"交通事故报警""急救中心""火灾报警"的全国统一呼叫电话号码分别为"122""120""119"。当事人需得到对方明确答复方能挂机，并立即回到现场通报联系情况、等候救援及接受调查处理等（图1-4-2）。

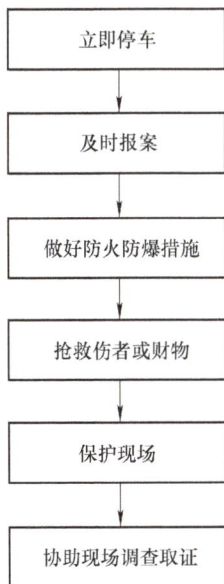

图 1-4-1　新能源汽车救援安全操作流程

图 1-4-2　常用报警电话号码

查看保单或是保险卡，按照上面所示保险公司电话致电保险公司客服，简单说明出险时间、地点、情况说明，保险公司会派就近定损员或是查勘车到场协助处理。

3. 做好防火防爆措施

事故当事人还应做好防火防爆措施，首先应关掉车辆的发动机，消除其他可能引起火警的隐患。事故现场禁止吸烟，以防引燃泄漏的燃油。载有危险物品的车辆发生事故时，危险性液体、气体发生泄漏，要及时将危险物品的化学特性，如是否有毒，易燃易爆、腐蚀性及装载量、泄漏量等情况通知警方及消防人员，以便采取防范措施。

4. 抢救伤者或财物

当事人确认受伤者的伤情后，能采取紧急抢救措施的，应尽最大努力抢救，包括采取止血、包扎、固定、搬运和心肺复苏等。并设法送就近的医院抢救治疗，除未受伤或虽有轻伤本人拒绝去医院诊断外，一般可以拦搭过往车辆或通知急救部门、医院派救护车前来抢救。对于现场散落的物品及被害者的钱财应妥善保管，注意防盗防抢。

5. 保护现场

保护现场就是保护现场的原始状态，即不随意挪动车辆、人员、牲畜和遗留的痕迹、散落物等位置。当事人在交通警察到来之前可以用绳索等设置保护警戒线，防止无关人员、车辆等进入，避免现场遭受人为或自然条件的破坏。为抢救伤者，必须移动现场肇事车辆、伤者等，应在其原始位置做好标记，不得故意破坏、伪造现场。

6. 协助现场调查取证

在交通警察勘察现场和调查取证时，当事人必须如实地向公安交通管理机关陈述交通事故发生的经过，不得隐瞒交通事故的真实情况，应积极配合协助交通警察做好善后处理工作，并听候公安交警部门处理。

二、新能源汽车典型事故救援

典型的事故救援包括交通事故处理、涉水事故处理和火灾事故处理三大类。新能源车与传统车的救援流程没有太大的区别，但是由于新能源车拥有高压电，所以救援人员应接受相关培训，充分熟悉当地主流品牌及型号的电动汽车的高压系统结构。在救援工程中，一定要注意防止触电以及电池组发生爆炸燃烧的危险。

1. 新能源汽车交通事故处理

新能源汽车交通事故主要是指汽车发生碰撞，比如两车相撞或多车相撞等。当汽车发生交通事故时，作为救援人员，在到达现场进行车辆救援时，需要采取正确的救援方式，以免造成车辆二次损伤，加剧经济损失。现场救援可参考以下流程，如图 1-4-3 所示。

（1）识别车辆，评估后确定救援方案

车辆的识别可以从两个方面进行：第一个方面是通过外部标志识别，即可以通过车辆号牌识别和电动汽车标志识别，比如应仔细观察车身，根据车身特别是车身尾部是否有电动汽车标志，如"EV""Hybrid""E**""电动汽车""混合动力"等字样确定事故车辆是否为电动汽车；第二个方面是通过内部标志识别，即救援人员应根据车辆信息，通过随车指南或网络查询提前了解高压部件及

识别车辆，评估后确定救援方案

做好救援人员的安全防护

操作之前固定车辆、切断电源

确定动力电池及部件位置

人员搜救及车辆处置

现场清理

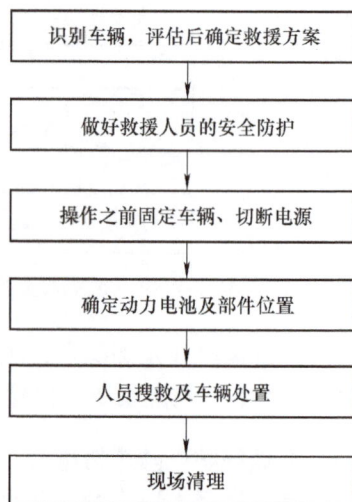

图 1-4-3 交通事故救援处置程序

断电开关的位置，确认橙色部件及带有橙色标志部件的位置，并查看相关标志的内容要求。

最后依据这些车辆信息及现场情况，充分考虑救助过程中可能存在的危险因素确定救援方案。

（2）做好救援人员的安全防护

处理交通事故时，救援人员应做好电绝缘防护。

（3）操作之前固定车辆、切断电源

1）固定车辆。根据事故车辆状态、位置等情况，合理采取短足、长足等稳固的技术，运用支撑杆等器材装备对车体实施有效稳固，创建安全作业条件，有效防止车辆移动。此外，要确保车辆启动驻车制动器或制动踏板，档位处于驻车档。

2）切断电源。切断电源时首先要关闭车辆起动开关，将具有自动起动的车辆钥匙装入信号屏蔽袋或置于距离事故车辆10m之外，然后对车辆进行手动断电，确保动力线路处于断电状态。

（4）确定动力电池及部件位置

判断事故车辆动力电池及高压电系统的受损情况，评估动力电池可能发生爆炸燃烧的危险因素及后果。对于混合动力汽车，还应查明燃料箱部位及受损情况。

（5）人员搜救及车辆处置

由于在人员搜救过程中通常伴随着对车辆的操作处置，所以下面将综合这两个方面进行介绍。

1）进行人员搜救时，首先应按照行业标准GA/T 1276—2015《道路交通事故被困人员解决行动指南》的有关规定创建救援通道。然后，根据实际情况使用消防过滤式综合防毒面具或空气呼吸器对被困人员和救援人员实施呼吸保护；若电池有电解液泄漏、打火、冒烟或冒泡声等现象时，则应打开车窗和行李舱通风，防止烟气大量积聚；若现场通风条件差，则可采取人工鼓风、利用排烟机送风等方式驱散现场有毒、有害气体。

2）搜救过程中应避开高压电线和动力电池，利用破拆、起重、撑顶、牵引等器材装备，采用合理的施救方法，救助遇险人员脱离困境。

对于纯电动汽车来讲，破拆过程中严禁接触损坏的电池系统，严禁使用工具切割高压供电线路或穿透高压供电系统组件，防止可能存在的电击危险。在对事故车辆进行破拆等操作时，应动态观察动力电池状态，对电池受损车辆，安全员应对受损电池进行全程观察，并利用热成像仪、测温仪等器材对电池温度进行实时监测，一旦发现内部温度急剧升高或有烟雾释放时，应立即停止作业，采用水枪喷雾实施掩护，防止突发事故威胁被困人员和救援人员安全。

对于混合动力汽车来讲，事故中若造成燃油泄漏，则在破拆时应喷射泡沫覆盖泄漏区域，防止因金属碰撞或破拆时产生的火花引发燃油蒸气爆炸燃烧。

3）对相撞或倾翻的客车，可根据实际情况从外侧手动开启车门一侧的手动应急开关，打开逃生通道。车门无法打开时，应迅速破拆车门窗，救出被困人员。根据被困人员的受困状态、受伤部位等情况，会同医疗急救人员采取相应的救治措施，维护生命体征，并及时消除触电、漏电等风险，遇险人员救出后交由医疗急救人员进行救护。

需要注意的是，若是在充电情况下发生交通事故，则应先确定充电站电源位置并切断，然后在确保人身安全的情况下，采用拔出电动汽车的充电枪或剪断充电线等手段，断开充电设备与车辆的连接，然后按照上面的程序进行灭火和应急救援。

（6）现场清理

现场清理时可依据以下内容进行。

1）应全面、细致地检查和清理现场，并向车主和有关部门移交现场。撤离现场时应当清点人员，整理器材装备。

2）提醒车主和有关部门妥善处理受损电池，采取合理的转运方式，防止事故车辆在转运及后期静置过程中起火。

3）在动力电池电量全部放出之前，应将车辆置于距离建筑物或其他车辆 15m 之外的地方。

4）在转移车辆时，不能直接进行拖挂，应根据相关技术要求进行转移。

2. 新能源汽车涉水事故处理

新能源汽车涉水事故救援可参考以下流程进行，如图 1-4-4 所示。

（1）识别车辆，了解环境情况，评估后确定救援方案

识别车辆方法参照前面所介绍的内容即可。了解环境情况主要包括以下几个方面的内容。

1）了解水域温度、深度、水面宽度、水流方向、岸边地形等情况，了解事故现场及周边的道路、交通、水源等情况。

2）遇险人员的位置、数量和伤亡情况。

3）通过外部观察，判断事故车辆动力电池和高压电系统的受损情况。

4）评估现场救援处置所需的人力、器材装备及其他资源。

5）查明车辆牵引部位、牵引途径，明确车辆停放的安全区域。

6）协调大型吊车到场，确定起吊方案，将落水车辆吊上路面。

依据以上内容分析现场情况，充分考虑救助过程中可能存在的危险因素，确定救援方案。

（2）做好救援人员的安全防护

涉水救援时应做好电绝缘防护，穿戴水域防护装备，对拖拽上岸后的车辆进行处置时应做好电源防护，严防触电。

（3）确定动力电池及部件位置

参照交通事故处理内容进行。

（4）解救被困人员

击破车窗或打开车门，救助车内人员，遇险人员救出后交由医疗急救人员进行救护。

若是在充电情况下发生涉水事故，则应先确定充电站的电源位置并切断，然后在确保人身安全的情况下，采用拔出电动汽车的充电枪或剪断充电线等手段，断开充电设备与车辆的连接，然后按照上面的程序进行应急救援。

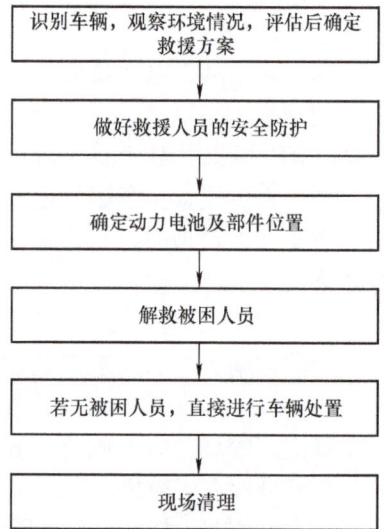

图 1-4-4　涉水事故救援处置程序

（5）进行车辆处置

进行车辆处置时应避免接触高压部件、电缆或断电开关等。此外，应根据车辆水域救援要求，由有资质的机构进行车辆打捞。车辆打捞至路面后，按照交通事故车辆处理的要求进行车辆处置。

（6）现场清理

现场清理参照交通事故处理内容进行。

3. 新能源汽车火灾事故处理

由于新能源汽车有大量的动力电池，车辆在碰撞、翻车、坠落时均有可能引起车辆起火。新能源汽车火灾事故救援可参考以下流程进行，如图1-4-5所示。

（1）识别车辆

按照交通事故处理内容进行分析。

（2）观察环境情况，评估后确定救援方案

通过外部观察和仪器检测，判断事故车辆动力电池和高压电系统的受损情况，评估动力电池可能引发的爆炸燃烧的危险因素及后果，做好事故救援准备。

（3）做好救援人员的安全防护

处理火灾事故时，救援人员应穿戴全套的个人防护装备和呼吸防护装备。

（4）火灾扑救

灭火方法有两种，即主动式灭火和控制式灭火。因此在进行火灾扑救时，要根据实际情况选择合适的灭火方法。

识别车辆

↓

观察环境情况，评估后确定救援方案

↓

做好救援人员的安全防护

↓

火灾扑救

↓

火灾扑灭后固定车辆

↓

如有需要，进行断电

↓

现场清理

图1-4-5　火灾事故救援处置程序

当有人员被困或动力电池未起火时，应选择主动式灭火。灭火过程中严禁对车辆的结构进行刺穿、切割、撬、拆除等操作，以便灭火剂能够顺利喷射到动力电池内部。此外，严禁使用工具刺穿发动机舱盖，避免穿透发动机区域的高压部件而造成严重的电击。如果动力电池着火，则应实时监控动力电池温度，防止热扩散或复燃。

当动力电池发生燃烧，没有人员被困以及没有足够水源的情况下，可采用控制式灭火。当灭火剂很难到达动力电池的燃烧单元时，应控制现场使其稳定燃烧。任何未佩戴呼吸防护装备的人员应处于火灾上风向，避免吸入烟气中的有毒物质。

当动力电池发生事故未见明火，有大量烟雾冒出时，在确保其他完好，把电池从车上卸载之后，应采用泥沙覆盖，并使用干冰灭火器持续喷射，以降低温度和减少有毒、有害气体对周围环境造成影响。

若在充电情况下发生火灾事故，则应先确定充电站电源位置并切断。然后在确保人身安全的情况下，采用拔出电动汽车的充电枪或剪断充电线等手段，断开充电设备与车辆的连接，再按照以上程序进行火灾事故救援。

（5）火灾扑灭后固定车辆

火灾扑灭后固定车辆参照交通事故处理内容进行。

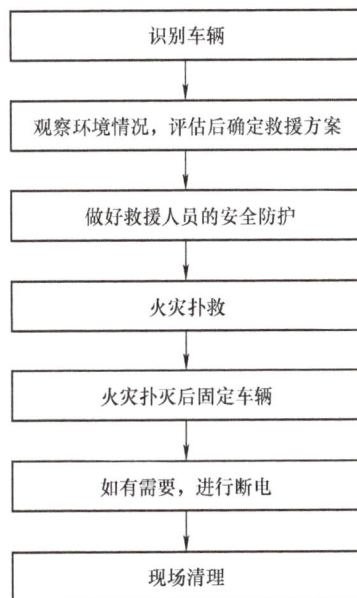

（6）进行断电

依据实际情况，若需要断电，可参照交通事故处理内容进行。

（7）现场清理

现场清理参照交通事故处理内容进行。

实训演练

新能源汽车高压断电操作

请扫描二维码，查看"新能源汽车高压断电操作"技能视频，结合视频内容及相关资料，规范地完成高压断电操作的实训。

实训工具与准备：

1）工具：

① 常用工具：世达 100 件工具套装。

② 绝缘工具：世达 68 件绝缘工具套件。

③ 测量工具：万用表。

④ 专用工具：定扭式扭力扳手。

2）设备：2018 款比亚迪 e5。

3）防护用品：车内外防护三件套。

一、实训前准备

1）穿戴好个人防护用品。

2）铺设车内防护三件套。

3）检查确认车辆状态是否正常。

4）打开前机舱盖，安装车外防护三件套。

二、低压断电

1）打开蓄电池负极橡胶保护套。

2）使用 10mm 套筒、棘轮扳手组合工具拧松低压蓄电池负极电缆固定螺栓，如图 1-4-6 所示。

3）取下负极电缆。

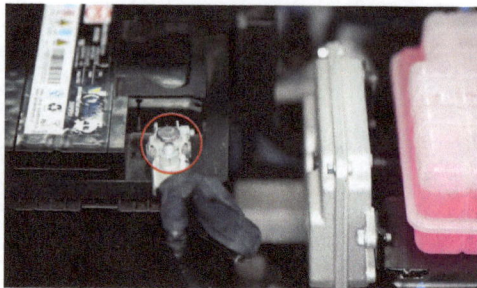

图 1-4-6　蓄电池负极电缆

🔔 **注意事项**：低压下电后，需等待 10min，等到高压系统残余电量耗尽后可进行下一步操作。

三、拆卸维修塞

1. 拆卸中控储物盒

1）打开车门，进入驾驶室。

2）打开中控储物盒盖，使用十字螺钉旋具拆卸储物盒 4 颗固定螺钉，如图 1-4-7 所示。

3）向上抬起中控储物盒至其脱离底座。

4）断开储物盒背部 USB 和 AUX 音频线束插接器，如图 1-4-8 所示。

5）取出中控储物盒。

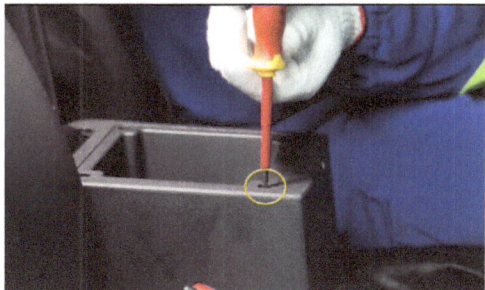

图 1-4-7　拆卸储物盒固定螺栓

2. 拆卸维修塞

1）拨开维修塞释放熔断器，如图 1-4-9 所示。

图 1-4-8　拔下线束插接器

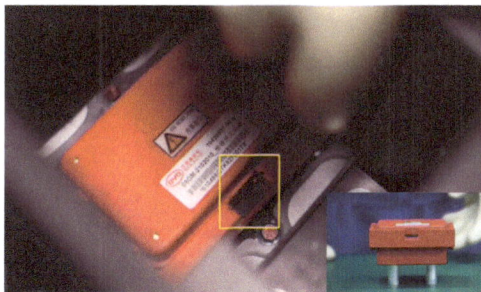

图 1-4-9　拨开维修塞释放熔断器

> **注意事项：** 拆卸维修塞时需佩戴高压绝缘手套，以免发生触电危险。

2）按压锁舌，向上扳动维修塞释放拉手。

3）取出维修塞，并妥善放置。

> **注意事项：** 拆卸维修塞后应将其锁在工具车内，避免由于他人误操作导致高压电意外接通。

4）使用绝缘胶带包裹维修塞底座。

四、高压验电

1）使用十字螺钉旋具拆卸验电盖的 5 颗固定螺栓，如图 1-4-10 所示。

2）使用 S25 五星套筒、接杆、棘轮扳手组合工具拆卸验电盖的 1 颗固定螺栓，如图 1-4-11 所示。

3）取下验电盖。

4）万用表校表，检查万用表是否正常可用，如图 1-4-12 所示。

图 1-4-10　验电盖 5 颗固定螺栓

图 1-4-11　验电盖 1 颗固定螺栓

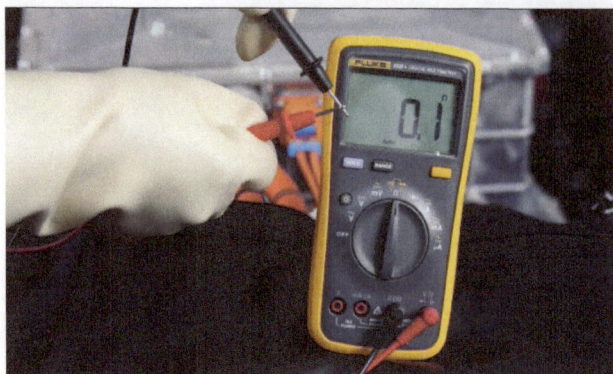

图 1-4-12　校表

5）将万用表调整至电压测试档。

6）将万用表红表笔连接动力电池正极母线线束端，黑表笔连接动力电池负极母线线束端，测量动力电池是否有高压电输出。

7）以同样方法测量高压电控总成端动力电池正极端子和动力电池负极端子之间是否存在残余电量。

> 🔔 **注意事项**：标准测量值应小于 1V。

8）将验电盖放回原位。

9）旋入验电盖固定螺栓，并使用 S25 五星套筒、接杆、棘轮扳手组合工具将其拧紧。

10）旋入验电盖的另外 5 个固定螺栓，并使用十字螺钉旋具拧紧。

五、恢复高压系统

1）检查确认维修塞高压端口无烧蚀痕迹，外观正常无破损。

2）取下维修塞底座绝缘胶带。

3）安装高压维修塞，并锁止维修塞释放拉手熔断器。

4）装复中控储物盒，并使用十字螺钉旋具安装储物盒固定螺栓。

5）连接低压蓄电池负极电缆，使用 10mm 套筒、棘轮扳手组合工具预紧负极电缆固定螺栓。

6）使用扭力扳手紧固低压蓄电池负极电缆固定螺栓至 7N·m。

六、整理清洁

按照 7S 管理标准，整理工具和场地。

任务练习

一、选择题

1）在高压电池电量全部放出之前，应将车辆置于距离建筑物或其他车辆（　　）之外的地方。

A. 10m
B. 15m
C. 20m
D. 25m

2）当有人员被困或高压电池未起火时，应选择（　　）灭火。

A. 控制式
B. 主动式
C. 隔离灭火
D. 窒息灭火

3）切断电源时首先要关闭车辆起动开关，将具有自动起动的车辆钥匙装入信号屏蔽袋或置于距离事故车辆（　　）之外，然后对车辆进行手动断电，确保动力线路处于断电状态。

A. 10m
B. 15m
C. 20m
D. 25m

4）当电池发生事故未见明火，有大量烟雾冒出时，在确保其他完好，把电池从车上卸载之后，应采用泥沙覆盖，并使用（　　）持续喷射。

A. 泡沫灭火器
B. 干粉灭火器
C. 干冰灭火器
D. 清水灭火器

二、判断题

1）根据事故车辆状态、位置等情况，合理采取短足、长足等稳固技术，运用支撑杆等器材装备对车体实施有效稳固，创建安全作业条件，有效防止车辆移动。（   ）

2）对于纯电动汽车来讲，破拆过程中严禁接触损坏的电池系统，严禁使用工具切割高压供电线路或穿透高压供电系统组件，防止可能存在的电击危险。（   ）

3）对相撞或倾翻的客车，可根据实际情况从外侧手动开启车门一侧的手动应急开关，打开逃生通道。（   ）

4）若是在充电情况下发生交通事故，则应先确定充电站电源位置并切断，然后在确保人身安全的情况下，采用拔出电动汽车的充电枪或剪断充电线等手段，断开充电设备与车辆的连接，然后按照上面的程序进行灭火和应急救援。（   ）

5）严禁使用工具刺穿发动机舱盖，避免穿透发动机区域的高压部件而造成严重的电击。（   ）

6）当事人在事故发生后应及时将事故发生的时间、地点、肇事车辆及伤亡情况，打电话或委托过往车辆、行人向附近的公安机关或执勤交警报案，在警察到来之前可先行离开事故现场。（   ）

7）事故当事人还应做好防火防爆措施，首先应关掉车辆的发动机，消除其他可能引起火警的隐患。（   ）

8）保护现场就是保护现场的原始状态，即不随意挪动车辆、人员、牲畜和遗留的痕迹、散落物等位置。（   ）

9）对于混合动力汽车来讲，事故中若造成燃油泄漏，则在破拆时应喷射泥沙覆盖泄漏区域，防止因金属碰撞或破拆时产生的火花引发油蒸气爆炸燃烧。（   ）

10）涉水救援时应做好电绝缘防护，穿戴水域防护装备，对拖拽上岸后的车辆进行处置时应做好电源防护，严防触电。（   ）

三、简答题

简述新能源汽车涉水事故需要侦查的环境情况。

项目二

纯电动汽车高压系统维护

　　纯电动汽车上，整车带有高压电的零部件有动力电池、驱动电机、高压配电箱（PDU）、电动压缩机、DC-DC变换器、OBC、PTC，高压线束等，这些部件组成了整车的高压系统，其中动力电池、驱动电机、高压控制系统为纯电动汽车上的三大核心部件。

　　本项目以北汽EV160和比亚迪e5为例，简要介绍了纯电动汽车驱动系统、电源系统以及控制系统的组成，在此基础上进一步讲解三大系统的维护方法、维护时的注意事项以及维护周期。

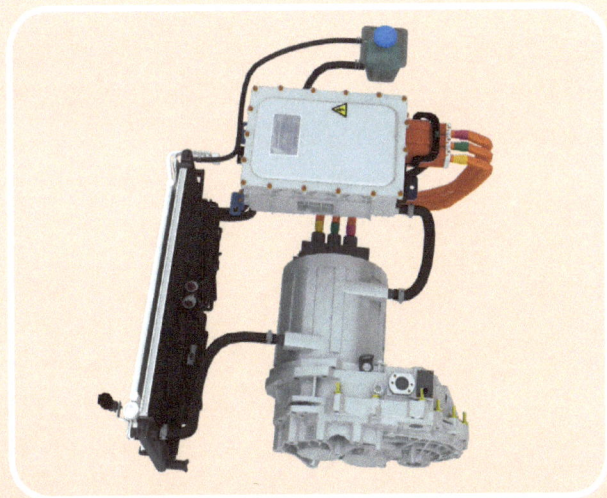

任务一　纯电动汽车驱动系统维护

一辆比亚迪 e5 纯电动汽车最近在起动的时候，有时可以正常起动，有时又无法起动。维修技师接车之后对车辆进行初步诊断，将问题锁定在驱动系统上。根据车辆的状况，需要对驱动系统进行维护。请你在学习完本任务之后完成该项作业。

学习目标

1）认识纯电动汽车驱动系统的组成。
2）掌握纯电动汽车驱动系统维护的方法。
3）掌握纯电动汽车驱动系统维护的注意事项。
4）能规范地完成对比亚迪 e5 驱动系统的维护。

知识储备

电驱动系统是纯电动汽车的关键系统之一，其作用是把电能转化为机械能，并通过传动装置（或直接）将能量传递到车轮从而驱动车辆按照驾驶人意志行驶，同时在车辆制动时把车辆的动能再生为电能反馈到动力电池中以实现车辆的再生制动。

本任务以比亚迪 e5 轿车为例，主要介绍其组成、维护方法、维护注意事项以及维护周期。

一、纯电动汽车驱动系统组成

纯电动汽车驱动系统是纯电动汽车的心脏，主要由驱动电机、电机控制器（高压电控总成内部）、机械减速装置和冷却系统等组成，并通过高低压线束、冷却管路与整车其他系统连接，图 2-1-1 所示为比亚迪 e5 电驱动系统的组成。

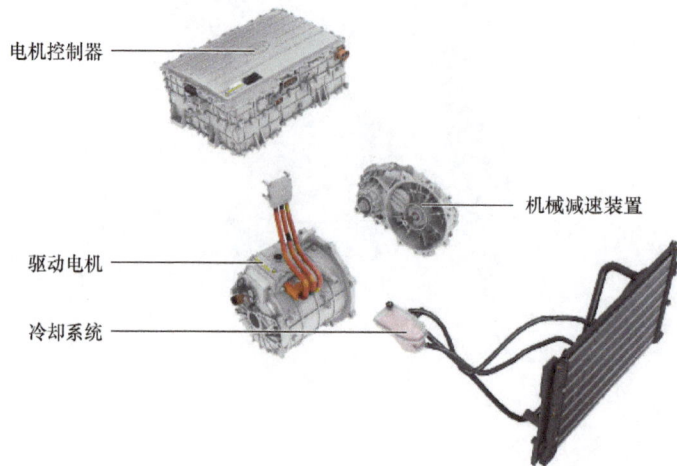

图 2-1-1　比亚迪 e5 电驱动系统的组成

1.驱动电机

驱动电机是动力总成的核心部件，它是进行机械能和电能相互转换的电磁装置，也是驱动电动汽车行驶的动力装置，承担着电能转化为机械能的功能。图 2-1-2 所示为比亚迪 e5 的驱动电机。

2.电机控制器

电机控制器又称为智能功率模块，是驱动电机系统的控制核心。电机控制器能响应并反馈整车控制器，根据驾驶员意图发出各种指令，实时调整驱动电机输出，以实现控制驱动电机的转速、转向和通断，并实时检测状态和故障，确保汽车安全可靠运行。图 2-1-3 所示为比亚迪 e5 的电机控制器。

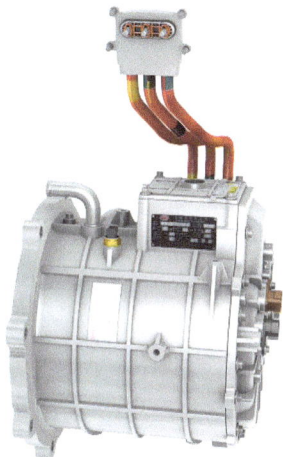

图 2-1-2　比亚迪 e5 的驱动电机　　　　图 2-1-3　比亚迪 e5 的电机控制器

3.机械减速装置

机械减速装置安装于驱动桥上，与驱动电机的输出端相连接。一方面它能够将驱动电机的输出转速降低、转矩升高，并传递给汽车驱动轴，以实现整车对驱动系统的转矩、转速需求，最终带动车辆行驶。另一方面能够通过齿轮改变转矩的传递方向，通过差速器实现两侧车轮转速差，保证内、外侧车轮以不同的转速滚动而非滑动。

纯电动汽车大多采用固定传动比的二级减速器，图 2-1-4 所示为比亚迪 e5 的二级减速器总成的组成图，他的主要部件有箱体（左、右箱体）、输入轴组件、中间轴组件、差速器组件等。

4.冷却系统

冷却系统有两个作用：一是将驱动电机和驱动电机控制器在运行过程中产生的热量，通过风冷或水冷的方式带走，使其工作在适宜的温度范围内；二是在冷态时保持冷却系统流动，使驱动电机和驱动电机控制器在短时间内达到工作温度。如果不将驱动电机在运行过程中产生的热量带走，则当温度上升到一定程度时，驱动电机的绝缘材料会发生本质变化，最终失去绝缘能力。

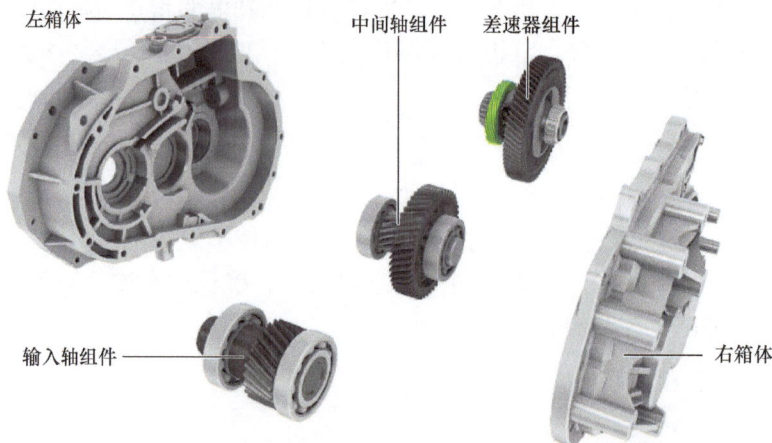

图 2-1-4　比亚迪 e5 的二级减速器总成的组成图

比亚迪 e5 电驱动冷却系统采用水冷方式进行冷却，该冷却系统主要由电动水泵、散热器、电动风扇、储液罐和冷却循环管路组成，如图 2-1-5 所示。

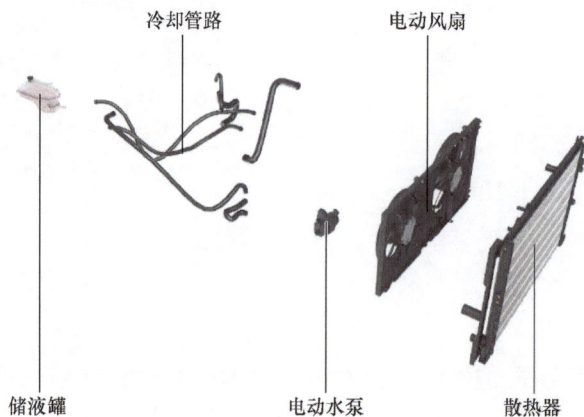

图 2-1-5　比亚迪 e5 电驱动冷却系统

二、纯电动汽车驱动系统维护方法

纯电动汽车驱动系统在正常行驶过程中，一些元器件处于高温、高速、脏污和颠簸环境中会使元器件老化、破损。为避免出现车辆漏电、驱动系统失效等故障的发生，保证车辆驾驶的安全，定期对驱动系统进行检查维护非常必要。

不同于传统汽车发动机保养维护中更换油液、机滤和传动带等，纯电动汽车的保养维护主要以清洁和检查为主。纯电动汽车驱动系统的维护主要有以下步骤。

1. 外观检查

对于驱动系统的维护首先从目测检查外观开始，检查内容包括：

1）驱动电机高压电缆外观是否存在破损、老化、绝缘体脱落等现象。

2）驱动电机是否存在固定螺栓松动等情况。

3）机械减速装置是否存在漏油、密封件破损等情况。

4）检查驱动电机表面是否存在冷却液残留痕迹，驱动电机冷却系统排空螺栓是否安装紧固。

若外观检查发现异常，则应立即进行下一步检查；若无异常情况，则应清洁驱动系统外观污浊部分以便下次目视检查。

2. 油液检查及更换

纯电动汽车驱动系统中主要有两类油液，分别是冷却液和机械减速装置齿轮油。

（1）冷却液检查及更换

驱动系统冷却液检查主要包括冷却液液位和品质的检查。

1）检查驱动系统冷却液液位。检查散热器储液罐内冷却液的液位，如图 2-1-6 所示。确认其是否处于上限（MAX）与下限（MIN）刻度线之间，如果低于下限刻度线，则应添加冷却液。添加冷却液需选择与原厂统一品牌、统一型号的冷却液，以免混用。

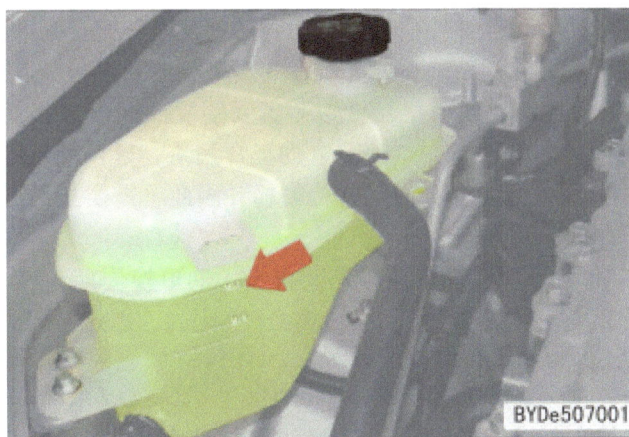

图 2-1-6　冷却液液位

若冷却液严重缺失或持续多次在日常维护过程中均需添加冷却液，则需要进一步检查冷却系统有无泄漏。必要时可以对驱动冷却系统进行加压测试，判断泄漏量及泄漏点。

2）检查冷却液品质。打开冷却液储液罐盖，目视检查冷却液的质量，确认冷却液无变质、脏污。使用冰点测试仪检测，冷却液冰点需在 −20℃ 以下。若冷却液品质下降，则需进一步查明原因并更换冷却液。

3）更换冷却液。由于冷却液工作在高压、高温环境中，使用寿命有限，所以要定期更换冷却液。比亚迪纯电动汽车驱动系统冷却液应在每 4 年或 100 000km 时，更换长效有机酸型冷却液，以先到者为准。

（2）机械减速装置齿轮油检查及更换

1）机械减速装置齿轮油检查。拧下机械减速装置注油口密封螺栓（图 2-1-7），检查齿轮油品质，若存在油色污浊、变质、胶化、有焦糊味等情况，则需进一步检查机械减速装置的工作情况，并及时更换齿轮油。

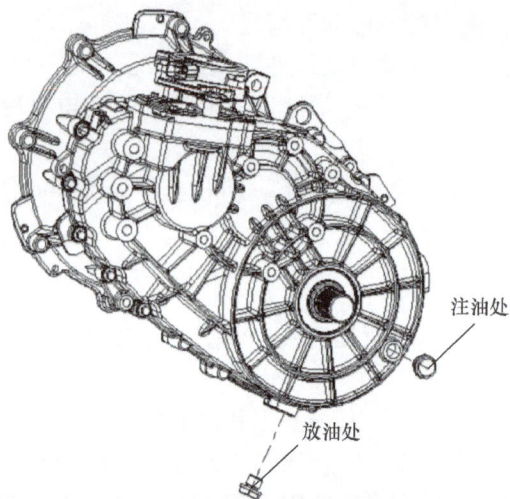

注油处

放油处

图 2-1-7　机械减速装置注油口

机械减速装置齿轮油加注量为 1.8L，拧下机械减速装置注油口密封螺栓时有少量齿轮油流出说明油位正常。检查时若发现油位较低，则需要及时补充至标准量。

检查机械减速装置齿轮油油位前，应先确保车辆不处于长期停放状态。

2）机械减速装置齿轮油更换。机械减速装置采用浸油润滑方式，齿轮油需及时在齿轮表面形成完整的油膜才能保证机械减速装置的正常润滑，延长使用寿命。齿轮油随着使用时间的增加，内部杂质也会增多，加速机构磨损，因此，需要按照厂方规定定时更换齿轮油。

比亚迪规定电动汽车驱动系统机械减速装置齿轮油更换周期为：首次更换应在 24 个月 /40 000km 后；后续更换应在 24 个月 /48 000km 范围内，以先到者为准，齿轮油应该使用厂方规定的 SAE 75W-90 齿轮油。

（3）电气检查

由于纯电动汽车高压系统的工作电压较高，一旦漏电，会对乘员及车辆造成严重伤害，所以高压部件绝缘性的检测非常重要。通常高压电气系统的检查包含高压线的绝缘检查和高压插接件的检查。

1）高压线绝缘检查。

① 拆卸电机控制器和驱动电机的连接高压线。

② 使用数字绝缘电阻表测量高压线与车身搭铁的绝缘值。

③ 根据比亚迪厂方的规定，高压线绝缘电阻值应在 20MΩ 以上，若低于标准值，则说明高压线存在漏电的可能性，需要进一步检查判断绝缘故障并更换相关部件。

2）高压接插器检查。高压线绝缘检查之后，需要对驱动系统高压插接器进行统一检查，确保插接器安装牢靠无晃动、插接器锁止熔断器紧固无松动。

三、纯电动汽车驱动系统维护注意事项

1）进行纯电动汽车驱动系统维护时，首先要检查驱动系统是否有故障。如果发现电动机起动有噪声、电机有卡滞现象及异常响声、电机运转时有过大振动、电机无法起动以

及电机动力总成有漏油现象或异味排出时，需要及时对车辆进行高压下电操作，并进一步检查故障。

2）与传统车相比，新能源电动汽车有高压系统，因此在对新能源汽车驱动系统进行维护保养时，必须确认车辆钥匙处于 OFF 位、低压蓄电池电源断开、动力电池上的维修开关处于断开状态。操作人员要注意戴绝缘手套，在断开高压电缆插接器后，需要测量导线内的残余电量是否消耗殆尽。

3）驱动电机工作柔和，在维护检查中，应确保驱动电机工作稳定，无异响、松动和异常振动等情况，否则要及时进行维修作业。

4）驱动电机没有独立的润滑系统，因此在维护检查时需要着重检查驱动电机的主轴轴承工作情况，若油封漏油，则需及时更换油封，必要时需及时补充润滑脂。

5）驱动系统机械减速装置包含主减速器和差速器，在维护时均需进行检查。要注意检查差速器齿轮间隙情况，可以滑动车轮，检查车轮自由转动间隙。向一个方向转动车轮，另一侧车轮应该反向转动，转动应顺畅，无明显的卡滞感；必要时可进行路试，判断主减速器轴承工作是否正常。

四、纯电动汽车驱动系统维护周期

纯电动汽车驱动系统的维护周期见表 2-1-1，"I"表示必要时进行检查、修正或更换。

表 2-1-1　纯电动汽车驱动系统的维护周期

维护保养项目 \ 维护保养时间	里程表读数 1 000km	里程表读数（总里程）或月数，以先到者为准														
		12	24	36	48	60	72	84	96	108	120	132	144	156	168	180	192
	月数	6	12	18	24	30	36	42	48	54	60	66	72	78	84	90	96
检查膨胀罐内冷却液页面高度		I	I	I	I	I	I	I	I	I	I	I	I	I	I	I	I
更换驱动电机冷却液		每 4 年或 100 000km 更换长效有机酸型冷却液，以先到者为准														
检查动力总成是否漏液、磕碰		I	I	I	I	I	I	I	I	I	I	I	I	I	I	I	I
检查高压线束或插接件是否松动		I	I	I	I	I	I	I	I	I	I	I	I	I	I	I	I
检查高压模块外观件是否变形、是否有油液		I	I	I	I	I	I	I	I	I	I	I	I	I	I	I	I
检查各充电插接器接口处是否有异物、烧蚀等情况		I	I	I	I	I	I	I	I	I	I	I	I	I	I	I	I
检查高压部件是否有涉水痕迹		I	I	I	I	I	I	I	I	I	I	I	I	I	I	I	I

实训演练

纯电动汽车驱动系统维护

请扫描二维码，查看"纯电动汽车驱动系统维护"技能视频，结合视频内容及相关资料，规范地完成纯电动汽车驱动系统的检修实训。

实训工具与准备：

1）工具：

①测量工具：万用表、数字绝缘电阻表、冰点检测仪、压力测试仪。

②专用工具：比亚迪 VDS2000、齿轮油加注器。

③绝缘工具：世达 68 件绝缘工具套件。

④常用工具：世达 100 件工具套装。

2）设备：

① 2018 款比亚迪 e5。

②举升机。

③废油回收器。

一、实训前准备

1）穿戴好个人防护用品。

2）铺设车内防护三件套。

3）检查确认车辆状态是否正常。

4）安装车外防护三件套。

二、驱动系统在线检查

1）连接诊断仪至车辆，确保连接可靠，如图 2-1-8 所示。

图 2-1-8　连接故障诊断仪

2）打开点火开关。

3）打开诊断仪，选择对应车型，进入诊断界面，选择控制单元，读取动力模块、高压电控总成模块故障码。

> **注意事项**：若存在故障码，请判断是否是真实故障，若不是，则请删除；若是，则请根据故障码维修。

4）读取高压电控总成模块相关数据流，并根据读取结果判断高压电控总成模块是否存在故障。

5）检查完毕，退出诊断界面。

6）关闭诊断仪电源开关及车辆电源开关，拔下诊断插头。

三、高压电控总成维护

1. 整车高压系统断电

1）断开低压蓄电池负极电缆，如图 2-1-9 所示。

> **注意事项**：低压下电后，需等待 5 ~ 10min，等到高压系统残余电量释放完毕后，才能进行下一步操作。

2）断开高压维修塞，如图 2-1-10 所示。

> **注意事项**：
> ① 拆卸高压维修塞时，需佩戴高压绝缘手套，以免发生触电危险。
> ② 拆卸高压维修塞后，应将其锁在工具车内，以免他人误操作而导致高压电意外接通。

图 2-1-9　低压蓄电池负极电缆

图 2-1-10　高压维修塞

2. 高压电控总成基本检查

1）用干净的抹布清洁高压电控总成，检查其外观有无损伤、变形。

2）检查高压电控总成插接件连接是否可靠。

3）检查驱动系统冷却液液位。

> **注意事项**：冷却液液位应位于 MIN 和 MAX 之间，若低于最低值，则需添加冷却液。

4）选用 13mm 套筒、接杆、棘轮扳手组合工具紧固高压电控总成固定螺栓。

5）选用 13mm 套筒、接杆、棘轮扳手组合工具紧固高压电控总成搭铁线固定螺栓，如图 2-1-11 所示。

四、驱动电机维护

1）举升车辆至合适位置，并锁止举升机。

2）检查驱动电机是否存在漏油、漏冷却液情况，如图 2-1-12 所示。

3）检查驱动电机外观是否有碰撞、损坏等情况。

4）选择 15mm 套筒棘轮扳手组合工具紧固驱动电机固定螺栓，如图 2-1-13 所示。

图 2-1-11　高压电控总成搭铁线固定螺栓

图 2-1-12　驱动电机外观

图 2-1-13　紧固驱动电机固定螺栓

5）降下车辆至轮胎着地。

五、驱动电机三相线束绝缘检测

1）使用 10mm 呆扳手松开驱动电机三相线束 4 颗固定螺栓并取下，如图 2-1-14 所示。

2）拔下驱动电机三相线束插头，如图 2-1-15 所示。

3）取出数字绝缘电阻表，并检查是否正常可用。

4）黑表笔与高压电控总成壳体相连，红表笔与驱动电机三相线束其中的一根相连。

图 2-1-14　驱动电机三相线线束固定螺栓

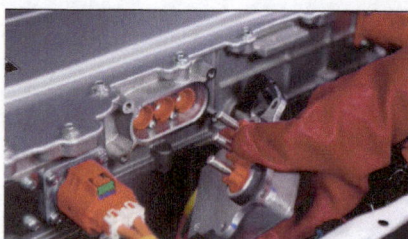

图 2-1-15　驱动电机三相线

5）打开数字绝缘电阻表，并将其调至 1 000V 测试档，如图 2-1-16 所示。

6）按下测试按钮，检测驱动电机三相线束的绝缘电阻值。

7）以同样的方法检测另外两根驱动电机三相线束的绝缘电阻值。

> **注意事项：** 标准值应 > 20MΩ。若测量值与标准数值不符，则说明驱动电机存在绝缘故障，需进一步检修。

8）安装驱动电机控制器高压母线插头，并确保安装牢靠。

图 2-1-16　调整测试档位

9）使用 10mm 扳手安装驱动电机三相线束 4 颗固定螺栓。

10）选用 10mm 套筒、接杆、扭力扳手组合工具紧固固定螺栓，固定力矩为 25N·m。

六、冷却系统维护

1. 基本检查

（1）冷却液液位及相关部件检查

1）检查驱动系统冷却液液位。

> **注意事项**：冷却液液位应位于 MAX 和 MIN 之间。若低于最低值，则需添加冷却液。

2）检查冷却液管路是否有破损。

3）检查散热器外观是否有损伤，并使用压缩空气清洁，如图 2-1-17 所示。

> **注意事项**：严禁使用高压水枪清洁。

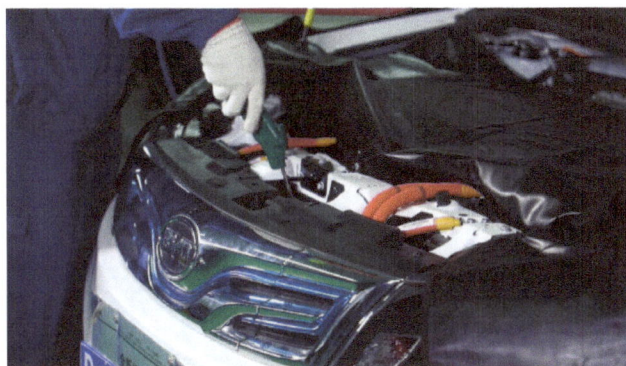

图 2-1-17　使用压缩空气清洁

4）检查散热风扇是否有卡滞及损伤。

（2）冷却液冰点检查

1）取出冰点测试仪，清洁并校零。

2）沿逆时针方向缓慢转动驱动系统冷却液壶盖，并取下。

> 注意事项：**因系统内有压力，请缓慢打开，以防冷却液喷溅，造成伤害。**

3）使用吸管吸取少量冷却液，滴于折光棱镜上，如图 2-1-18 所示。

4）盖上盖板并轻轻按压，确保没有气泡。

5）通过目镜读取蓝白分界线的相对刻度，即冷却液冰点值，如图 2-1-19 所示。

6）检查完毕使用棉布清洁冰点测试仪，并将其妥善放置。

（3）密封性检查

1）安装冷却系统压力测试仪，如图 2-1-20 所示。

2）盖上盖板并轻轻按压，确保没有气泡。

3）通过目镜读取蓝白分界线的相对刻度，即冷却液冰点值，如图 2-1-19 所示。

4）检查完毕使用棉布清洁冰点测试仪，并将其妥善放置。

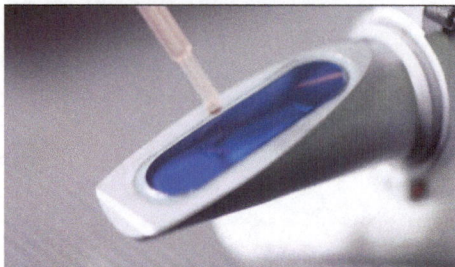

图 2-1-18   将冷却液滴于折光棱镜上

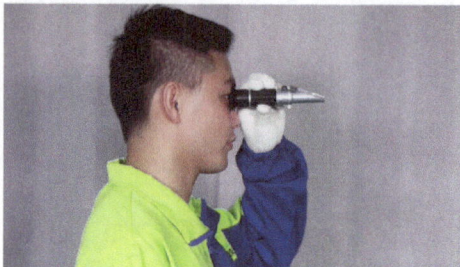

图 2-1-19   读取冰点值

（4）冷却液压力检查

1）安装冷却系统压力测试仪，如图 2-1-20 所示。

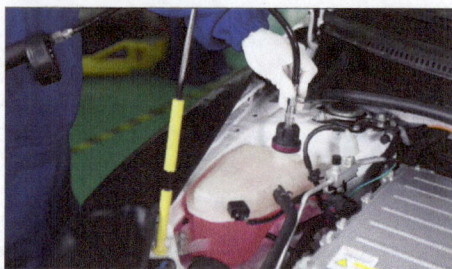

图 2-1-20   安装压力测试仪

2）施加 15～45kPa 的压力。

3）观察冷却系统的压力值。

> 注意事项：**若冷却液压力值产生变化，则说明冷却系统存在泄漏，需检查相应的部件。**

4）取下压力测试仪。

5）安装驱动系统冷却液壶盖，并旋至最紧。

2.冷却液更换

1）安装高压维修塞。

2）安装低压蓄电池负极电缆。

3）将点火开关置于"READY"档，让水泵运行约5min后关闭点火开关，重复2~3次。

4）用手触摸，确认电机和电池包等已冷却。

5）沿逆时针方向缓慢旋松动力电池包冷却液壶盖，但不要取下，以防灰尘进入冷却液壶内。

> 😊 **注意事项：** 因系统内有压力，请缓慢打开，以防冷却液喷溅，造成伤害。

6）举升车辆至合适位置，并锁止举升机。

7）将废油回收器放置在合适位置。

8）拧松散热器放水阀，排尽冷却液，如图2-1-21所示。

9）待冷却液排净后，旋紧散热器放水阀，如图2-1-22所示。

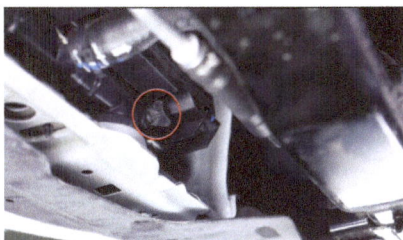

图2-1-21 散热器放水阀

图2-1-22 排净冷却液

10）降下车辆至轮胎着地。

11）取下冷却液壶盖。

12）向冷却液壶中倒入指定的冷却液至MAX液位，如图2-1-23所示。

13）盖上冷却液壶盖，并旋紧。

14）将点火开关置于"READY"档，让水泵运行约5min后关闭点火开关。

15）待电机和驱动系统冷却液壶已冷却，再次取下冷却液壶盖，向冷却液壶中倒入指定的冷却液至MAX液位。

图2-1-23 加注冷却液

16）重复以上步骤，直到车辆上电后，冷却液液位不再下降为止。

17）安装驱动系统冷却液壶盖，并旋至最紧。

七、减速齿轮机构维护

1.基本检查

1）举升车辆至合适位置，并锁止举升机。

2）旋转轮胎，检查减速器是否存在异响。

3）检查减速器外观是否存在碰撞、本体及半轴是否有漏油等不良情况，如图 2-1-24 所示。

4）使用 24mm 套筒、指针式扭力扳手组合工具预松减速器加注口螺栓，如图 2-1-25 所示。

图 2-1-24　检查减速器外观

图 2-1-25　减速器加注口螺栓

5）用手旋出减速器加注口螺栓，通过齿轮油加注口观察油液是否缺少。

> 注意事项：
> ① 若油位与油位螺塞孔齐平，则说明油位正常。否则应补加规定的齿轮油，直到油位螺塞孔口有少许齿轮油漏出为止。
> ② BYD e5 齿轮油首次更换是在行驶 24 个月或 40 000km 时，后续每 24 个月或行驶 48 000km 后更换。

2. 齿轮油更换

1）将废油回收器放置到合适位置。

2）使用 24mm 套筒、接杆、指针式扭力扳手组合工具预松放油螺栓，如图 2-1-26 所示。

3）使用 24mm 套筒、接杆、棘轮扳手组合工具拆卸放油螺栓。

4）用手旋出放油螺栓。

5）将齿轮油完全排净后用手旋入放油螺栓。

6）选用 24mm 套筒、接杆、定扭式扭力扳手组合工具按规定力矩拧紧放油螺栓，规定力矩为 30N·m。

7）将齿轮油加注到齿轮油加注器中。

8）将齿轮油加注器的加注口放置到加油螺栓处进行加注，如图 2-1-27 所示。

图 2-1-26　减速器放油螺栓

图 2-1-27　加注齿轮油

9）取下齿轮油加注器，并妥善放置。

10）用手旋入加油螺栓。

11）使用套筒24mm套筒、定扭式扭力扳手组合工具按规定力矩拧紧放油螺栓，规定力矩为30N·m。

12）选用干净的抹布清洁残余油液。

13）推出废油回收器，降下车辆至轮胎着地。

八、电源系统复检

1）连接故障诊断仪。

2）读取整车系统故障码，检查整车是否存在故障。

九、整理清洁

按照7S管理标准，整理工具和场地。

任务练习

一、选择题

1）使用冰点测试仪检测，冷却液冰点需在（　　　）以下。

A. −30℃　　　　　　B. −20℃　　　　　　C. −25℃　　　　　　D. −24℃

2）动力电池外部维护内容主要有（　　　）。

A. 动力电池外观　　　　　　　　　B. 动力电池箱密封性能

C. 动力电池外部绝缘性　　　　　　D. 以上均有

3）使用（　　　）mm套筒、接杆、棘轮扳手组合工具拆卸放油螺栓。

A. 23　　　　　　　　B. 24　　　　　　　　C. 25　　　　　　　　D. 26

二、判断题

1）比亚迪纯电动汽车驱动系统冷却液应每4年或100 000km时，更换长效有机酸型冷却液，以先到者为准。　　　　　　　　　　　　　　　　　　　　　（　　　）

2）检查机械减速装置齿轮油油位前应先确保车辆处于长期停放状态。　（　　　）

3）如果将驱动电机在运行过程中产生的热量带走，当温度上升到一定程度时，驱动电机的绝缘材料会发生本质变化，最终失去绝缘能力。　　　　　　　　　（　　　）

4）电机控制器又称为智能功率模块，是驱动电机系统的控制核心。　（　　　）

5）机械减速装置安装于驱动桥上，与驱动电机的输入端相连接。　　（　　　）

6）电机控制器能响应并反馈整车控制器，根据驾驶员意图发出各种指令，实时调整驱动电机输出，以实现控制驱动电机的转速、转向和通断，并实时检测状态和故障，确保汽车安全可靠运行。　　　　　　　　　　　　　　　　　　　　　　　　（　　　）

7）如果不将驱动电机在运行过程中产生的热量带走，当温度上升到一定程度时，驱

动电机的绝缘材料会发生本质变化，最终导致绝缘能力减弱。　　　　　（　　）

8）纯电动汽车驱动系统在正常行驶过程中，一些元器件处于高温、高速、脏污和颠簸环境中，会使其老化、破损。　　　　　　　　　　　　　　　　　　（　　）

9）冷却液液位应位于 MAX 和 MIN 之间。若等于最低值，则需添加冷却液。（　　）

10）若冷却液压力值产生变化，则说明冷却系统存在泄漏，需检查相应的部件。

（　　）

三、简答题

1）对于驱动系统的维护首先从目测检查外观开始，列举检查内容。

2）简述齿轮油更换的步骤。

任务二　纯电动汽车电源系统维护

一辆比亚迪 e5 纯电动汽车最近出现了偶尔无法上电的情况。维修技师结合车辆的症状和行驶里程，建议车主对车辆的电源系统进行维护。如果将这一任务委派给你，你知道如何操作吗？

学习目标

1）知道纯电动汽车电源系统的组成。

2）理解纯电动汽车电源系统各组成的功用。

3）掌握纯电动汽车电源系统维护方法和维护标准。

4）知道纯电动汽车电源系统维护的注意事项。

5）能规范的对比亚迪 e5 动力电池系统和充电系统进行维护。

知识储备

纯电动汽车的电源系统是纯电动汽车高压系统的重要组成之一，其作用是为驱动电机提供电源，并对电源系统电量进行监测、调节、控制及充电，使动力电池始终处于最佳的工作状态，更好地为整车提供持续、稳定的电能。因此，在日常生活中要注意对电源系统进行维护，以保证其良好的工作性能。

一、纯电动汽车电源系统组成

纯电动汽车的电源系统主要由动力电池包、电池管理系统、充电系统、电驱动冷却系统等组成，如图 2-2-1 所示。

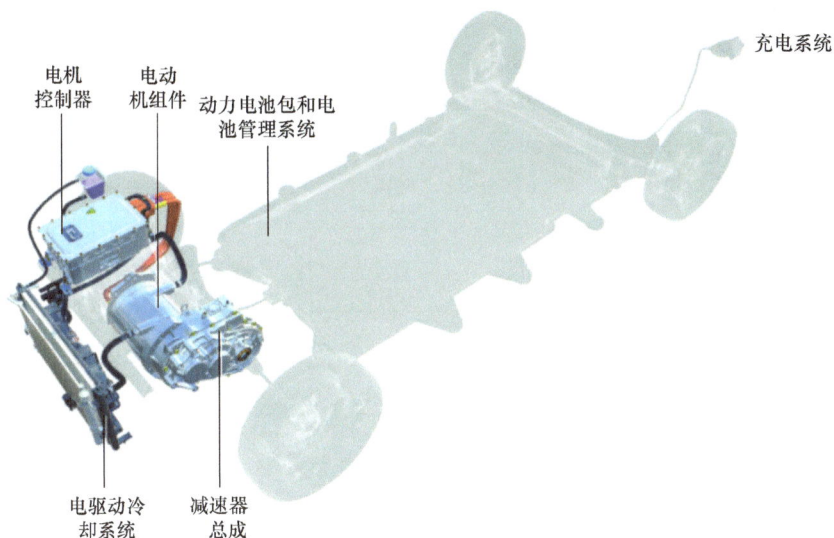

图 2-2-1　电源系统组成

1. 动力电池包

动力电池包是电源系统的核心部件，主要由动力电池和动力电池箱组成。

动力电池是纯电动汽车的动力电源，其作用是给驱动电机提供所需的电能，从而带动汽车行驶。纯电动汽车动力电池安装在车体下部汽车底盘上。

动力电池箱相当于动力电池的壳体，主要用于安装动力电池模组。动力电池模组由 10 组电池模块串联而成（图 2-2-2），每一组电池模块又由一组串联的电池单体组合而成（图 2-2-3）。电池单体（图 2-2-4）是构成动力电池模组的最小单元，一般由正极、负极、电解质（或电解液）和聚合物隔膜等组成。

图 2-2-2　动力电池模组的组成

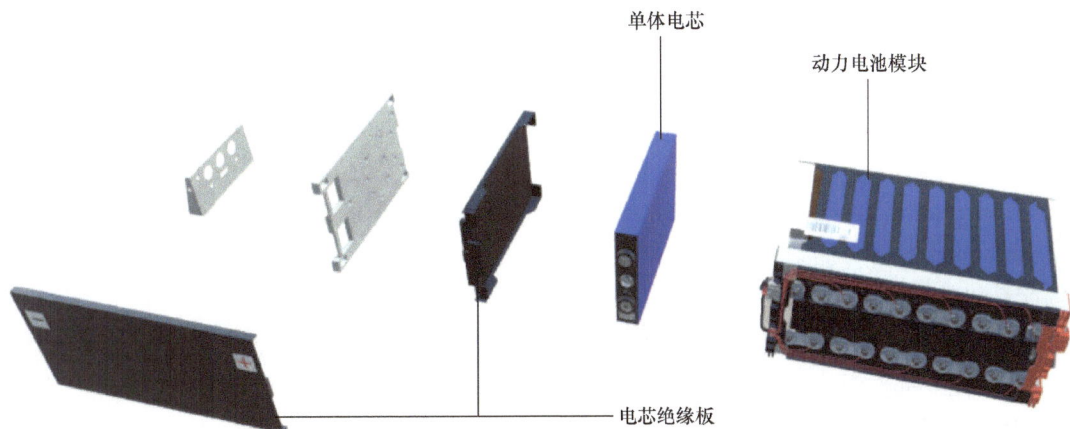

图 2-2-3　电池模块的组成

2. 电池管理系统

电池管理系统（Battery Management System，BMS）是动力电池系统的核心部件，通常安装在动力电池内部或车辆前机舱内。

电池管理系统主要由电气集成组件、电池管理系统主控制盒、电池信息采集器和传感器构成（图 2-2-5）。电池信息采集器主要负责监测动力电池组的温度和单体电芯的电压、电流等实时信息，然后通过低压控制线路上报给主控盒，并保持与主控盒之间的往复信息传输；电气组成部件负责监测高压回路状

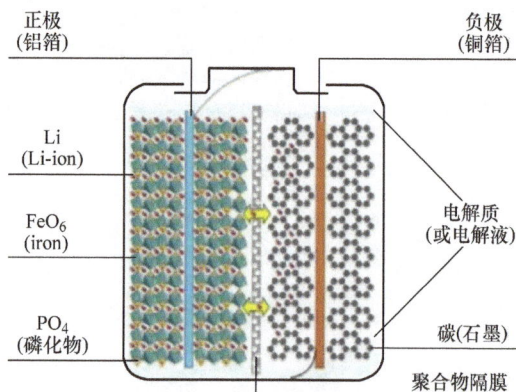

图 2-2-4　电池单体

态信息并将信息传送给主控盒；主控制盒通过 CAN 线与整车控制器连接，将收集的数据进行综合分析处理之后发送新的指令信息给高压控制盒和电池管理系统及其他控制子系统。

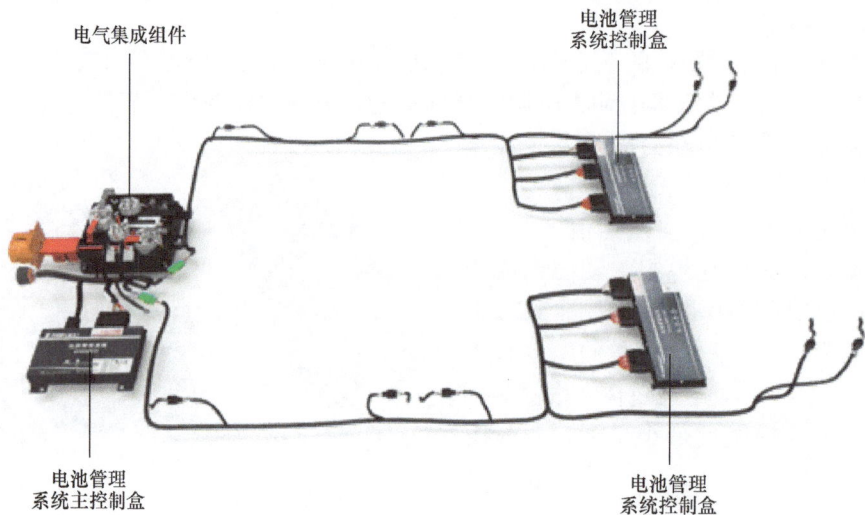

图 2-2-5　电池管理系统的组成

3. 充电系统

充电系统包含两个系统，即慢充（交流）充电系统和快充（直流）充电系统。慢充充电系统通过慢充充电枪（家用交流慢速充电线、交流充电桩用慢速充电线）与家用排插或慢充充电桩相连，为动力电池进行 220V 慢速充电，快充充电系统通过直流充电桩为动力电池进行快速充电，如图 2-2-6 所示。

（1）慢充（交流）充电系统

慢充充电系统主要由车载充电机、慢充充电口、高压控制盒、慢充充电枪、慢充（交流）充电桩等部件组成，如图 2-2-7 所示。它主要用于将 220V 交流电转换为直流电，以实现动力电池的电能补给。

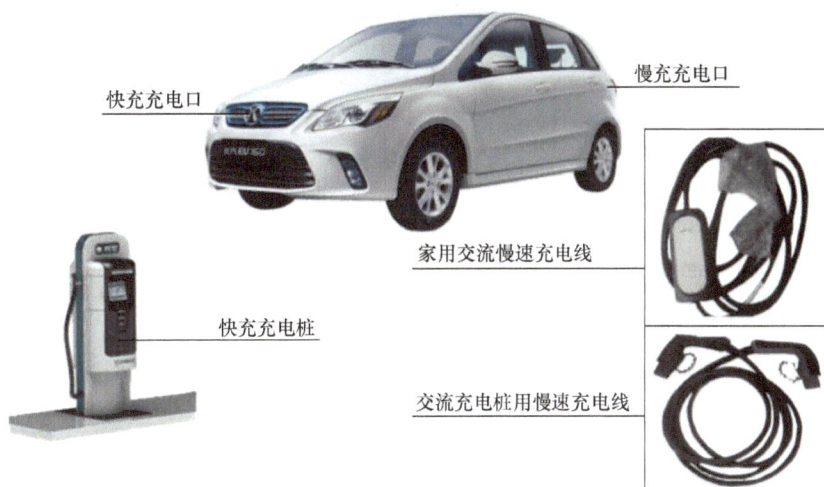

图 2-2-6　纯电动汽车充电系统的组成

图 2-2-7　慢充系统的组成

　　1）车载充电机。车载充电机位于前机舱内，主要由车载充电机箱体、车载充电机电路面板、车载充电机棉垫和散热风扇组等主要部件组成，如图 2-2-8 所示。车载充电机主要负责将 220V 交流电转换为动力电池的直流电，实现动力电池电量补给。

　　2）慢充充电口。慢充充电口用于电动汽车传导充电使用，纯电动汽车慢充充电口一般位于车头前部，打开充电盖后可以看到充电插头，充电插头通常为 7 孔式，其针脚布置方式如图 2-2-9 所示。

　　3）慢充充电枪。慢充充电桩上的慢充充电枪是慢充充电桩与电动汽车慢充充电口进行物理连接的部件，负责完成充电和控制引导。

　　4）慢充（交流）充电桩。慢充（交流）充电桩是固定安装在电动汽车外、与交流电网连接，为电动汽车车载充电机（即固定安装在电动汽车上的充电机）提供交流电源的供电装置。

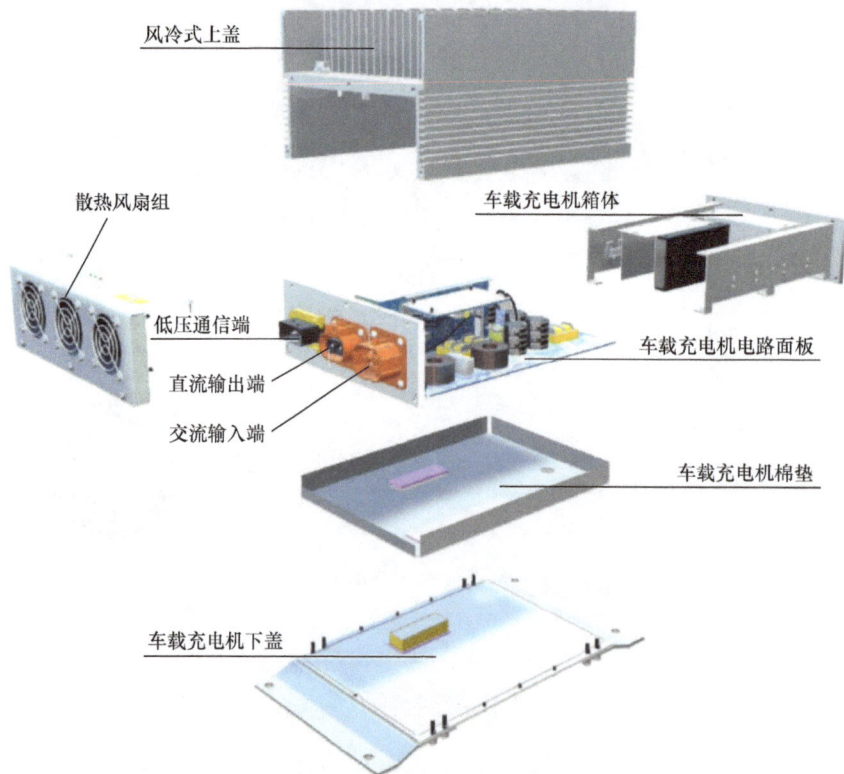

风冷式上盖

散热风扇组

车载充电机箱体

低压通信端

直流输出端

交流输入端

车载充电机电路面板

车载充电机棉垫

车载充电机下盖

图 2-2-8　车载充电机结构

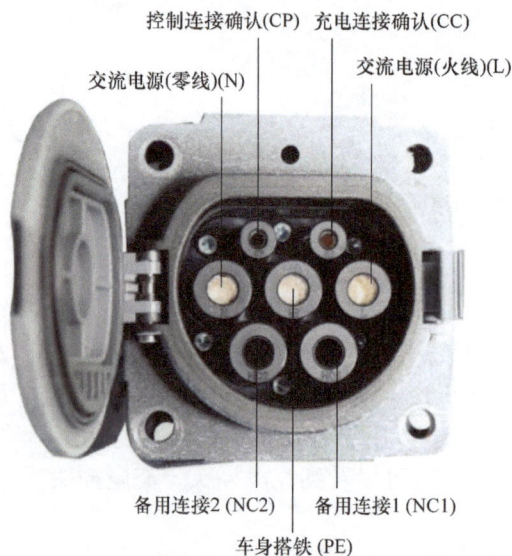

控制连接确认(CP)　充电连接确认(CC)

交流电源(零线)(N)　交流电源(火线)(L)

备用连接2 (NC2)　备用连接1 (NC1)

车身搭铁 (PE)

图 2-2-9　慢充充电口针脚布置方式

（2）快充（直流）充电系统

快充（直流）充电系统是直接将充电桩输出的直流电传输到车载电池，实现车载电池电能补给。

快充（直流）充电系统关系到电池组的使用寿命和充电时间，其主要目的是实现对动力电池快速、高效、安全、合理的电能补给。

快充充电系统主要由快充充电口、高压控制盒、快充充电枪、快充充电桩等部件组成，如图2-2-10所示。

快充充电口

快充充电桩

直流快充充电枪

图2-2-10　快充充电系统的组成

1）快充充电口。快充充电使用的是直流充电方式。比亚迪e5的快充充电口位于车头前部正中间位置，如图2-2-11所示。

图2-2-11　快充充电口位置

打开充电盖口后可以看到9孔式接口，其针脚布置形式如下图2-2-12所示。

2）快充充电枪。快充充电桩上的快充充电枪是快充充电桩与电动汽车快充充电口进行物理连接的部件，负责完成充电和控制引导。

3）快充（直流）充电桩。快充（直流）充电桩是固定安装在电动汽车外，与交流电网连接，向电动汽车动力电池提供直流电源的供电装置。

4. 冷却系统

冷却系统安装在动力电池内部，主要有两个作用：一是在车辆起动前期将动力电池加热至工作温度；二是在动力电池到达工作温度后散热，使其持续保持工作温度。冷却系统主要由电动冷却水泵、电池组热交换器、散热器和冷却液管路等组成（图2-2-13）。

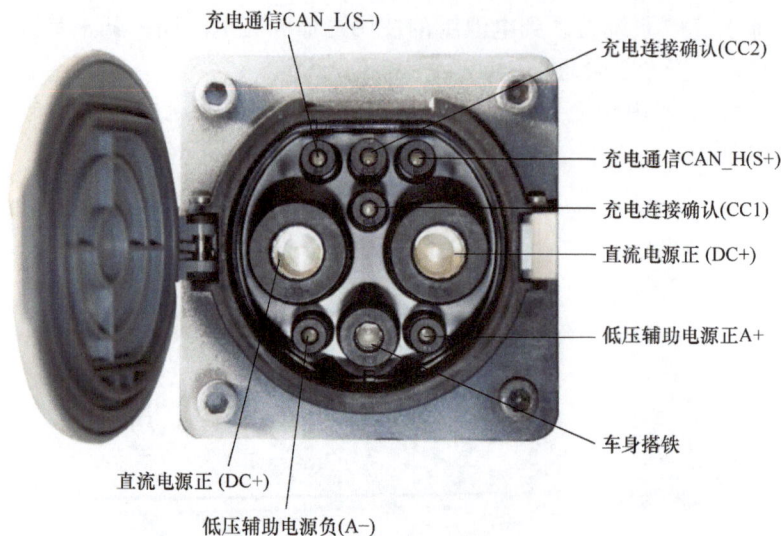

图 2-2-12　快充充电口针脚布置方式

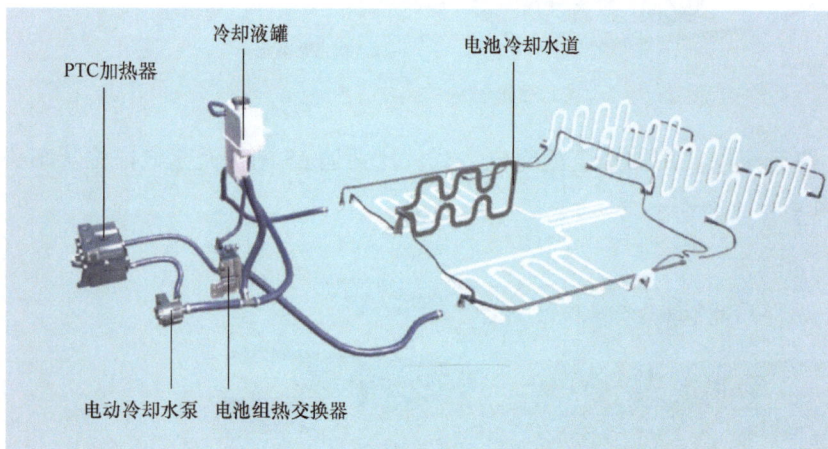

图 2-2-13　冷却系统的组成

（1）电动冷却水泵

电动冷却水泵由主控制器控制工作，它通常安装在前机舱后部，采用车辆低压电力驱动。

（2）电池组热交换器

电池组热交换器安装于电池包内部，每一组电池模组都会装有热交换器管路，以确保在最短时间内对动力电池进行热管理。

（3）散热器

散热器安装于车辆前保险杠内部，散热器管路周围装有散热片来增加散热管路的表面积，增加散热器热交换的速度。

（4）冷却液管路

冷却液管路用于连接冷却系统各部件，保证冷却液的顺畅流通。其制造材料多采用橡胶管。

二、纯电动汽车电源系统维护方法

电源系统是整个纯电动汽车的动力源，因此定期对电源系统进行维护，确保能安全地对动力电池进行充电以维持车辆动力电池的性能，保证正常的续驶里程是至关重要的。

纯电动汽车电源系统的维护主要分为两个方面，即动力电池的维护和充电系统的维护。

在维护前，一定要做好准备工作，以确保人员安全。具体准备工作主要包括以下五个方面。

① 确认车辆停放可靠，并关闭点火开关，取出车辆钥匙。

② 断开低压蓄电池负极，并进行绝缘处理。

③ 佩戴高压绝缘装备。

④ 断开动力电池高压维修开关。

⑤ 举升车辆，断开动力电池总正、总负高压电缆插接器和低压线束插接器。

1. 纯电动汽车动力电池维护

动力电池的维护可以分为动力电池外部维护和动力电池内部维护。常规保养时可以只对动力电池的外部进行维护，但当需要进行多项目的大保养或当动力电池内部存在故障时，就需要对动力电池进行内部维护。

（1）动力电池外部维护

动力电池外部维护内容主要有动力电池外观检查、动力电池箱密封性能检查、动力电池外部绝缘性检查和动力电池冷却系统检查。

1）动力电池外观检查。

① 检查动力电池下托盘是否存在变形、开裂、凹陷等情况。

② 检查动力电池下部是否有撞击、变形和破损情况。

③ 检查动力电池外壳是否存在破损、开裂、漏液等情况。

④ 检查正、负极母线及电缆插接器的外观有无破损。

⑤ 使用定扭扳手紧固动力电池固定螺栓，检查螺栓紧固状态。螺栓紧固扭力需参考车辆维修手册。

2）动力电池箱的密封性能检查。检查动力电池箱密封性的目的是保证动力电池箱密封性能良好，防止动力电池箱内部进水、灰尘、异物等影响动力电池使用。

检查动力电池箱的密封性能时，一般使用真空泵及气泵管路连接动力电池箱，对电池箱进行抽真空操作，正常情况下在 3 ~ 5min 内，负压会达到 −40kPa；10min 后负压保持 −10kPa 的压力。若无法达到此数据，则需检查动力电池箱螺栓是否紧固，若紧固正常，则需更换动力电池箱密封条。

3）动力电池外部绝缘性检查。为避免动力电池漏电，防止线路及电池内部短路，需要对动力电池高压母线的绝缘性进行检查。使用数字绝缘电阻表 DC1 000V 档位分别检查动力电池正极端子与车身搭铁之间的绝缘电阻值，以及动力电池负极端子与车身塔铁之间的绝缘电阻值。绝缘电阻值应大于 20MΩ，若低于此绝缘电阻值，则说明动力电池存在断路故障可能性，需要进一步检查并排除故障。

4）动力电池冷却系统检查。

① 检查动力电池冷却系统储液罐液位。正常情况下，冷却液液位应该在"MAX"与

"MIN"之间，低于"MIN"刻度线时需要适当添加冷却液（图 2-2-14）。若严重缺失冷却液，则需要进一步检查缺少原因，必要时可配合压力测试。添加冷却液应选用同一厂家、同一型号的冷却液，以避免发生冷却液混用现象，影响冷却液品质。

② 使用冰点测试仪，冷却液冰点应在 -20℃以下，若测试结果不符合标准，则需要更换系统中的冷却液。

③ 检查散热器及水管外部是否存在老化、开裂、泄漏和堵塞等情况，若存在，则需要进一步检修。

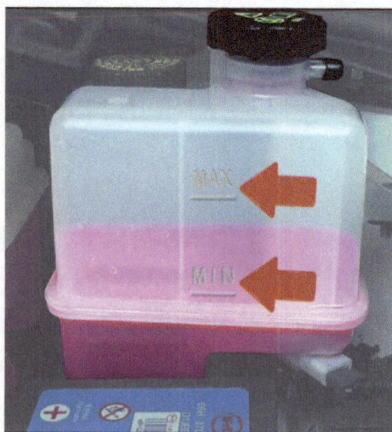

图 2-2-14　比亚迪动力电池冷却系统液位

（2）动力电池不拆解检查

1）连接车辆专用诊断仪，进入系统，读取车辆的相关信息。

2）读取电源系统故障码，确认故障码是否与电源系统故障相关。如有相关故障码，则需进一步检修故障。

3）读取电源系统相关数据流，检查是否存在异常数据，例如接触器状态、电池温度、电池电压等。

（3）动力电池内部维护

动力电池内部维护内容主要有动力电池内部清洁、熔断器检查、继电器检查、预充电阻检查与维护、动力电池内部电缆及连接件检查、动力电池的保温性能检查。

1）动力电池内部清洁。使用工具拆卸动力电池，并打开动力电池上盖，使用高压气枪清理动力电池内部粉尘。

2）熔断器检查。使用万用表检查动力电池内部熔断器状态是否良好，若出现故障，则应予以更换。

3）继电器检查。使用万用表测量正、负极母线接触器线圈电阻值，标准电阻值需要参考原厂维修手册，若超出范围值，则应予以更换。

4）预充电阻检查与维护。预充电阻能够限制预充电流的大小，避免电路短路。因此预充电阻能否可靠工作直接着影响动力电池的性能，需要对其进行检查。可使用万用表测量预充电阻值是否正常，若阻值在 40Ω 左右，说明预充电阻正常；否则说明预充电阻损坏，应及时予以更换。

5）动力电池内部电缆及连接件检查。检查动力电池内部电缆及连接件主要是判断其是否有破损、挤压、漏电等情况。此外，为防止动力电池模组连接紧固螺钉松动，确保动力电池模组连接可靠，应使用绝缘工具紧固动力电池模组各电缆连接螺栓，完成检查后需做好极柱绝缘。

需要注意的是，由于动力电池具有一定危险性，因此维修人员应佩戴绝缘手套以保证安全性。

6）动力电池的保温性能检查。在冬季，动力电池内部保温材料是否完整会影响动力电池内部温度的可靠性。因此，维修人员需要定期检查动力电池内部边缘保温棉是否脱落、损坏等，若存在问题，则需要及时修复或更换。

2. 纯电动汽车充电系统维护方法

纯电动汽车充电系统维护内容主要有车载充电机和充电口盖开关状态。

（1）车载充电机

从车载充电机的绝缘性能和工作状态等六个方面进行检查。

1）车载充电机外观检查与维护。检查车载充电机外壳是否有明显的碰撞痕迹，外壳有无变形及破损，必要时进行更换。

2）车载充电机连接线束检查与维护。检查车载充电机各连接线束有无破损、裂纹，高压、低压接线端子连接是否牢靠，有无松动。

3）车载充电机紧固螺栓检查与维护。检查车载充电机紧固螺栓有无锈蚀，紧固力矩是否足够。

4）车载充电机风扇检查。检查车载充电机风扇转动是否灵活，阻风圈上有无异物，必要时清洁外表面。

5）车载充电机绝缘性能检查。检查车载充电机的绝缘性能。车载充电机正、负极输出与车身（外壳）之间的绝缘电阻在正常情况下大于或等于 $20M\Omega$，若绝缘阻值小于规定值，则说明车载充电机存在绝缘故障可能性，需进一步检修车载充电机。

6）车载充电机工作状态检查。对车辆进行充电时，查看指示灯是否正常。充电正常时，交流和工作指示灯点亮；当起动半小时仍只有交流指示灯亮时，有可能是电池无充电请求或已充满；当警告灯亮时，说明充电系统出现异常；当工作和交流指示灯都不亮时，需要检查充电桩、充电线束及插接件。

（2）充电口盖开关状态维护

如果充电口盖出现问题，则会影响车辆的正常起动。因此，要检查其开关状态。检查方法如下。

1）打开充电口盖板，仪表充电指示灯应常亮，关闭充电口盖，仪表充电指示灯应熄灭，如图 2-2-15 所示。

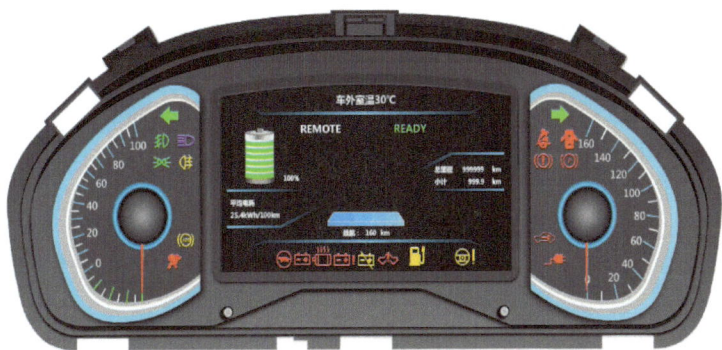

图 2-2-15　充电指示灯位置

2）检查充电口盖能否正常开启或关闭。

三、纯电动汽车电源系统维护注意事项

1）操作人员在维护作业过程中一定要全程戴绝缘手套。与驱动系统维护保养不同，在进行纯电动汽车电源系统维护过程中，尽管断开了车辆电源系统动力电池的高压维修塞，仍然有可能碰触到动力电池模组，造成人员触电，因此一定要戴绝缘手套以保护自身安全。

2）严禁在亏电状态下存放电池，因为此时电池很容易出现失活现象，造成充电不足，电池容量下降。亏电状态闲置时间越长，电池损坏越重。因此，电池闲置不用时，应每月补充电一次，这样能较好地保持电池的良好状态。

3）动力电池在维护检查时，应遵守先易后难，先低压检测后进行高压检测的原则进行维护检查作业。

4）纯电动汽车的清洁与传统汽车的清洁方法基本相同，但由于纯电动汽车有电池、高压线束，所以在清洁纯电动汽车外部时，一定要注意不能使水浸入到车体的充电插座；在清洁车辆前机舱盖内部时不能用水冲洗，应尽量用干抹布进行清洁；此外，不要手扶车身，应尽量单手操作，若发现线路插头部位生锈，则应使用专业清洗剂处理。

四、纯电动汽车电源系统维护周期

纯电动汽车电源系统维护周期是按里程表的读数或时间间隔而定，以先到者为准。对于已经超过最后期限的保养项目，也应在同样的时间间隔里进行保养。不同型号的纯电动汽车，其电源系统维护周期不同，比亚迪 e5 电源系统维护周期见表 2-2-1。

表 2-2-1　比亚迪 e5 电源系统维护周期

维护保养时间 / 维护保养项目	里程表读数 / 1 000km	里程表读数（总里程）或月数，以先到者为准															
		7.5	15	22.5	30	37.5	45	52.5	60	67.5	75	82.5	90	97.5	105	112.5	120
	km	12	24	36	48	60	72	84	96	108	120	132	144	156	168	180	192
	月数	6	12	18	24	30	36	42	48	54	60	66	72	78	84	90	96
检查动力电池托盘、防撞杆		I	I	I	I	I	I	I	I	I	I	I	I	I	I	I	I
检查动力总成是否漏液、磕碰		I	I	I	I	I	I	I	I	I	I	I	I	I	I	I	I
检查高压线束或插接件是否松动		I	I	I	I	I	I	I	I	I	I	I	I	I	I	I	I
检查各充电插接器接口处是否有异物、烧蚀等情况		I	I	I	I	I	I	I	I	I	I	I	I	I	I	I	I

注：I 表示必要时进行检查、修正或更换。

实训演练

纯电动汽车电源系统维护

请扫描二维码，查看"纯电动汽车电源系统维护"技能视频，结合视频内容及相关资料，规范地完成纯电动汽车电源系统的检修实训。

实训工具与准备

1）工具。
① 常用工具：世达 100 件工具套装。
② 绝缘工具：世达 68 件绝缘工具套件。
③ 测量工具：万用表、绝缘电阻表、冰点测试仪、压力测试仪。
④ 专用工具：比亚迪 VDS 2000 诊断仪、定扭扳手。
2）设备：2018 款比亚迪 e5。
3）防护用品：车内外防护三件套、防护服。
4）耗材：记号笔、胶带。

一、实训前准备

1）穿戴好个人防护用品。
2）铺设车内防护三件套。
3）检查确认车辆状态是否正常。
4）安装车外防护三件套。

二、电源系统在线检查

1）连接诊断仪至车辆，确保连接可靠，如图 2-2-16 所示。

图 2-2-16　连接故障诊断仪

2）打开点火开关。

3）打开诊断仪，选择对应的车型，进入诊断界面，读取动力模块 - 电池管理系统的故障码。

> 🔔 **注意事项**：若存在故障码，请判断是否是真实故障，若不是，则请删除；若是，则请根据故障码维修。

4）读取电池管理系统的相关数据流，判断电池管理系统是否存在故障。

5）检查完毕，退出诊断界面。

6）关闭诊断仪电源开关及车辆电源开关，拔下诊断插头。

三、电池管理控制器维护

1）断开低压蓄电池负极电缆，如图 2-2-17 所示。

> 🔔 **注意事项**：低压下电后，需等待 5 ~ 10min，待高压系统残余电量释放完毕后才能进行下一步操作。

2）断开高压维修塞，如图 2-2-18 所示。

> 🔔 **注意事项**：
> ① 拆卸高压维修塞时，需佩戴高压绝缘手套，以免发生触电危险。
> ② 拆卸高压维修塞后，应将其锁在工具车内，以免他人误操作而导致高压电意外接通。

图 2-2-17　低压蓄电池负极电缆

图 2-2-18　高压维修塞

3）检查 BMS 外观有无损伤。

4）检查 BMS 插接件连接是否牢靠。

四、动力电池包维护

1. 基本检查

1）举升车辆至合适位置，并锁止举升机。

> ⚠ **注意事项**：需在断开低压蓄电池负极及高压维修塞的情况下进行动力电池包维护。

2）检查动力电池包是否有冷却液泄漏，外观是否有损伤，如图2-2-19所示。

3）检查动力电池包插接器连接是否可靠，是否有进水痕迹，如图2-2-20所示。

4）使用18号套筒、接杆、定扭式扭力扳手组合工具紧固动力电池固定螺栓至135N·m。

图2-2-19　检查动力电池外观

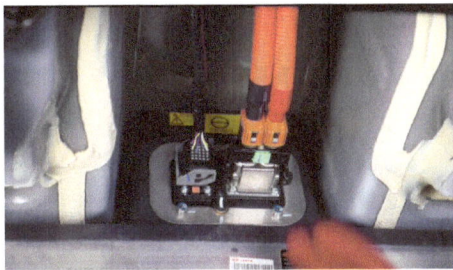

图2-2-20　检查动力电池插接器

2. 高压母线绝缘检测

1）断开动力电池包高压及低压插头，如图2-2-21所示。

图2-2-21　动力电池高、低压插头

2）取出数字绝缘电阻表，并检查是否正常可用。

3）黑表笔连接车身搭铁，红表笔连接高压母线正极端子，如图2-2-22和图2-2-23所示。

图2-2-22　黑表笔连接车身搭铁

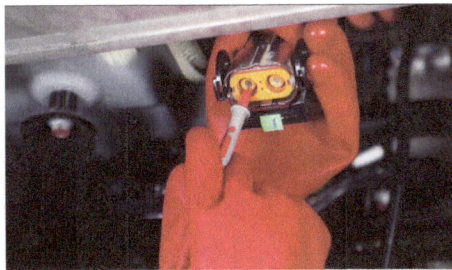

图2-2-23　红表笔连接高压母线正极端子

4）打开数字绝缘电阻表，并将其调至1 000V测试档。

5）按下测试按钮，检测动力电池包高压母线正极绝缘电阻值。

6）使用同样的方法测量动力电池包高压母线负极绝缘电阻值。

🔔 **注意事项**：标准值应大于20MΩ，若测量值与标准数值不符，则说明存在绝缘故障，需进一步检修。

7）安装动力电池包低压及高压插头，并确保安装牢靠。

3. 高压维修塞检测

1）打开万用表，调至电阻档。

2）校表确认万用表是否正常可用，校表的标准值应小于0.5，如图2-2-24所示。

3）将红、黑表笔分别连接高压维修塞熔丝的两端，读取电阻值，如图2-2-25所示。

图2-2-24　校表　　　　图2-2-25　测量高压维修塞熔丝电阻值

🔔 **注意事项**：标准值应小于1Ω，若测量值与标准数值不符，则说明高压维修塞损坏，需进行更换。

五、充电系统维护

1. 基本检查

检查高压电控总成高、低压线插接件连接是否可靠、线束是否存在破损等不良情况。

（1）慢充检查

🔔 **注意事项**：慢充检查前需先安装高压维修塞，并安装蓄电池负极。

① 检查车载充电插头有无损坏或烧蚀。

② 打开交流充电口，检查交流充电口盖有无卡滞、交流充电口是否存在烧蚀等损伤。

③ 将车载充电插头与车辆连接。

④ 检查车载充电插头绿色充电工作指示灯是否正常闪烁。

⑤ 检查车内仪表充电指示灯等充电相关信息是否正常显示。

⑥ 拔下车载充电插头，并妥善放置。

（2）快充检查

①打开直流充电口，检查直流充电口盖有无卡滞、直流充电口是否存在烧蚀等损伤。

②将直流充电桩插头与车辆连接。

③检查直流充电桩充电指示灯是否正常闪烁。

④检查车内仪表充电指示灯等充电相关信息是否正常显示。

⑤拔下直流充电桩插头，并妥善放置。

2. 慢充及快充高压线绝缘检查

> 😊 **注意事项**：慢充及快充高压线绝缘检查前，需先断开低压蓄电池负极，并断开高压维修塞。

（1）慢充高压线绝缘检查

①断开高压电控总成侧面慢充高压线束插接器，如图 2-2-26 所示。

②取出数字绝缘电阻表，并检查仪器是否正常。

③将数字绝缘电阻表调至 1 000V 测试档，黑表笔接车身搭铁，红表笔接慢充高压线束其中的一相，按下测试按钮，检测其绝缘电阻值。

④使用同样的方法检测慢充高压线束另外一相的绝缘电阻值。

> 🔔 **注意事项**：标准值应大于 20MΩ，测量值与标准数值不符，则说明慢充高压线束存在绝缘故障，需进一步检修。

⑤安装高压电控总成侧面的慢充高压线束插接器。

（2）快充高压线绝缘检查

①断开高压电控总成侧面快充高压线束插接器，如图 2-2-27 所示。

图 2-2-26　慢充高压线束插接器

图 2-2-27　快充高压线束插接器

②将数字绝缘电阻表黑表笔接车身搭铁，红表笔接快充高压线束其中的一相。

③按下测试按钮，检测其绝缘电阻值。

④使用同样的方法检测快充高压线束另外一相的绝缘电阻值。

> 🔔 **注意事项**：标准值应大于 20MΩ，若测量值与标准数值不符，则说明快充高压线束存在绝缘故障，需进一步检修。

⑤安装高压电控总成侧面的快充高压线束插接器。

3. 低压充电系统检查

1）检查高压电控总成到低压蓄电池正极线束连接是否牢靠，如图 2-2-28 所示。

图 2-2-28　高压电控总成到低压蓄电池正极连接线束

2）在整车断电的情况下，将万用表调至直流电压档，红表笔接低压蓄电池正极，黑表笔接低压蓄电池负极，检测低压蓄电池电压。

> **注意事项**：标准值应在 12V 左右，若测得电压值与标准值不符，则需进一步检修低压蓄电池。

3）安装高压维修塞。
4）安装低压蓄电池负极电缆。
5）将点火开关置于"READY"档。
6）在整车上电的情况下，再次使用万用表检测低压蓄电池电压。

> **注意事项**：准值应在 13 ~ 14V，若测得电压值与标准值不符，则需进一步检修低压蓄电池。

7）关闭点火开关，断开低压蓄电池负极电缆，断开高压维修塞。

六、冷却系统维护

参考本项目任务一纯电动汽车驱动系统维护"实训演练"中部分内容。

七、电源系统复检

1）连接故障诊断仪。
2）读取整车系统故障码，检查整车是否存在故障。

八、整理清洁

按照 7S 管理标准，整理工具和场地。

任务练习

一、选择题

1）快充充电系统主要由快充充电口、（　　　）、快充充电枪、快充充电桩等部件组成。

A. 电池单体　　　　B. 散热风扇组　　　　C. 高压控制盒　　　　D. 车载充电机

2）动力电池组热交换器安装于电池包内部，（　　　）电池模组会装有热交换器管路，以确保在最短时间内对动力电池进行热管理。

A. 每一组　　　　　B. 每 3 组　　　　　C. 每 5 组　　　　　D. 每 8 组

3）纯电动汽车充电系统维护内容主要有车载充电机和（　　　）。

A. 动力电池箱密封性能　　　　　　　B. 熔断器检查

C. 动力系统冷却系统　　　　　　　　D. 充电口盖开关状态

二、判断题

1）充电系统包含慢充（直流）充电系统和快充（交流）充电系统。　　　（　　　）

2）纯电动汽车电源系统的维护主要分为动力电池的维护和充电系统的维护。（　　　）

3）比亚迪 e5 慢充充电口的充电插头通常为 7 孔式，快充充电口的充电插头通常为 9 孔式。　　　　　　　　　　　　　　　　　　　　　　　　　　　　　　（　　　）

4）动力电池冷却系统检查时，使用冰点测试仪，冷却液冰点应在 –10℃以下。（　　　）

5）慢充充电桩上的慢充充电枪是慢充充电桩与电动汽车慢充充电口进行物理连接的部件，负责完成充电和控制引导。　　　　　　　　　　　　　　　　　　　　（　　　）

6）电动冷却水泵由主控制器控制工作，它通常安装在前机舱前部，采用车辆低压电力驱动。　　　　　　　　　　　　　　　　　　　　　　　　　　　　　　　（　　　）

7）冷却液管路用于连接冷却系统各部件，保证制冷剂的顺畅流通。其制作材料多采用橡胶管。　　　　　　　　　　　　　　　　　　　　　　　　　　　　　　　（　　　）

8）散热器安装于车辆前保险杠内部，散热器管路周围装有散热片来增加散热管路的表面积，增加散热器热交换的速度。　　　　　　　　　　　　　　　　　　　（　　　）

9）预充电阻能够限制预充电流的大小，避免电路断路。　　　　　　　（　　　）

10）动力电池具有一定的危险性，因此维修人员应佩戴绝缘手套以保证安全性。

（　　　）

三、简答题

1）简述纯电动汽车电源系统维护的注意事项。

2）简述纯电动汽车电源系统的维护方法。

任务三　纯电动汽车控制系统维护

一辆比亚迪 e5 纯电动汽车最近仪表显示屏上偶尔出现多种故障警告灯同时点亮的现象，且该现象发生时车辆无法上电。维修技师根据维修经验，结合车辆症状和行驶里程，初步判定是车辆控制系统出现偶发性故障导致的。现在需要对车辆的控制系统进行维护，以发现问题所在。如果将这一任务委派给你，你知道如何对该车控制系统进行维护吗？

学习目标

1）知道纯电动汽车控制系统的组成。
2）掌握纯电动汽车控制系统的维护方法。
3）知道纯电动汽车控制系统维护的注意事项。
4）了解纯电动汽车控制系统的维护周期。
5）能够对比亚迪 e5 的控制系统进行维护。

知识储备

整车控制系统是新能源汽车正常运行的控制中枢，也是整车控制策略的最终载体。它在汽车行驶的过程中执行多项任务，主要为分析传感器采集到的各种信息，并向执行器或者执行元件发出控制指令，其主要由整车控制器、高压配电装置、总线通信系统等组成。

本任务以比亚迪 e5 轿车为例，主要介绍其控制系统的组成、维护方法、维护注意事项以及维护周期。

一、纯电动汽车控制系统组成

整车控制系统的组成如图 2-3-1 所示。其主要功能是根据驾驶员的操作和当前整车及零部件的工作状况，在保证安全和动力性的前提下，选择尽可能优化的工作模式和能量分配比例，以达到最佳的燃料经济性和排放指标。它由高压管理系统、低压电控系统和总线通信系统组成。

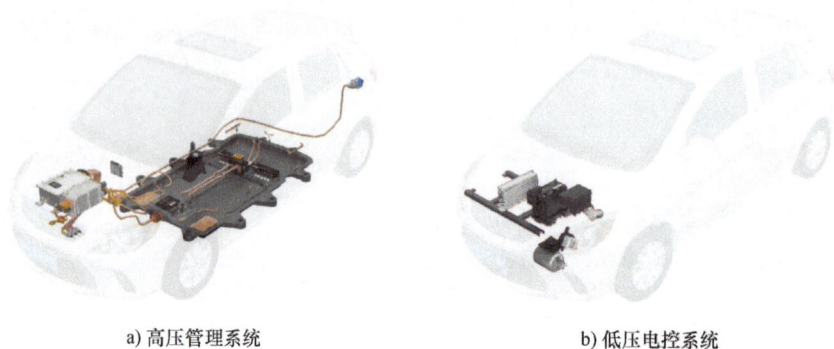

a) 高压管理系统　　　　　　　　　　　　b) 低压电控系统

图 2-3-1　整车控制系统的组成

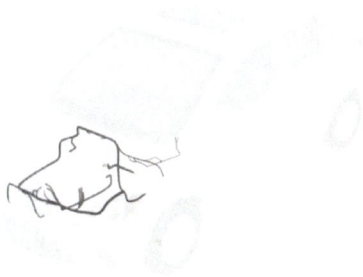

c) 总线通信系统

图 2-3-1　整车控制系统的组成（续）

1. 整车控制器

整车控制器（Vehicle Control Unit，VCU，图 2-3-2）是整个汽车的核心控制部件，用来协调各个零部件，使整车行驶在最佳状态。它是进行电动汽车动力控制及电能管理的载体。一方面，它通过采集加速踏板信号、制动踏板信号及其他部件信号进行运算分析，以获取驾驶员需求。另一方面与电机控制器、电池管理系统、电动辅助系统等部件组成 CAN 总线网络，对网络信息进行管理、调度、分析和运算，进行相应的能量管理，实现整车驱动控制、能量优化控制、制动能量回馈控制、高压上 / 下电控制、充电过程控制、实时监测车辆状态和故障诊断与处理等功能。

2. 高压配电装置

高压系统分为分体式高压系统、集成式高压系统和高度集成式高压系统。

在分体式高压系统中，车载充电机模块、DC-DC 变换器模块、高压控制盒、电机控制器以分布式布置在机舱内。

在集成式高压系统中，车载充电机模块、DC-DC 变换器模块、高压控制盒集成在模块中被称为 PDU（高压配电盒），而电机控制器单独进行布置。

高压控制盒如图 2-3-3 所示。高压控制盒通常位于机舱内，主要用于分配动力电池中储存的电能，实现对支路用电器件的保护及切断。

图 2-3-2　整车控制器

图 2-3-3　高压控制盒

3. 总线通信系统

纯电动汽车总线通信系统如图 2-3-4 所示。纯电动汽车总线通信系统采用分布式布置方式，通常高压系统各控制模块中均设有通信系统，通过网线连接形成总线系统，总线通信系统各设备负责与外部诊断设备的连接和诊断通信，实现诊断服务，包括数据流读取、故障码的读取和清除、控制端口的调试。

二、纯电动汽车控制系统维护方法

纯电动汽车控制系统属于电子控制系统，其各部件存在故障可能性较低，且工作稳定性极高，不依赖于日常维护，因此对于纯电动汽车控制系统的保养主要以外观检查和电气检测为主。

纯电动汽车控制系统的维护内容主要包括控制系统器件外观的基本检查、控制系统器件的高压线束检查、高压部件性能检查和车辆故障码检测。

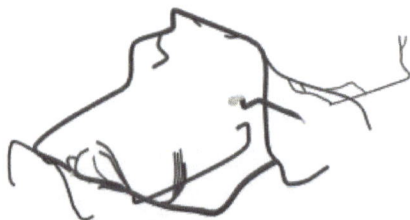

图 2-3-4   纯电动汽车总线通信系统

1. 外观基本检查

（1）低压部件外观基本检查

1）检查整车控制模块，确认表面无异物附着，外观无明显破损、烧蚀和外壳脱落情况。

2）检查整车控制模块连接线束，确认线束无绝缘破损、高温烧蚀、碰撞变形和外伤等情况。

3）检查整车控制器的线束插头是否连接牢固，紧固螺栓是否达到正常力矩。

（2）高压部件外观基本检查

1）检查 DC-DC 变换器、高压配电盒外表面有无异物附着，外观有无明显破损、烧蚀和外壳脱落的情况。

2）清洁 DC-DC 变换器、高压配电盒表面散热片，确保散热片表面清洁，以保证散热时风道通畅，散热片热传导良好。

3）检查 DC-DC 变换器和高压配电盒的紧固螺栓有无锈蚀，紧固力矩是否足够。若紧固力矩不足，则使用定扭扳手将 DC-DC 变换器和高压配电盒的固定螺栓紧固至（45±5）N·m。

2. 控制系统在线检测

1）将车辆停放至合适位置，确认档位位于 P 位，拉起驻车制动器。

2）连接车辆专用诊断仪，并检查确认专用诊断仪功能良好。

3）打开车辆点火开关至 START 档，并使用诊断仪读取车辆信息。

4）进入系统诊断页面，选择整车控制系统，读取相关故障码，分析是否存在有效故障码，必要时可清除故障码后重新读取。

5）根据故障信息读取控制系统相关数据流，若存在异常数据，则需进一步检查整车控制系统故障。

6）确认系统无故障后需要检查整车控制模块软件是否存在更新，若存在更新需要及时更新整车控制模块软件。

3. 控制系统器件高压电缆检查

1）检查 DC-DC 变换器、高压配电盒各连接电缆及插接器有无破损、裂纹、绝缘老化、烧蚀等情况。

2）使用绝缘电阻表 1 000V 测试档，检测 DC-DC 变换器、高压配电盒各连接线束与车身搭铁之间的绝缘电阻值，测量结果应大于 20MΩ。若低于标准值，则需进一步检查高压电缆，必要时需进行更换。

4.高压部件性能检查

1）在车辆高压断电情况下，拆卸维修开关。使用绝缘电阻表 1 000V 测试档，检测 DC-DC 变换器、高压配电盒线束连接端口与车身搭铁之间的绝缘电阻值，测量结果应大于 20MΩ，若低于标准值，则说明该高压部件可能存在绝缘不良的故障。

2）将车辆点火开关调节至 OK 位，使用万用表测量 DC-DC 变换器的输出电压，测量值应在 13.2～14V 范围内。若低于标准值，则需要进一步检查 DC-DC 变换器。

三、纯电动力汽车控制系统维护注意事项

1）对于控制系统外观检查和维护可不切断车辆高压维修开关，但操作全程需穿戴高压绝缘防护装备，以防止高压系统部件由于故障漏电而导致人员触电事故。

2）若要对整车控制系统高压部件进行绝缘检测或插拔高压电缆插接器，则需要按照要求拆卸低压蓄电池负极电缆，断开高压维修开关，等待 15min 后才能进行操作。

3）控制系统部件为精密电力电子器件，对控制系统各部件的清洁应采取擦拭为主的清洁方式，不可使用水洗的方式清洁，否则容易造成部件短路、进水腐蚀等情况发生。

4）检查控制系统部件时，需根据先易后难，先低压部件再高压部件的方式进行检测。

5）由于纯电动汽车整车控制系统较为依赖控制软件，软件更新将在某种程度上改变车辆优化控制逻辑，所以在对纯电动汽车控制系统进行维护时需要注意查询厂方相关公告，如有软件更新，则需及时根据厂方指导要求进行更新。

四、纯电动汽车控制系统维护周期

纯电动汽车控制系统的维护周期见表 2-3-1，"I"表示必要时进行检查、修正或更换。

表 2-3-1　纯电动汽车控制系统的维护周期

维护保养时间 / 维护保养项目		里程表读数（总里程）或月数，以先到者为准														
	里程表读数 / 1 000km	7.5	15	22.5	30	37.5	45	52.5	60	67.5	75	82.5	90	97.5	105	112.5	120
	月数	6	12	18	24	30	36	42	48	54	60	66	72	78	84	90	96
检查高压模块故障码		I	I	I	I	I	I	I	I	I	I	I	I	I	I	I	I
检查高压线束或插接件是否松动		I	I	I	I	I	I	I	I	I	I	I	I	I	I	I	I
检查高压模块外观件是否变形、是否有油液		I	I	I	I	I	I	I	I	I	I	I	I	I	I	I	I
检查整车模块是否有软件更新，有则更新		I	I	I	I	I	I	I	I	I	I	I	I	I	I	I	I

实训演练

纯电动汽车控制系统维护

请扫描二维码，查看"纯电动汽车控制系统维护"技能视频，结合视频内容及相关资料，规范地完成纯电动汽车控制系统的检修实训。

实训工具与准备：

1）工具：

① 测量工具：万用表、数字绝缘电阻表、冰点检测仪、压力测试仪。

② 专用工具：比亚迪 VDS2000 诊断仪、齿轮油加注器。

③ 绝缘工具：世达 68 件绝缘工具套件。

④ 常用工具：世达 100 件工具套装。

2）设备：2018 款比亚迪 e5、举升机、废油回收器。

3）防护用品：绝缘手套、绝缘鞋、护目镜、防护服、安全帽、车内外防护三件套。

一、实训前准备

1）穿戴好个人防护用品。

2）铺设车内防护三件套。

3）检查确认车辆状态是否正常。

4）安装车外防护三件套。

二、控制系统在线检查

1）连接诊断仪至车辆，确保连接可靠，如图 2-3-5 所示。

图 2-3-5　连接故障诊断仪

2）打开点火开关。

3）打开诊断仪，选择对应的车型，进入诊断界面，选择控制单元，读取动力模块 - 高压电控总成模块故障码。

> ⚠ **注意事项**：若存在故障码，请判断是否是真实故障，若不是，则请删除；若是，则请根据故障码维修。

4）读取高压电控总成模块相关数据流，并根据读取结果判断高压电控总成模块是否存在故障。

5）检查完毕，退出诊断界面。

6）关闭诊断仪电源开关及车辆电源开关，拔下诊断插头

三、高压电控总成维护

1. 整车高压系统断电

1）断开低压蓄电池负极电缆，如图 2-3-6 所示。

> ⚠ **注意事项**：低压下电后，需等待 5 ~ 10min，等到高压系统残余电量释放完毕后，才能进行下一步操作。

2）断开高压维修塞，如图 2-3-7 所示。

> ⚠ **注意事项**：
> ① 拆卸高压维修塞时，需佩戴高压绝缘手套，以免发生触电危险。
> ② 拆卸高压维修塞后，应将其锁在工具车内，以免他人误操作而导致高压电意外接通。

图 2-3-6　低压蓄电池负极电缆　　　　图 2-3-7　高压维修塞

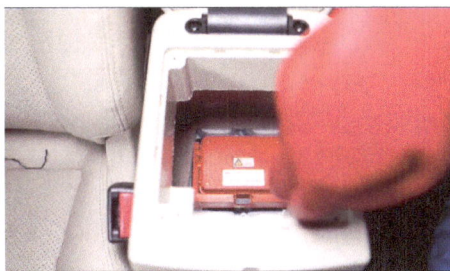

2. 高压电控总成基本检查

1）用干净的抹布清洁高压电控总成，检查其外观有无损伤、变形。

2）检查高压电控总成插接件连接是否可靠。

3）检查动力电池包冷却液液位。

> ⚠ **注意事项**：冷却液液位应位于 MIN 和 MAX 之间，若低于最低值，则需添加冷却液。

4）选用 13mm 套筒、接杆、棘轮扳手组合工具紧固高压电控总成固定螺栓，如图 2-3-8 所示。

5）选用 13mm 套筒、接杆、棘轮扳手组合工具紧固高压电控总成搭铁线固定螺栓。

四、高压电控总成绝缘检查

1. 动力电池高压母线绝缘检测

1）断开动力电池包高、低压插头，如图 2-3-9 所示。

图 2-3-8　高压电控总成固定螺栓

图 2-3-9　动力电池包高、低压插头

2）取出数字绝缘电阻表，并检查是否正常可用。

3）黑表笔连接车身搭铁，红表笔连接高压母线正极端子，如图 2-3-10 和图 2-3-11 所示。

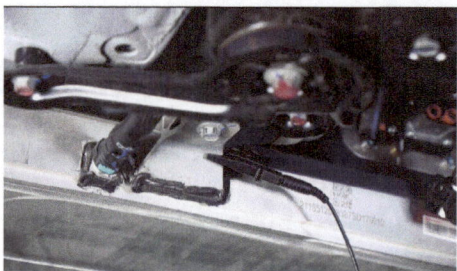

图 2-3-10　黑表笔连接车身搭铁

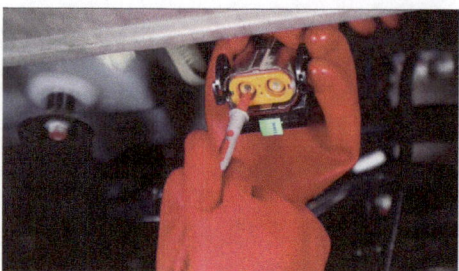

图 2-3-11　红表笔连接高压母线正极端子

4）打开数字绝缘电阻表，并将其调至 1 000V 测试档。

5）按下测试按钮，检测动力电池包高压母线正极绝缘电阻值。

6）使用同样的方法测量动力电池包高压母线负极绝缘电阻值。

> ⚠ **注意事项**：标准值应大于 20MΩ，若测量值与标准数值不符，则说明存在绝缘故障，需进一步检修。

7）安装动力电池包低压及高压插头，并确保安装牢靠。

2. 慢充及快充高压线绝缘检查

（1）慢充高压线绝缘检查

1）断开高压电控总成侧面的慢充高压线束插接器，如图 2-3-12 所示。

2）取出数字绝缘电阻表，并检查仪器是否正常。

3）将数字绝缘电阻表调至 1 000V 测试档，黑表笔接车身搭铁，红表笔接慢充高压线束其中的一相，按下测试按钮，检测其绝缘电阻值。

图 2-3-12　慢充高压线束插接器

4）使用同样的方法检测慢充高压线束另外一相的绝缘电阻值。

注意事项：标准值应大于 20MΩ，测量值与标准数值不符，则说明慢充高压线束存在绝缘故障，需进一步检修。

5）安装高压电控总成侧面的慢充高压线束插接器。

（2）快充高压线绝缘检查

1）断开高压电控总成侧面的快充高压线束插接器，如图 2-3-13 所示。

2）将数字绝缘电阻表黑表笔接车身搭铁，红表笔连接快充高压线束其中的一相。

3）按下测试按钮，检测其绝缘电阻值。

图 2-3-13　快充高压线束插接器

4）使用同样的方法检测快充高压线束另外一相的绝缘电阻值。

注意事项：标准值应大于 20MΩ，若测量值与标准数值不符，则说明快充高压线束存在绝缘故障，需进一步检修。

5）安装高压电控总成侧面的快充高压线束插接器。

3. 驱动电机三相线束绝缘检测

1）使用 10mm 呆扳手松开驱动电机三相线束 4 颗固定螺栓并取下，如图 2-3-14 所示。

2）拔下驱动电机三相线束插头，如图 2-3-15 所示。

图 2-3-14　驱动电机三相线束固定螺栓

图 2-3-15　驱动电机三相线束插头

3）取出数字绝缘电阻表，并检查是否正常可用。

4）黑表笔与高压电控总成壳体相连，红表笔与驱动电机三相线束其中的一根相连。

5）打开数字绝缘电阻表，并将其调至 1 000V 测试档，如图 2-3-16 所示。

6）按下测试按钮，检测驱动电机三相线束的绝缘电阻值。

图 2-3-16　调整测试档位

7）以同样的方法检测另外两根驱动电机三相线束的绝缘电阻值。

> 🔔 **注意事项**：标准值应大于 20MΩ。若测量值与标准数值不符，则说明驱动电机存在绝缘故障，需进一步检修。

8）安装驱动电机控制器高压母线插头，并确保安装牢靠。

9）使用 10mm 扳手安装驱动电机三相线束 4 颗固定螺栓。

10）选用 10mm 套筒、接杆、扭力扳手组合工具紧固固定螺栓，固定力矩为 25N・m。

五、高压电控总成冷却液检查及更换

1. 基本检查

（1）冷却液液位及相关部件检查

1）检查驱动系统冷却液液位。

> 🔔 **注意事项**：冷却液液位应位于 MAX 和 MIN 之间。若低于最低值，则需添加冷却液。

2）检查冷却液管路是否有破损。

3）检查散热器外观是否有损伤，并使用压缩空气清洁，如图 2-3-17 所示。

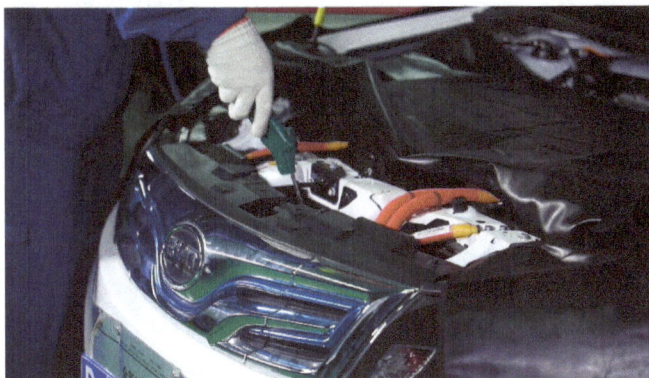

图 2-3-17　使用压缩空气清洁

> 🔔 **注意事项**：严禁使用高压水枪清洁。

4）检查散热风扇是否有卡滞及损伤。

（2）冷却液冰点检查

1）取出冰点测试仪，清洁并校零。

2）沿逆时针方向缓慢转动驱动系统冷却液壶盖，并取下。

> 🔔 **注意事项**：因系统内有压力，请缓慢打开，以防冷却液喷溅，造成伤害。

3）使用吸管吸取少量冷却液，滴于折光棱镜上，如图 2-3-18 所示。

4）盖上盖板并轻轻按压，确保没有气泡。

5）通过目镜读取蓝白分界线相对刻度，即冷却液冰点值，如图 2-3-19 所示。

6）检查完毕使用棉布清洁冰点测试仪，并将其妥善放置。

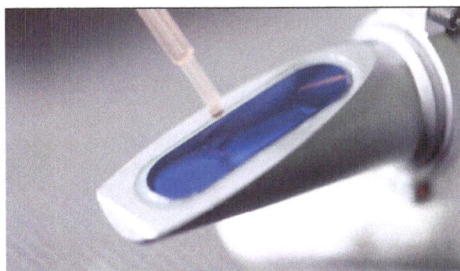

图 2-3-18　将冷却液滴于折光棱镜上

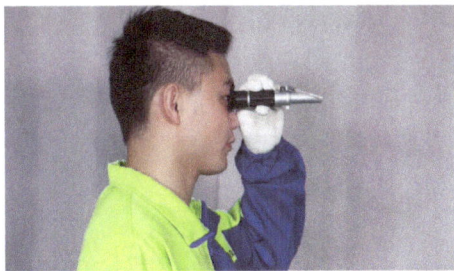

图 2-3-19　读取冰点值

（3）密封性检查

1）安装冷却系统压力测试仪，如图 2-3-20 所示。

2）施加 15 ~ 45kPa 的压力。

3）观察冷却系统压力值。

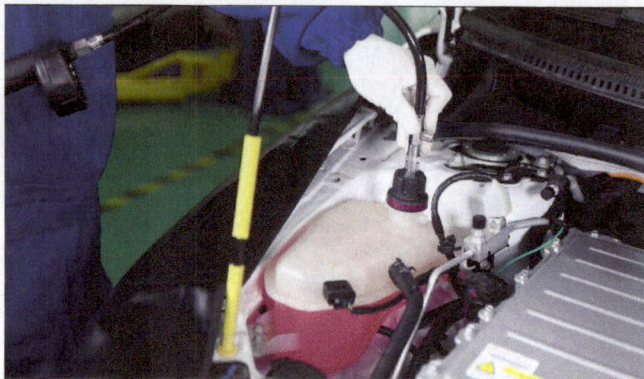

图 2-3-20　安装冷却系统压力测试仪

> 🔔 **注意事项**：若冷却液压力值产生变化，则说明冷却系统存在泄漏，需检查相应的部件。

4）取下压力测试仪。

5）安装驱动系统冷却液壶盖，并旋至最紧。

2.冷却液更换

1）安装高压维修塞。

2）安装低压蓄电池负极电缆。

3）将点火开关置于"READY"档，让水泵运行约 5min 后关闭点火开关，重复 2~3 次。

4）用手触摸，确认电机和动力电池包等已冷却。

5）沿逆时针方向缓慢旋松冷却液壶盖，但不要取下，以防灰尘进入冷却液壶内。

> 🔔 **注意事项**：因系统内有压力，请缓慢打开，以防冷却液喷溅，造成伤害。

6）举升车辆至合适位置，并锁止举升机。

7）将废油回收器放置在合适位置。

8）拧松散热器放水阀，排尽冷却液，如图 2-3-21 所示。

9）待冷却液排净后，旋紧散热器放水阀，如图 2-3-22 所示。

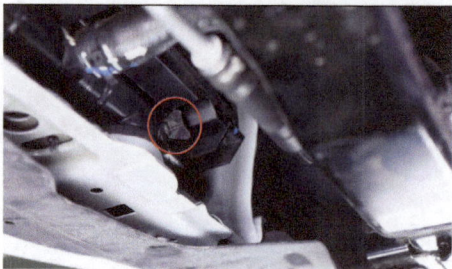

图 2-3-21　散热器放水阀

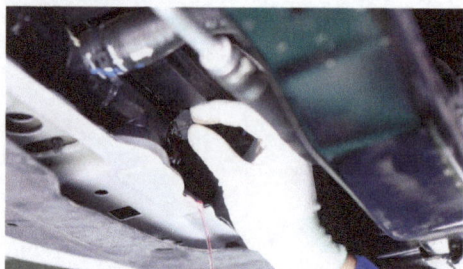

图 2-3-22　排净冷却液

10）降下车辆至轮胎着地。

11）取下冷却液壶盖。

12）向冷却液壶中倒入指定的冷却液至 MAX 液位，如图 2-3-23 所示。

13）盖上冷却液壶盖，并旋紧。

14）将点火开关置于"READY"档，让水泵运行约 5min 后关闭点火开关。

15）待电机和驱动系统冷却液壶已冷却，再次取下冷却液壶盖，向冷却液壶中倒入指定的冷却液至 MAX 液位。

16）重复以上步骤，直到车辆上电后，冷却液液位不再下降为止。

17）安装驱动系统冷却液壶盖，并旋至最紧。

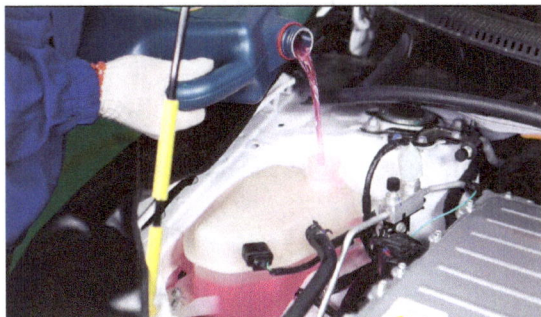

图 2-3-23　加注冷却液

六、整车高压系统恢复

1）连接故障诊断仪。

2）读取整车系统故障码，检查整车是否存在故障。

七、整理清洁

按照 7S 管理标准，整理工具和场地。

任务练习

一、选择题

1）（　　　）是新能源汽车正常运行的控制中枢，也是整车控制策略的最终载体。

A. 驱动系统　　　　　B. 充电系统　　　　　C. 控制系统　　　　　D. 电源系统

2）使用（　　　）呆扳手松开驱动电机三相线束 4 颗固定螺栓并取下。

A. 20mm　　　　　　B. 10mm　　　　　　C. 5mm

二、判断题

1）高压系统分为分体式高压系统、集成式高压系统和高度集成式高压系统。（　　　）

2）高压控制盒通常位于机舱内，主要用于分配动力电池中储存的电能，实现对主路用电器件的保护及切断。（　　　）

3）纯电动汽车控制系统的维护内容主要包括控制系统器件外观的基本检查、控制系统器件的高压线束检查、高压部件性能检查和车辆故障码检测。（　　　）

4）若要对整车控制系统高压部件进行绝缘检测或插拔高压电缆插接器时，需要按照要求，拆卸低压蓄电池负极电缆，断开高压维修开关，等待 30min 后才能进行操作。
（　　　）

5）检查控制系统部件时，需根据先易后难，先低压部件再高压部件的方式进行检测。
（　　）

6）低压下电后，需等待 10～30min，等到高压系统残余电量释放完毕后，才能进行下一步操作。
（　　）

7）拆卸高压维修塞后，应将其锁在工具车内，以免他人误操作而导致高压电意外接通。
（　　）

8）控制系统部件为精密电力电子器件，对控制系统各部件的清洁应采取擦拭为主的清洁方式，不可使用水洗的方式清洁，否则容易造成部件短路、进水腐蚀等情况发生。
（　　）

9）将车辆点火开关调节至 OK 位，使用万用表测量 DC-DC 变换器的输出电压，测量值应在 13.2～14V 范围内。
（　　）

10）集成式高压系统中，车载充电机模块、DC-DC 变换器模块、高压控制盒集成在模块中被称为 PDU（高压配电盒），而电机控制器单独布置。
（　　）

三、简答题

1）简述控制系统在线检测。

2）简述高压部件外观基本检查。

3）简述纯电动力汽车控制系统维护的注意事项。

项目三

混合动力汽车高压系统维护

　　与纯电动汽车一样，混合动力汽车的驱动电机、动力电池、整车控制器也是高压系统的三大核心部件，它们分别属于驱动系统、电源系统和控制系统。其中，电源系统为驱动电机提供高压电能；驱动系统是整车的执行机构，用于驱动整车行驶；控制系统主要是协调整车电能的使用，保证整车处于绝缘状态。

　　本项目以比亚迪·秦为例，简要介绍了混合动力汽车驱动系统、电源系统和控制系统的组成，在此基础上进一步介绍这三大系统的维护方法、维护注意事项和维护周期。

任务一　混合动力汽车驱动系统维护

一辆比亚迪·秦混合动力汽车最近出现了加速无力的症状。维修技师接车之后对车辆进行初步诊断，将问题锁定在驱动系统上。根据车辆的状况，结合车辆的行驶里程，维修技师提出对车辆的驱动系统进行维护。你知道混合动力汽车驱动系统维护的主要内容吗？如果把这一任务委派给你，你知道如何进行作业吗？

学习目标

1）知道混合动力汽车驱动系统的组成。
2）理解混合动力汽车驱动系统各组成部件的功用。
3）掌握混合动力汽车驱动系统的维护方法和维护标准。
4）知道混合动力汽车驱动系统维护的注意事项。
5）能规范地对比亚迪·秦驱动系统进行维护操作。

知识储备

混合动力汽车驱动系统是混合动力汽车行驶中的主要执行机构，其特性决定了车辆的主要性能指标，直接影响车辆动力性、经济性和舒适性。在汽车的使用过程中，由于受各种因素影响，驱动系统各零部件必然会产生不同程度的自然松动、磨损和其他机械损伤，如不及时采取必要的技术措施，汽车驱动系统的工作性能将受到严重的影响。因此，在日常生活中要对驱动系统进行必要的维护，保证其良好的工作性能。

混合动力汽车驱动系统动力源来源于发动机和驱动电机，其发动机与传统汽车的发动机维护内容基本一样。因此，本任务主要介绍混合动力汽车驱动系统的维护。

一、混合动力汽车驱动系统组成

混合动力汽车驱动系统主要由驱动电机、发动机、动力耦合装置、驱动电机控制器和冷却系统组成，如图3-1-1所示。

图 3-1-1　驱动系统构成

当混合动力汽车由电驱动时，整车控制器将驾驶员意图发送给驱动电机控制器，驱动电机控制器驱动电机输出转速和转矩，输出转矩经变速器传递给减速器和差速器传递到车轮，从而驱动车辆行驶；冷却系统的作用是保证驱动电机和变频器在合适的温度范围内工作。

1. 发动机

发动机是混合动力汽车的一种动力源，它是一种热能动力装置，简称热机，它借助工作介质的状态变化将燃料燃烧产生的热能转变为机械能。

发动机通常包括曲柄连杆机构、配气机构、燃油供给系统、冷却系统、润滑系统、点火系统、进/排气系统、起动系统。

2. 电机驱动系统

（1）驱动电机

驱动电机能够将电能转化为机械能，并通过减速器驱动车轮。驱动电机的转速和转矩可根据不同的需求改变，从而控制车速的连续变化。在车辆滑行和制动时，驱动电机作为发电机为动力电池提供电能。

比亚迪·秦驱动电机采用的是永磁同步电机，主要由定子组件、转子组件、壳体和机座等构成。其中定子主要由定子铁心和定子绕组组成，转子主要由转轴和永磁转子组成，如图 3-1-2 所示。

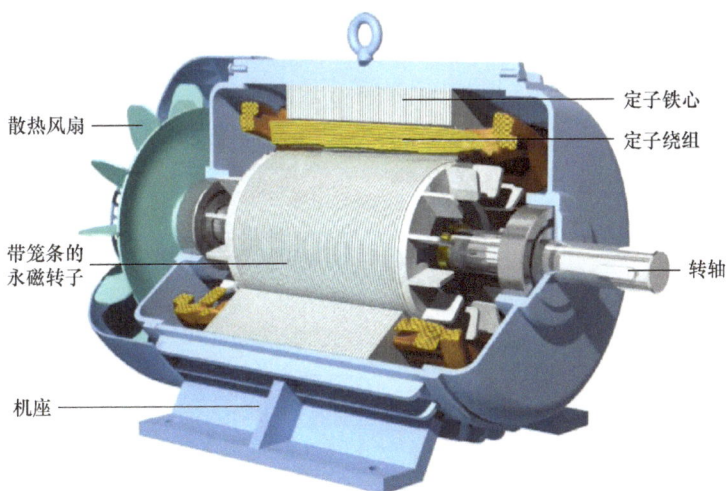

散热风扇
带笼条的永磁转子
机座
定子铁心
定子绕组
转轴

图 3-1-2　永磁同步电机结构

（2）动力耦合装置

由于混合动力汽车的动力源主要有发动机与驱动电机两种，若是想将动力源应用在最为恰当的驱动情况，就需要动力耦合装置协调两个动力。

在混合动力汽车上采用的主要是齿轮式机械动力耦合装置。常见的有两种，分别是平行轴式动力耦合装置和行星齿轮式动力耦合装置。

1）平行轴式动力耦合装置。平行轴式动力耦合装置主要由主减速器和差速器总成组成。主减速器和差速器总成的主要部件有箱体（左、右箱体）、输入轴组件、中间轴组件、差速器组件等。

2）行星齿轮式动力耦合装置。行星齿轮动力耦合装置是传输或增加转矩的一种装置，主要由一组行星齿轮机构组成，包括太阳轮、行星架和齿圈。齿轮是变速器的重要零部件之一，可用来传输转矩和动力，并改变车辆的速度和方向。

（3）驱动电机控制器与 DC 总成

驱动电机控制器与 DC 总成位于发动机舱，驱动桥的上方。其通过 HV 高压线和驱动电机高压线分别与 HV 电池和驱动电机连接，如图 3-1-3 所示。驱动电机控制器与 DC 总成的作用是将动力电池包的高压电转换为 DC 12V 电压和驱动电机所需的电压，分别为车辆的辅助设备（如车灯、音响系统、空调系统（除空调压缩机）和 ECU）和驱动电机供电；驱动电机控制器也可以将驱动电机回收的交流电能，转换成供给动力电池充电的直流电能。

图 3-1-3　驱动电机控制器与 DC 总成安装位置

（4）电驱冷却系统

比亚迪·秦驱动电机控制器与 DC 总成采用水冷方式进行冷却，独立于发动机冷却系统。驱动冷却系统循环过程中，由于各部件需求冷却温度的不同，会先经过驱动电机控制器与 DC 总成，再经过驱动电机进行冷却。它主要由水泵、冷却水管、散热器和冷却液储液罐等构成，如图 3-1-4 所示。

驱动电机控制器与 DC 总成冷却系统采用的是直流电动水泵，其功用是对冷却液进行加压，保证冷却液在冷却系统中循环流动。水泵是整个冷却系统唯一的动力元件，负责为冷却液的循环提供机械能，如图 3-1-5 所示。

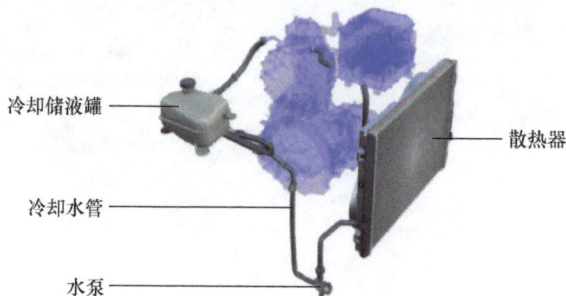

图 3-1-4　驱动电机控制器与 DC 总成冷却系统组成

冷却水管多用橡胶制成，可承受 $3 \times 10^5 \mathrm{Pa}$ 以上的压力，用以连接冷却系统各部件。

散热器的进液口通过管道与驱动电机出液口相连，出液口通过管道与驱动电机控制器与 DC 总成的散热片相连。空气从散热器外面通过，冷却液在散热器内流动，冷空气将冷却液散在空气中的热量带走，散热器实质上是一个热交换器。

冷却液储液罐采用特殊塑料制成，有极好的耐化学性、耐腐蚀性，用来储存冷却系统由

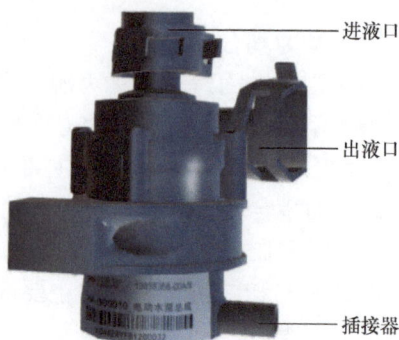

图 3-1-5　水泵

于热膨胀而多余的冷却液，并在系统工作初补充冷却液。

二、混合动力汽车驱动系统维护方法

混合动力汽车驱动系统部件由燃油驱动系统部件和电驱动系统部件组合而成，混合动力汽车驱动系统维护内容多而复杂，因此混合动力汽车驱动系统的维护工作不仅需要使用传统汽车中发动机和传动系统保养方法，还要结合纯电动汽车中以清洁检查为主的高压电气系统维护方法。

在混合动力汽车驾驶过程中，电动驱动系统和燃油驱动系统往往同时工作，使混合动力汽车驱动系统各部件处于不同的环境中，如高温、高速、颠簸等环境，从而导致元件易出现老化、破损、失效、性能下降等情况。因此，维修人员需要定期检查与维护驱动系统各部件，延长驱动系统的使用寿命，防止系统出现失效、故障，保护乘员安全。

混合动力汽车驱动系统的维护内容包括驱动系统部件外观检查、驱动电机基本检查、电机控制器基本检查、发动机检查和维护、动力耦合装置基本检查和维护以及驱动冷却系统基本维护。

1. 驱动系统外观检查

对于混合动力汽车驱动系统的维护首先应从外观开始目测检查，检查内容包括：

1）电机驱动高压电缆外观是否存在破损、老化、绝缘体脱落现象。

2）驱动系统各部件安装是否稳固，是否存在脱落、松动等现象。

3）机械传动装置是否存在漏油、密封件破损等情况。

4）使用定扭扳手按照维修手册要求转矩，检查驱动系统各部件固定螺栓是否达到规定转矩。

若外观检查发现异常，则应立即进行进一步检查；若无异常情况，则应清洁驱动系统外观污浊部分，以便下次进行目视检查。

2. 驱动电机基本检查

1）检查驱动电机油封是否存在破损，必要时可添加润滑脂并更换油封。

2）使用绝缘电阻表分别测量驱动电机三相绕组的绝缘情况，测试绝缘电阻值应大于20MΩ，若未达到标准，则说明驱动电机存在绝缘故障的可能，需要对驱动电机进行进一步拆解检测。

3）使用定扭扳手紧固驱动电机固定支架螺栓至80N·m，确认驱动电机安装紧固。

4）使用诊断仪读取驱动电机温度及旋转变压器数据是否正常，若存在数据异常，则需进一步检测故障。

3. 电机控制器基本检查

1）检查电机控制器各连接线束有无破损、裂纹，高、低压接线端子连接是否牢靠，有无松动。

2）使用定扭扳手紧固电机控制器的固定螺栓，紧固转矩为（25±5）N·m。

3）检查电机控制器绝缘性能，电机控制器正、负极输出与车身外壳之间的绝缘电阻值在正常情况下应大于或等于20MΩ，若检测数值低于标准值，则需进一步检修电机控制器。

4）使用诊断仪读取电机控制器是否存在故障码，若有故障码，则需进一步查明原因。

4. 发动机检查和维护

发动机检查和维护主要包括空气供给系统检查与维护、燃油供给检查与维护、润滑系统检查与维护和发动机辅助系统检查与维护。

（1）空气供给系统检查与维护

1）检查进气管是否开裂，进气管连接卡箍是否紧固。

2）按照维护手册要求定期更换空气滤清器。

3）清洁空气滤清器盒内部。

4）清洁节气门，并重置发动机控制模块节气门自适应值。

（2）燃油供给检查与维护

1）检查燃油软管是否存在变形、外伤及破损，检查燃油管路是否存在燃油泄漏情况，若出现燃油泄漏，则需立即维修燃油供给系统。

2）检查燃油箱是否存在裂纹、老化及凹陷等情况。

3）根据保养说明，按照周期更换燃油滤清器。

（3）润滑系统检查与维护

1）更换机油，且使用满足 A3/B4 级或 A3/B4 级以上，5W-40 级别的油品，加注量为 3.7L。添加新机油后需起动发动机怠速运转，1min 后熄火静置 5min，查看机油液位，机油液位应在 MAX 线与 MIN 线之间。

2）更换机油滤清器。更换结束后起动发动机检查是否渗漏。

3）检查旧机油油品是否存在变质、烧蚀和积胶等情况。

（4）发动机辅助系统检查与维护

1）检查发动机辅助传动带工作情况，确认传动带无老化、开裂、缺损等情况发生。

2）检查发动机辅助传动带张紧器的工作情况，确认张紧器安装紧固且张紧力符合标准。

3）按照保养的规定周期更换辅助传动带及张紧器。

5. 变速器基本检查和维护

1）检查变速器油品及油位，确保变速器油位正常，无变质、烧蚀、夹杂大量的金属屑等情况发生。若有这些现象，则需进一步检查变速器及主减速器差速器。

2）按照保养的规定周期更换变速器油，变速器油型号为 GL-5 80W/90，加注量为 1.8L。

6. 驱动冷却系统基本维护

1）检查驱动冷却系统是否存在冷却液泄漏现象，必要时可使用冷却系统加压工具配合检查。

2）检查冷却液储液罐内的冷却液液位（图 3-1-6）是否位于或低于 MIN 刻度线，若有少量缺失，则可添加冷却液至 MAX 刻度线；若发生冷却液大量缺失，则需进一步检

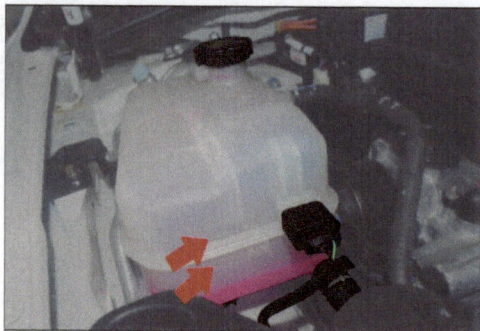

图 3-1-6　发动机冷却液液位

查驱动冷却系统是否存在漏液。

3）使用冰点测试仪检查冷却液冰点是否在 −20℃。

4）检查冷却液的质量，并确认是否存在变质、夹杂异物等情况。如有，则需更换冷却液。

5）要按照保养周期，定时更换冷却液，更换的冷却液型号必须为乙二醇型冷却液。

三、混合动力汽车驱动系统维护注意事项

1）在对混合动力汽车的驱动系统进行维护保养时，首先要确认车辆钥匙处于 LOCK 档、低压蓄电池电源、动力电池上的维修开关处于断开状态。操作人员需戴绝缘手套，在断开高压电缆插接器后，测量导线内是否有残余电量，若有残余电量，则可静置 10min 后再次测量。

2）在进行高压系统作业时，应在醒目的地方放置警告标志，以提醒其他人注意高压安全防护。

3）为使驱动系统更有效地磨合，以便更好地维护系统，首次保养前，在 ECO（经济）模式和 HEV（混合）模式下使用比例应不低于 50%；首次保养后，HEV（混合）模式的使用比例应不低于 10%。

4）由于双模车的特殊性，发动机如果每次运行时间过短，则容易造成机油变质（机油乳化和汽油稀释），此时应按照恶劣工况进行保养，特别是在寒冷环境下，建议使用 3 000km 时更换机油。

四、混合动力汽车驱动系统维护周期

混合动力汽车驱动系统在不同里程的维护内容见表 3-1-1、表 3-1-2。

表 3-1-1　比亚迪·秦驱动系统维护周期（总里程）

维护保养项目	维护保养时间	里程表读数（总里程）或月数，以先到者为准											
		里程表读数/1 000km	3.5	11	18.5	26	33.5	41	48.5	56	63.5	71	78.5	86
		月数	6	18	30	42	54	66	78	90	102	114	126	138
检查冷却水管有无损伤，并确认连接管部是否锁紧			I	I	I	I	I	I	I	I	I	I	I	I
检查多楔传动带有无裂纹、破碎、磨损状况，并调整其张紧度			I		I		I		I		I		I	
检查排气管接头是否漏气			I		I		I		I		I		I	
检查三元催化转化器外观是否磕碰			I		I		I		I		I		I	
检查燃油罐盖、燃油管和接头			I		I		I		I		I		I	

（续）

维护保养项目 ＼ 维护保养时间	里程表读数（总里程）或月数，以先到者为准											
	里程表读数 /1 000km	3.5	11	18.5	26	33.5	41	48.5	56	63.5	71	78.5	86
	月数	6	18	30	42	54	66	78	90	102	114	126	138
检查炭罐		I		I		I		I		I		I	
检查膨胀罐内的冷却液液面高度		I	I	I	I	I	I	I	I	I	I	I	I
检查高压线束或插接件是否松动、引脚是否烧蚀		I	I	I	I	I	I	I	I	I	I	I	I
检查高压模块外观是否变形、有无油液		I	I	I	I	I	I	I	I	I	I	I	I
检查高压部件是否有涉水痕迹		I	I	I	I	I	I	I	I	I	I	I	I
更换发动机（涡轮增压发动机）及驱动电机冷却液	每 4 年或 100 000km 更换长效有机酸型冷却液，以先到者为准												
检查和更换变速器内的齿轮油、前驱减速器和后驱变速器油	首次 56 000km 更换，之后每 4 年或 60 000km 检查油品，必要时更换												

注：I 表示必要时进行检查、修正或更换。

表 3-1-2　比亚迪·秦驱动系统维护周期（HEV 里程）

维护保养项目 ＼ 维护保养时间	里程表读数（HEV 里程）或月数，以先到者为准											
	里程表读数 /1 000km	3.5	11	18.5	26	33.5	41	48.5	56	63.5	71	78.5	86
	月数	6	18	30	42	54	66	78	90	102	114	126	138
更换机油及机油滤清器（涡轮增压发动机）		R	R	R	R	R	R	R	R	R	R	R	R
汽油清洁剂			R	R	R	R	R	R	R	R	R	R	R
火花塞（涡轮增压发动机）					R				R				R
燃油滤清器				R			R			R			R
更换空气滤清器滤芯					R				R				R
更换多楔传动带										R			
检查曲轴箱通风系统（PCV 阀和通风软管）		I	I	I	I	I	I	I	I	I	I	I	I
检查发动机怠速		I		I		I		I		I		I	

注：R 表示更换。

实训演练

混合动力汽车驱动系统维护

请扫描二维码，查看"混合动力汽车驱动系统维护"技能视频，结合视频内容及相关资料，规范地完成混合动力汽车驱动系统的维护实训。

实训工具与准备：

1）工具：
① 测量工具：数字万用表、冰点检测仪、压力测试仪。
② 专用工具：比亚迪 VDS2000、齿轮油加注器。
③ 绝缘工具：世达 68 件绝缘工具套件。
④ 常用工具：世达 100 件工具套装。
2）设备：2017 款比亚迪·秦、举升机、废油回收器。
3）防护用品：绝缘手套、防护服、绝缘鞋、车内外防护三件套。
4）耗材：棉布。

一、实训前准备

1）穿戴好个人防护用品。
2）铺设车内防护三件套。
3）检查确认车辆状态是否正常。
4）安装车外防护三件套。

二、在线检测

1.驱动电机控制器检测

1）将诊断仪插头连接至车辆 OBD 接口，并确保连接可靠，如图 3-1-7 所示。
2）按下车辆起动开关至"ON"状态。
3）打开诊断仪，选择对应车型，进入诊断界面。
4）选择"ECU 模块"进行全车模块扫描，如图 3-1-8 所示。

图 3-1-7　连接诊断仪

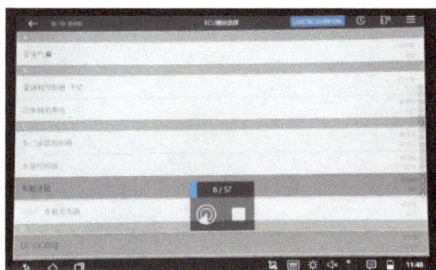

图 3-1-8　读取"ECU 模块"故障码

5）选择"驱动电机控制器"模块，读取故障码。

> 💡 **注意事项**：**若存在故障码，请判断是否是真实故障，若不是，则请删除；若是，则请根据故障码维修。**

6）读取"驱动电机控制器"模块相关数据流，如图 3-1-9 所示。

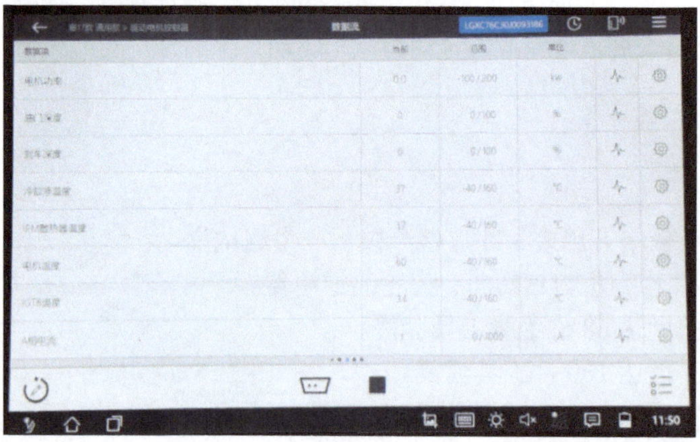

图 3-1-9　读取"驱动电机控制器"数据流

> 💡 **注意事项**：**若数据流不正常，则需根据数据进一步查找原因。**

2. 变速器控制器检测

1）选择"变速器控制器 _ 干式"模块，读取故障码，如图 3-1-10 所示。

2）读取"变速器控制器 _ 干式"模块相关数据流。

3）检查完毕，退出诊断界面。

4）关闭诊断仪电源开关及车辆电源开关，拔下诊断插头。

三、驱动电机控制器维护

1. 基本检查

1）断开低压蓄电池负极电缆，如图 3-1-11 所示。

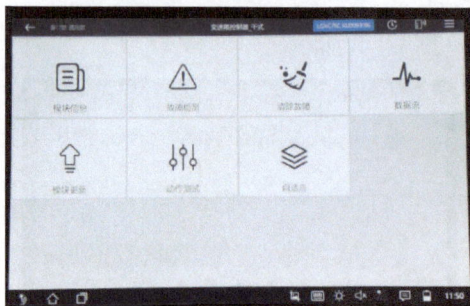

图 3-1-10　"变速器控制器 _ 干式"模块

图 3-1-11　断开低压蓄电池负极电缆

⚠ **注意事项**：断开低压蓄电池负极电缆后，需等待 5min 以上，待高压系统剩余电量释放完毕后，才能进行下一步操作。

2）检查驱动电机控制器外观是否有损伤，如图 3-1-12 所示。

3）检查驱动电机控制器是否有冷却液泄漏。

4）检查驱动电机控制器高、低压插接件连接是否可靠，如图 3-1-13 所示。

图 3-1-12　检查驱动电机控制器外观

图 3-1-13　检查高、低压插接件

5）检查驱动电机控制器搭铁线连接是否可靠。

2. 绝缘高压线束检测

1）断开驱动电机控制器高压母线插头，如图 3-1-14 所示。

2）校表。取出数字绝缘电阻表，将黑色表笔插入"EARTH"插孔，红色表笔插入"LINE"插孔，并检查仪器是否正常可用，如图 3-1-15 所示。

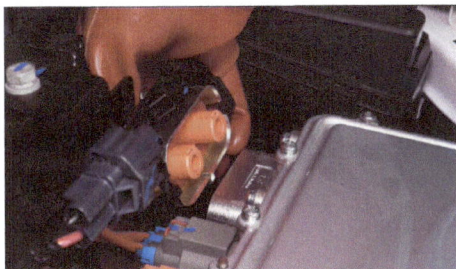

图 3-1-14　驱动电机控制器高压母线插头

图 3-1-15　校表

3）黑表笔连接车身搭铁，将数字绝缘电阻表调至 1 000V 测试档。

4）设定检测时间后，将红表笔连接至电机控制器高压母线正极端子。

5）按下测试按钮，检测电机控制器高压母线正极绝缘电阻值，如图 3-1-16 所示。

图 3-1-16　检测电机控制器高压母线正极绝缘电阻值

> ⚠ **注意事项**：标准值应大于 20MΩ，若测量值与标准数值不符，则说明高压母线正极绝缘故障，需进一步检修。

6）用同样的方法检测电机控制器高压母线负极绝缘电阻值。

> ⚠ **注意事项**：标准值应大于 20MΩ，若测量值与标准数值不符，则说明高压母线负极绝缘故障，需进一步检修。

7）检测完成，取下数字绝缘电阻表。

8）安装电机控制器高压母线插头，并确保安装牢靠。

3. 三相线绝缘检测

1）使用 13mm 套筒、接杆、棘轮扳手组合工具拆下真空泵支架的 4 颗固定螺栓，如图 3-1-17 所示。

2）取下真空泵支架。

3）使用 10mm 套筒、接杆、棘轮扳手组合工具按对角松开驱动电机侧三相线束插接器保护盒盖的 4 颗固定螺栓并取下。

4）使用美工刀去除密封胶，用手取下插接器保护盒盖。

5）使用 8mm 套筒、接杆、棘轮扳手组合工具依次松开三相线束的 3 颗固定螺栓。

6）使用 8mm 呆扳手松开三相线束插接器保护盒侧面的 2 颗固定螺栓，如图 3-1-18 所示。

图 3-1-17　真空泵支架固定螺栓

图 3-1-18　三相线束插接器保护盒侧面固定螺栓

7）拔出驱动电机侧三相线束插接器。

8）取出数字绝缘电阻表，将黑表笔连接电机控制器壳体，依次将红表笔连接到电机控制器三相线束端子，检测电机控制器三相线束的绝缘电阻值，如图 3-1-19 所示。

图 3-1-19　检测三相线束绝缘电阻值

> ⚠ **注意事项**：标准值均应大于 20MΩ，若测量值与标准数值不符，则说明电机控制器存在绝缘故障，需进一步检修。

9）检测完成，取下数字绝缘电阻表。

10）将驱动电机侧三相线束插接器，放置到安装位置。

11）使用 8mm 呆扳手紧固三相线束插接器保护盒侧面的 2 颗固定螺栓。

12）使用 8mm 套筒、接杆、棘轮扳手组合工具依次紧固三相线束的 3 颗固定螺栓。

13）在三相线束插接器保护盒盖的上、下接触面涂抹密封胶，待密封胶稍干时，合拢密封面。

14）对角旋入连接器保护盖的 4 颗固定螺栓。

15）使用 10mm 套筒、接杆、棘轮扳手组合工具按对角紧固插接器保护盒盖 4 颗固定螺栓。

16）放置好带真空泵的支架。

17）旋入真空泵支架的 4 颗固定螺栓。

18）使用 13mm 套筒、接杆、棘轮扳手组合工具紧固真空泵支架的 4 颗固定螺栓。

四、驱动电机维护

1. 基本检查

1）检查驱动电机三相线连接和低压线束插接器是否可靠。

2）检查驱动电机冷却液进、出水管处是否存在渗漏情况。

3）检查驱动电机外观是否有碰撞、损坏等情况。

2. 三相绕组绝缘检测

1）使用 10mm 扳手松开驱动电机三相线束电机控制器侧的 4 颗固定螺栓并取下。

2）取下驱动电机三相线束插头。

3）取出数字绝缘电阻表，将黑表笔连接车身搭铁，将数字绝缘电阻表调至 1 000V 测试档。

4）设定检测时间后，依次将红表笔连接到驱动电机三相线束端子，检测驱动电机三相线束的绝缘电阻值，如图 3-1-20 所示。

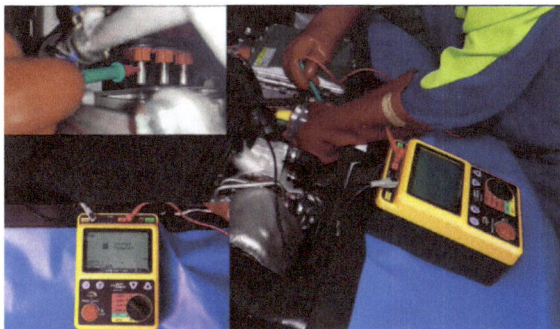

图 3-1-20　检测驱动电机三相线束绝缘电阻值

⚠ **注意事项**：标准值均应大于 20MΩ，若测量值与标准数值不符，则说明驱动电机存在绝缘故障，需进一步检修。

5）检测完成，取下数字绝缘电阻表。

6）将驱动电机三相线束放置到合适的位置。

7）使用 10mm 扳手组合工具安装驱动电机三相线束的 4 颗固定螺栓并拧紧。

五、冷却系统维护

1. 基本检查

（1）冷却液液位检查

1）检查驱动系统冷却液液位是否在 MIN 和 MAX 之间，如图 3-1-21 所示。

> 注意事项：冷却液液位应位于 MIN 和 MAX 之间，若低于最低值，则需添加冷却液。

2）检查散热器外观是否有损伤，如图 3-1-22 所示。

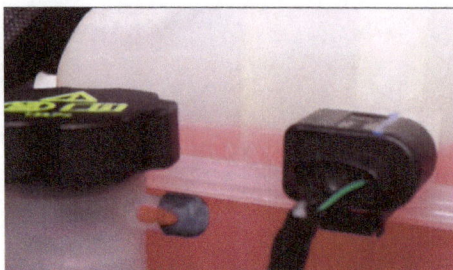

图 3-1-21　检查冷却液液位

图 3-1-22　检查散热器外观

3）检查散热风扇是否有卡滞及损伤。

4）检查机舱上部的相关管路是否有破损。

5）举升车辆至合适的位置。

6）使用 10mm 套筒、棘轮扳手拆卸机舱下部盖板的 4 颗固定螺栓，如图 3-1-23 所示。

7）使用翘板拆除机舱下部盖板卡扣，取下机舱下部盖板。

8）检查驱动电机冷却水泵及其管路是否有泄漏及外观损伤。

9）检查发动机冷却水泵及其管路是否有泄漏及外观损伤。

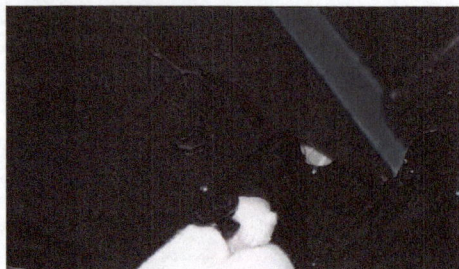

图 3-1-23　机舱下部固定螺栓

（2）冷却液冰点检查

1）降下车辆至合适的位置。

2）取出冰点检测仪，使用纯净水检查冰点检测仪的性能是否良好。

3）选用吸管吸取少量冷却液，滴于折光棱镜上，闭合盖板，挤出气泡。

4）将冰点检测仪对准光源，通过观察窗查看冷却液冰点指数是否合格。

5）通过观察窗读取蓝白分界线相对刻度，即冷却液冰点值。

> **注意事项**：冷却液的冰点一般不低于 −25℃，最低为 −45℃。若测量值高于标准值，则需更换冷却液。

6）选用棉布清洁冰点测试仪，并将其妥善放置。

（3）密封性检查

1）选用合适的压力测试接头，安装到冷却液储液罐上，连接压力测试仪。

2）操作压力测试仪施压到 140kPa，保压 60s。

3）观察压力测试仪的压力是否有变化，如有变化，则说明存在泄漏，请检查相应的部件。

4）取下压力测试仪。

5）安装冷却液储液罐，并旋至最紧。

2. 冷却液更换

（1）冷却液排放

1）安装低压蓄电池负极。

2）使用诊断仪部件测试功能让水泵运行 5min，重复 2～3 次。

3）用手触摸，确认电机和冷却液储液罐等已冷却，拆除冷却液储液罐。

4）使用故障诊断仪，选择测试功能，让水泵运行 5min，重复 2～3 次。

5）等到电机和冷却液储液罐冷却下来。

6）逆时针方向缓慢转动冷却液储液罐盖，释放冷却系统中的残余压力。

> **注意事项**：因系统内有压力，请缓慢打开，防止冷却液喷出，造成伤害。

7）取下冷却液储液罐盖。

8）举升车辆至合适的位置。

9）使用 8mm 套筒、棘轮扳手拆卸左前翼子板内侧的挡泥板。

10）将废液回收器放置在合适的位置。

11）使用水管钳松开放水管卡扣，拔下放水管，排放冷却液，如图 3-1-24 所示。

图 3-1-24　松开放水管卡扣

> **注意事项**：排出的冷却液应存放于合适的容器内。

12）待冷却液排净后，安装放水管。

13）推出油液收集器。

14）使用 8mm 套筒、棘轮扳手安装左前翼子板内侧的挡泥板。

（2）冷却液加注

1）降下车辆至合适的位置。

2）将指定的冷却液倒入冷却液储液罐，直至 MAX 标记。冷却液系统的容量约为 11.5L，如图 3-1-25 所示。

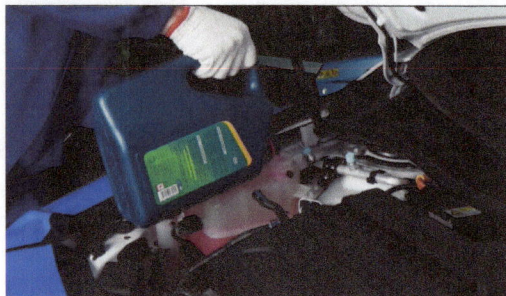

图 3-1-25　加注冷却液

> 🔔 **注意事项**：务必使用比亚迪指定的冷却液。使用非指定的冷却液可能导致零部件腐蚀、管路堵塞，造成冷却系统工作失常或故障。

（3）冷却系统排气

1）安装冷却液储液罐，并拧紧。

2）起动发动机，使发动机怠速运转发热，直到散热器风扇至少运行 2 次，关闭发动机。

3）待车辆冷却后检查冷却液储液罐中的液位。

> 🔔 **注意事项**：确认冷却液液位处于 MAX 标记和 MIN 标记之间，如有需要，则添加冷却液至正常液位。

4）重复以上动作直到不需要补加冷却液为止。

5）旋紧冷却液储液罐，然后再次起动车辆，检查有无泄漏。

6）确认无冷却液泄漏后，安装机舱下部盖板。

六、变速器维护

1.基本检查

1）举升车辆至车轮离开地面，起动车辆。

2）将档位置于 D 位，轻踩加速踏板，倾听变速齿轮机构是否有运行异响。

3）进行各档位切换操作，判断变速齿轮机构是否正常工作，有无换档冲击。

4）铺设车外三件套。

5）举升车辆至合适的高度。

6）目视检查变速器外观是否存在腐蚀、锈蚀等情况。

7）目视检查变速器是否存在变形、凹陷、开裂等情况，如图 3-1-26 所示。

8）目视检查变速器密封件是否存在油液泄漏情况，如图 3-1-27 所示。

2.变速器油液检查

1）将废油收集器放置于变速齿轮机构下方。

2）使用 10mm 套筒、棘轮扳手组合工具拆卸氧传感器支架螺栓，如图 3-1-28 所示。

3）使用 24mm 套筒、棘轮扳手组合工具拆卸变速器油加注螺栓并取下，如图 3-1-29 所示。

图 3-1-26　变速齿轮机构外观检查

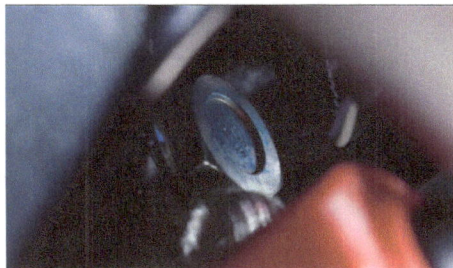

图 3-1-27　变速齿轮机构密封件

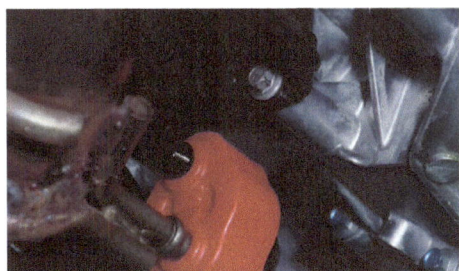

图 3-1-28　氧传感器支架螺栓

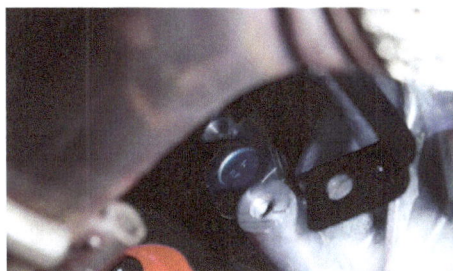

图 3-1-29　加注螺栓

4）检查变速器油液液位，液位应基本与加注口齐平。

> **注意事项：**因车辆举升后，可能会有一定的倾斜角度，所以拆卸变速器油加注螺栓后，变速器油可能会以滴流方式少量溢出，属于正常现象。

5）检查变速器油液是否污染或变质。取合适的白纸吸取少量油液，观察油液质量。

> **注意事项：**若呈黄色油迹且颜色均匀，则说明油品良好，可继续使用。如出现黑色且黑色和黄色油迹有明显的界限，则说明机油老化，需更换变速器油。

3. 变速器油液更换

（1）变速器油液排放

1）使用 10mm 内六角套筒、棘轮扳手组合工具拆卸变速器放油螺栓，如图 3-1-30 所示。

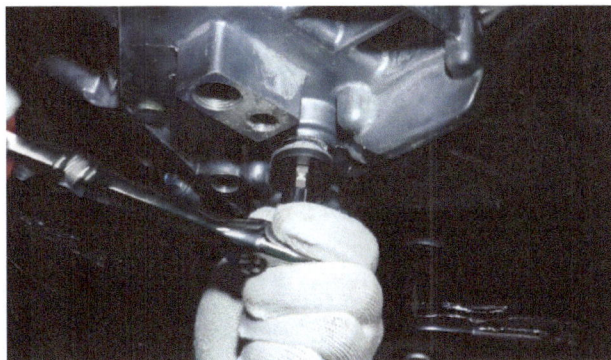

图 3-1-30　放油螺栓

2）排净油液。

3）使用 10mm 内六角套筒、棘轮扳手组合工具安装变速器放油螺栓。

4）使用定扭扳手紧固放油螺栓至 30N·m。

（2）变速器油液加注

1）向齿轮油加注器里面添加 1.9L 新的变速器油，如图 3-1-31 所示。

> **注意事项：**
> ① 必须选用车辆专用变速器齿轮油。
> ② 维修手册规定变速器油加注量为 1.8L，添加时需考虑加注机的管道损耗。

2）利用压缩空气将新的变速器油从加注器中加注到变速器内，加注完成后取出加油管，如图 3-1-32 所示。

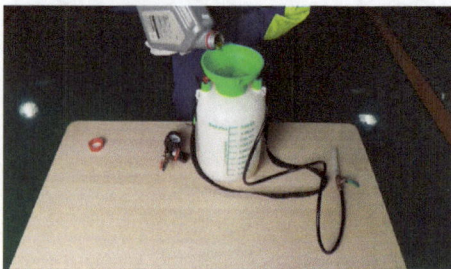

图 3-1-31　加注器中添加变速器油

图 3-1-32　将变速器油添加加注到变速器

3）用手拧上变速器油加注螺栓。

4）使用 24mm 套筒、棘轮扳手组合工具预紧变速器油加注螺栓。

5）使用定扭扳手紧固加油螺栓至 30N·m。

6）使用 10mm 套筒、棘轮扳手组合工具安装氧传感器支架螺栓。

7）使用抹布清洁加注螺栓与放油螺栓的表面。

8）推出油液收集器。

（3）加注后的试车检查

1）下降车辆至地面。

2）进入驾驶室起动车辆，切换车辆进入各个档位，并在每个档位停留 5s。判断变速齿轮机构是否正常工作，有无异响和换档冲击等。

3）完成后关闭并离开车辆。

4）再次举升车辆至合适的位置，目测检查排放塞、加注口周围有无油液渗漏。

5）下降车辆至地面。

6）安装蓄电池负极电缆。

七、驱动系统复检

1）再次连接诊断仪。

2）按下车辆起动开关至"ON"状态。

3）选择"ECU 模块"进行整车扫描。

4）查看车辆各模块是否存在故障，若存在故障，则需进一步查找原因。

5）复检完毕，取出故障诊断仪。

八、整理清洁

按照 7S 管理标准，整理工具和场地。

任务练习

一、选择题

1）混合动力汽车驱动系统动力源来源于（　　　）。

A. 驱动电机 　　　　　　　　　　　　B. 发动机

C. 发动机和驱动电机 　　　　　　　　D. 以上都不对

2）电子点火系统由点火开关、点火信号发生器、（　　　）、火花塞等部件组成。

A. 线圈　　　　　B. 有火线圈　　　　　C. 点火线圈　　　　　D. 点火铁圈

二、判断题

1）曲柄连杆机构的功能是实现发动机的工作循环，完成能量转换过程。它由机体组、活塞连杆组和曲轴飞轮组等组成。（　　　）

2）机体组中，气缸体是构成发动机的骨架，是发动机各机构和各系统的安装基础。

（　　　）

3）配气机构的功能是根据发动机的工作顺序和工作过程，定时开启和关闭进、排气门，使空气进入气缸，并使废气从气缸内排出，实现换气过程。（　　　）

4）配气机构大多采用顶置气门式配气机构，一般由气门组和气门传动组、气门驱动组等组成。

燃油供给系统的功能是根据发动机工况的需求，定时、定量供应合适的燃油进入发动机气缸。（　　　）

5）冷却系统的功能是将受热零件吸收的部分热量及时散发出去，保证发动机在最适合的温度状态下工作。（　　　）

6）水冷发动机的冷却系统通常由冷却水套、水泵、风扇、散热器、节温器等组成。

（　　　）

7）润滑系统的功能是向做相对运动的零件表面输送定量的清洁润滑油，以实现液体摩擦，减小摩擦阻力，减轻机件的磨损，并对零件表面进行清洗和冷却。（　　　）

8）点火系统的功能是确保汽油机在压缩接近下止点时，在气缸内适时、准确、可靠地产生电火花，以点燃可燃混合气，从而对外做功。（　　　）

9）电子点火系统由点火开关、点火信号发生器、点火线圈、火花塞等部件组成。

（　　　）

10）排气系统的功能是尽可能均匀地向各缸供给可燃混合气或纯净的空气，通常由空气滤清器、空气流量计、进气总管、进气歧管等部件组成。　　　　　　　　（　　）

三、简答题

1）简述点火系统的功能。
2）简述燃油供给系统检查与维护的步骤。
3）简述润滑系统检查与维护的步骤。

任务二　混合动力汽车电源系统维护

一辆比亚迪·秦混合动力汽车最近出现了偶尔无法上电的情况。维修技师结合车辆的症状和行驶里程，建议对车辆的电源系统进行维护。你知道混合动力汽车电源系统维护的主要内容吗？如果把这一任务委派给你，你懂得如何进行作业吗？

学习目标

1）知道混合动力汽车电源系统的组成。
2）掌握混合动力汽车电源系统的维护方法。
3）知道混合动力汽车电源系统维护的注意事项。
4）能规范地对比亚迪·秦电源系统进行维护。

知识储备

混合动力汽车的整车性能很大程度上依赖于动力电池，高性能、高可靠性的动力电池、电池管理系统及充电系统能有效地保证混合动力汽车的驱动续驶里程，提高混合动力汽车的经济性。

本任务以混合动力汽车电源系统的组成为基础，主要介绍电源系统的维护方法、注意事项以及维护周期。

一、混合动力汽车电源系统组成

混合动力汽车的电源系统主要由动力电池（包括电池模组和电池箱体）、电池管理系统、充电系统、冷却系统和低压辅助电源组成。

1.动力电池

动力电池是电能装置的核心部件，主要由动力电池模组、动力电池箱、动力电池辅助加热装置和高压维修开关等组成，有些车是没有维修开关的。动力电池是混合动力汽车的动力电源，其作用是给驱动电机提供所需的电能，从而带动汽车行驶；动力电池辅助加热装置主要在工作温度较低的情况下给动力电池加热，使其达到正常温度范围，具有良好的工作性能；动力电池箱相当于动力电池的壳体，主要用于安装动力电池组合。

（1）动力电池模组

混合动力汽车动力电池是能量储存装置，它是车辆的核心组成部件之一，其性能好坏直接关系到车辆的动力性能、续驶里程，同时也影响着车辆的使用安全性。

比亚迪·秦的动力电池由 10 个动力电池模组、10 个动力电池信息采集器、动力电池串联线、动力电池支架、动力电池包密封罩和动力电池采样线组成，如图 3-2-1 所示。

10 个动力电池模组由 14 ~ 18 节数量不等的电池单体串联而成，其中上层电池模块有14 节单体电池，下层电池模块有 18 节单体电池。电池模块是单体电芯在物理结构和电路上连接起来的最小分组，每个电池模块由多个并联的单体电芯组合而成，它是单体电芯的并联集成体；单体电芯是构成动力电池模块的最小单元，相邻单体电池之间用电芯绝缘板隔开；电池模组是由电池模块串联而成的单元；动力电池包是对外输出电能量的电源体，由若干电池模组串联而成。图 3-2-2 所示为动力电池模组连接方式。

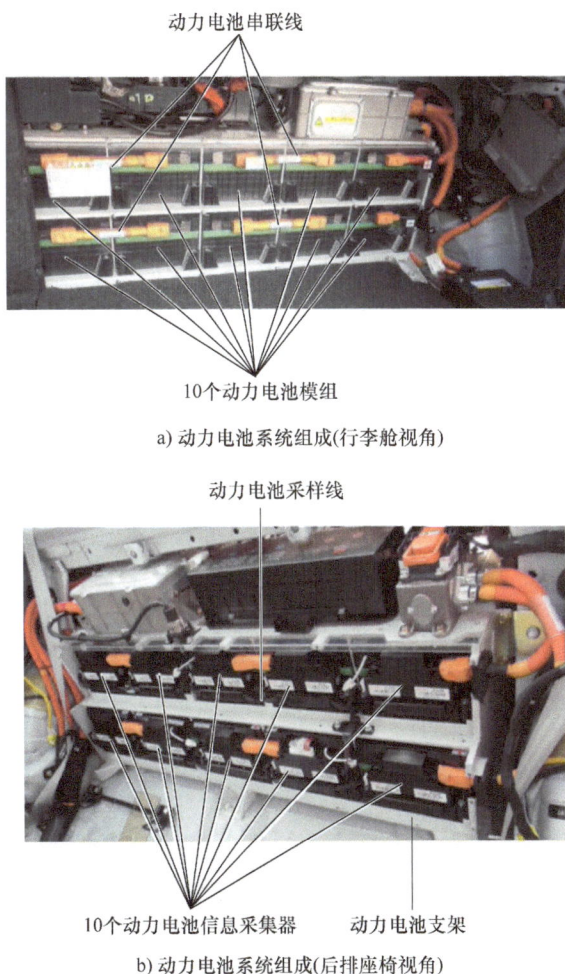

动力电池串联线

10个动力电池模组

a) 动力电池系统组成(行李舱视角)

动力电池采样线

10个动力电池信息采集器　　动力电池支架

b) 动力电池系统组成(后排座椅视角)

图 3-2-1　动力电池模组

（2）动力电池辅助加热装置

动力电池辅助加热装置是在温度较低的情况下预热动力电池使其达到正常的工作温度，从而保证动力电池的使用性能。动力电池辅助加热装置主要由电池 PTC 组成。当混合动力汽车需要工作时，电池管理器根据车辆的上电信号和动力电池的温度信号，控制电池 PTC 工作，逐步加热动力电池的温度，使动力电池的工作温度达到正常的温度范围。

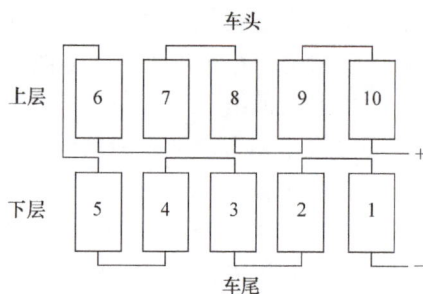

图 3-2-2　动力电池模组连接方式

（3）动力电池箱

动力电池箱是支撑、固定、包围动力电池的组件，动力电池箱有承载及保护动力电池组及电气元件的作用。电池箱体的外表面颜色要求为银灰色、黑色或亚光色，并且外表面还包含有产品铭牌、动力电池包序号、出货检测标签、物料追溯编码以及高压警告标志。

（4）高压维修开关

混合动力汽车上的高压维修开关也称为高压维修塞，它可以为混合动力汽车的高压电力系统在维修时提供安全的维修环境，也可以对电力系统起到安全保护的功能。

2. 电池管理系统

电池管理系统（Battery Management System，BMS）是保护和管理电池的核心部件，是连接车载动力电池和电动汽车的重要纽带。电池管理系统不仅需要保证电池的安全可靠，而且要充分发挥电池的能力、延长电池的使用寿命。它通过控制接触器控制动力电池组的充、放电，并向整车控制系统上报动力电池系统的基本参数及故障信息。

比亚迪·秦采用的是分布式电池管理系统，由 1 个电池管理控制器（BMC）和 10 个电池信息采集器（BIC）及全套动力电池采样线组成，如图 3-2-3 所示。

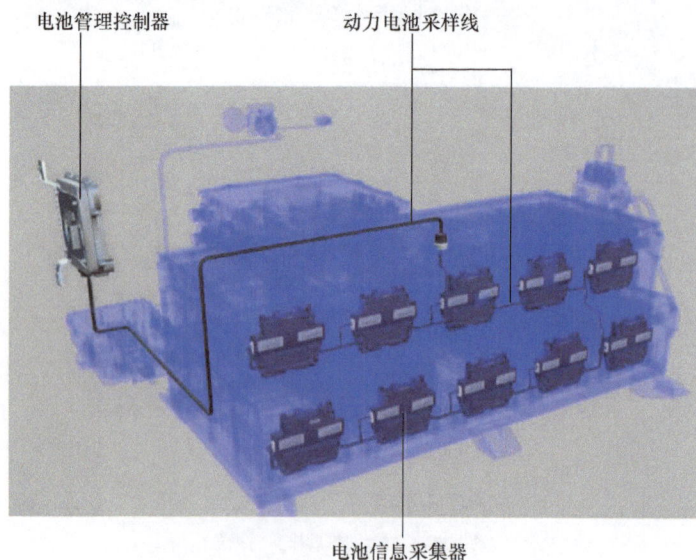

图 3-2-3　比亚迪·秦电池管理系统组成

　　电池管理控制器位于行李舱车身右 C 柱内板后段，如图 3-2-4 所示。其主要功能有充放电管理、接触器控制、功率控制、电池异常状态报警和保护、SOC/SOH 计算、自检以及通信等。

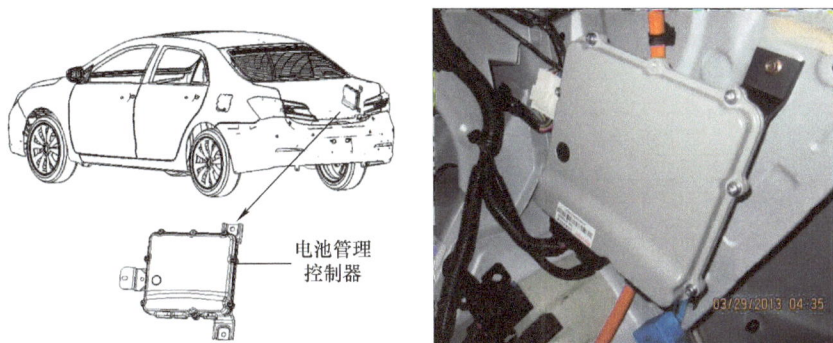

图 3-2-4　比亚迪·秦电池管理控制器

　　电池信息采集器位于动力电池包内部每个动力电池模组的前端，如图 3-2-5 所示。其主要功能有电池电压采样、温度采样、电池均衡、采样线异常检测等。

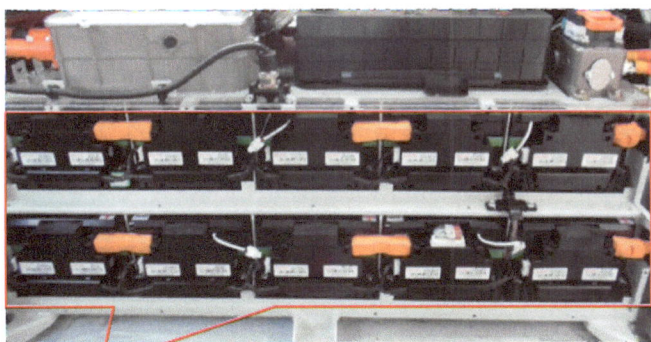

10个电池信息采集器(BIC)

图 3-2-5　比亚迪·秦电池信息采集器

　　动力电池采样线的主要功能是连接电池管理控制器和电池信息采集器，实现二者之间的通信及信息交换，如图 3-2-6 所示。

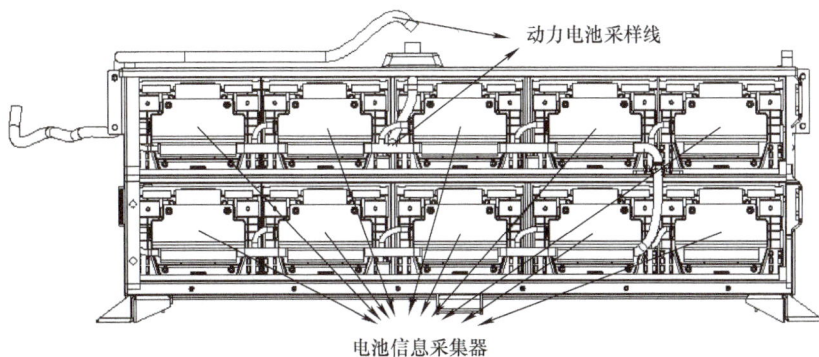

图 3-2-6　比亚迪·秦电池信息采集器

比亚迪·秦电池管理系统的组成框图如图 3-2-7 所示，由电池信息采集器（BIC）、车载充电器、漏电传感器、高压配电箱、高压互锁监测、碰撞硬线信号、模组内部接触器等部分组成。

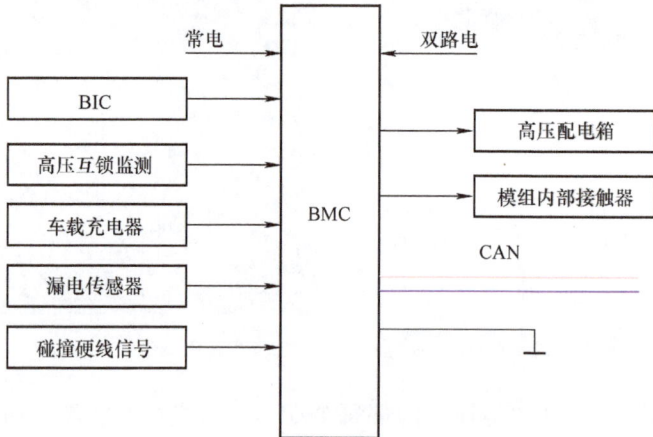

图 3-2-7　比亚迪·秦电池管理系统的组成框图

3. 充电系统

混合动力汽车充电系统主要通过家用插头和交流充电桩接入交流充电口，通过车载充电器将家用交流电转变为直流高压电给动力电池进行充电。

充电系统主要由交流充电口、车载充电机、高压配电盒、电池管理器和动力电池等组成，如图 3-2-8 所示。

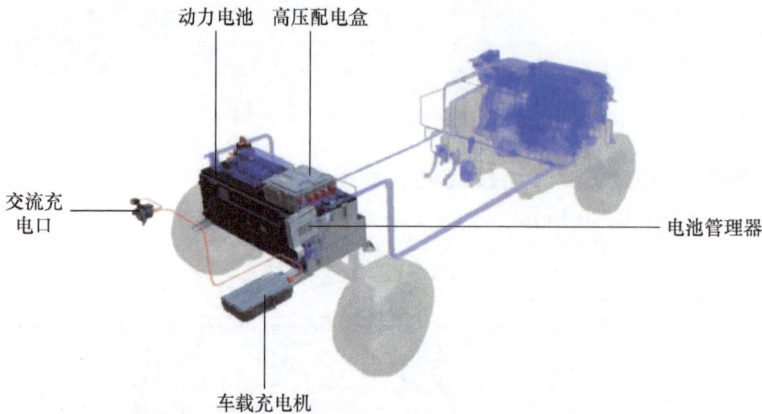

图 3-2-8　充电系统

（1）充电口

混合动力汽车一般采用慢充充电口，以实现动力电池电量补给。充电口位于行李舱盖上或车身左侧后方，充电插头为 7 孔式，其针脚布置方式如图 3-2-9 所示。在不充电时，严禁打开充电盖。

（2）车载充电机

车载充电机是指固定安装在电动汽车上的充电机。它依据电池管理系统（BMS）提供的数据，能动态调节充电电流或电压参数，执行相应的动作，完成充电过程。

比亚迪·秦的车载充电机位于行李舱右侧，如图3-2-10所示，主要由车载充电机箱体、车载充电机电路面板和散热风扇组等部件组成。

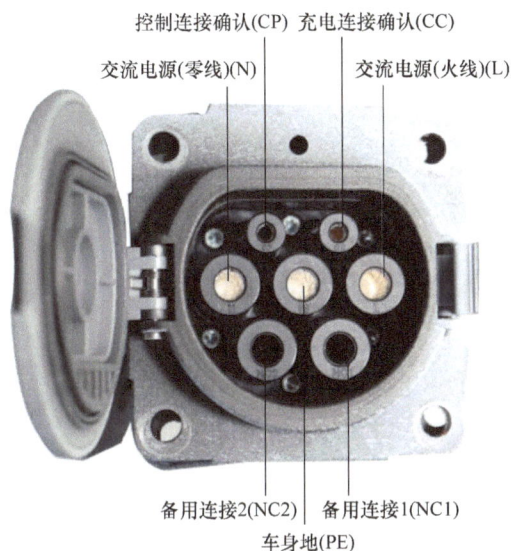

图 3-2-9　充电口的针脚布置方式

控制连接确认(CP)　充电连接确认(CC)
交流电源(零线)(N)　交流电源(火线)(L)
备用连接2(NC2)　备用连接1(NC1)
车身地(PE)

图 3-2-10　车载充电机

（3）高压配电盒

高压配电盒（图3-2-11）是所有纯电动汽车、插电式混合动力汽车的高压电力电流分配单元（PDU），用于对动力电池中储存的电能进行分配，实现对支路用电器件的保护。它采用集中配电方案，结构设计紧凑，接线布局方便，检修快捷。根据车型的不同，其在车上的位置也有差别，比亚迪·秦的高压配电盒位于动力电池上。

（4）电池管理器

电池管理器的主要功能有充放电管理、接触器控制、功率控制、电池异常状态报警和保护、SOC/SOH计算、自检以及通信功能等。它安装在行李舱右侧内壁上，距离动力电池距离较近。此安装位置缩短了线束长度，降低了制造成本。

图 3-2-11　高压配电盒

4. 冷却系统

动力电池在充放电过程中会散发热量，为了保证其正常工作，一般混合动力汽车的动力电池系统专门设置了单独的冷却系统，从而使高压电池包的温度始终保持在正常的范围内。

目前，混合动力汽车动力电池冷却系统有空调循环冷却式、水冷式和风冷式三种类型。

（1）空调循环冷却式

一些混合动力汽车中，动力电池内部有与空调系统连通的制冷剂循环回路。动力电池单元直接通过冷却液进行冷却，冷却液循环回路与制冷剂循环回路通过冷却液热交换器连接。

（2）水冷式

水冷式电池冷却系统是使用特殊的冷却液在动力电池内部的冷却液管路中流动，将动力电池产生的热量传递给冷却液，从而降低动力电池的温度。水冷式电池冷却系统主要由电动水泵、散热器、冷却水管、储液罐等部件组成，如图 3-2-12 所示。

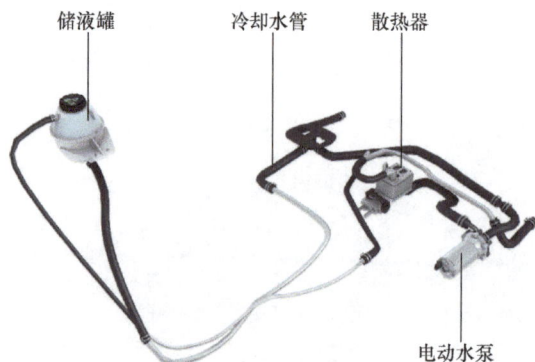

（3）风冷式

风冷式电池冷却系统是利用散热风扇将来自车厢内部的空气吸入动力电池箱，以冷却动力电池以及动力电池的控制单元等部件。

图 3-2-12　水冷式电池冷却系统

二、混合动力汽车电源系统维护方法

电源系统是混合动力汽车电驱动系统的动力源。混合动力汽车的使用经济性以及电池使用寿命均与电源系统的维护息息相关，因此做好混合动力汽车的维护主要是对电源系统进行维护。

混合动力汽车电源系统的维护主要分为动力电池维护和充电系统维护，参考项目二任务二中"二、纯电动汽车电源系统维护方法"。

三、混合动力汽车电源系统维护注意事项

1）对混合动力汽车电源系统进行维护时需要断开车辆电源开关、负极电缆以及动力电池维修塞，待车辆静置至少 5min 后才能进行维护工作。

2）即便断开了车辆动力电池维修塞，在进行维护作业时仍有可能碰触到动力电池电极，造成操作人员触电，因此操作人员在进行维护作业时需要全程穿戴绝缘手套。

3）定期检查混合动力汽车电源系统控制器软件版本，若发现需要升级，则需使用生产厂方推荐的专用诊断设备，否则可能造成软件升级错误，影响车辆正常使用。

4）由于动力电池内部电压较高，对于电池模组的测量应通过使用专用诊断设备读取数据流的间接测量方式来获取相应的数值。若需使用设备直接测量，则必须查看设备的量程与耐压防护等级，选择合适的测量设备。

5）由于厂方研发及保修管理的需求，应在每次保养时对电池容量进行测试及校正，以便记录及上传车辆电池容量信息，对车辆动力电池状态进行管理。

6）维护电源系统时应采用先易后难的方法。首先使用诊断仪检查故障，再拆解进行测量检查。测量检查应先检查电源系统工作情况，再检查高压系统的工作情况。

四、混合动力汽车电源系统维护周期

混合动力汽车电源系统维护周期见表 3-2-1。"I"表示必要时进行检查、修正或更换。

表 3-2-1　混合动力汽车电源系统维护周期

维护保养时间 维护保养项目	里程表读数（总里程）或月数，以先到者为准											
里程表读数 / 1 000km	3.5	11	18.5	26	33.5	41	48.5	56	63.5	71	78.5	86
月数	6	18	30	42	54	66	78	90	102	114	126	138
检查冷却水管有无损伤，并确认连接管部是否锁紧	I	I	I	I	I	I	I	I	I	I	I	I
检查膨胀罐内的冷却液液面高度	I	I	I	I	I	I	I	I	I	I	I	I
检查动力电池托盘、防撞杆	I	I	I	I	I	I	I	I	I	I	I	I
检查动力总成是否漏液、磕碰	I	I	I	I	I	I	I	I	I	I	I	I
检查高压线束或插接件是否松动、引脚是否烧蚀	I	I	I	I	I	I	I	I	I	I	I	I
检查高压模块外观是否变形、有油液	I	I	I	I	I	I	I	I	I	I	I	I
检查各充电插接器接口处是否有异物、烧蚀等情况	I	I	I	I	I	I	I	I	I	I	I	I
更换发动机（涡轮增压发动机）冷却液及驱动电机冷却液	每 4 年或 100 000km 更换长效有机酸型冷却液，以先到者为准											
容量测试及校正	每 6 个月或 72 000km											

实训演练

混合动力汽车电源系统维护

请扫描二维码，查看"混合动力汽车电源系统维护"技能视频，结合视频内容及相关资料，规范地完成混合动力汽车电源系统的维护实训。

实训工具与准备：

1）工具：

①常用工具：世达 100 件工具套装。

②专用工具：比亚迪 VDS2000 诊断仪、定扭扳手。

③测量工具：数字绝缘电阻表。

2）设备：2017 款比亚迪·秦。

3）防护用品：绝缘手套、防护服、绝缘鞋、车内外防护三件套。

4）耗材：抹布。

一、实训前准备

1）穿戴好个人防护用品。

2）准备好实训所需设备及工具。

3）铺设车内防护三件套。

4）检查确认车辆状态正常。

5）安装车外防护三件套。

二、在线检查

1. 车载充电机检测

1）将诊断仪插头连接至车辆 OBD 接口，并确保连接可靠。

2）按下车辆起动开关至"ON"状态。

3）打开诊断仪，选择对应的车型，进入诊断界面。

4）选择"ECU 模块"进行全车模块扫描。

5）待扫描完成后，选择"车载充电器"模块，读取故障码，如图 3-2-13 所示。

> **注意事项**：若存在故障码，请判断是否是真实故障，若不是，则请删除；若是，则请根据故障码维修。

6）读取"车载充电器"模块相关数据流。

> **注意事项**：根据读取结果判断是否存在不正常数据，若是，则需进一步查找原因。

2. DC-DC 总成检测

1）选择"DC-DC 总成"模块，读取故障码，如图 3-2-14 所示。

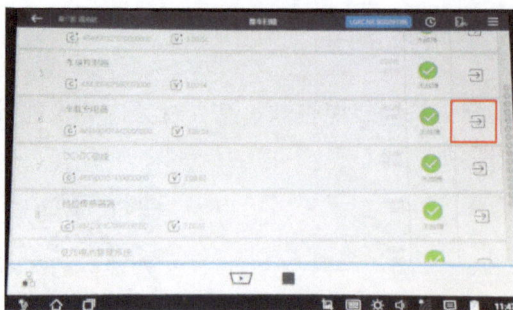

图 3-2-13　"车载充电器"模块　　　　图 3-2-14　"DC-DC 总成"模块

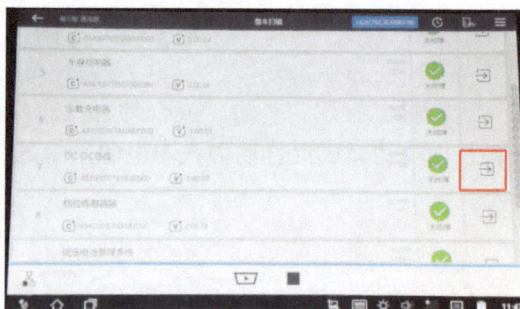

注意事项：若存在故障码，请判断是否是真实故障，若不是，则请删除；若是，则请根据故障码维修。

2）读取"DC-DC 总成"模块相关数据流。

注意事项：根据读取结果判断是否存在不正常数据，若是，则需进一步查找原因。

3. 低压电池管理系统检测

1）选择"低压电池管理系统"模块，读取故障码，如图 3-2-15 所示。

注意事项：若存在故障码，请判断是否是真实故障，若不是，则请删除；若是，则请根据故障码维修。

2）读取"低压电池管理系统"模块相关数据流。

注意事项：根据读取结果判断是否存在不正常数据，若是，则需进一步查找原因。

4. 动力电池管理系统检测

1）选择"电池管理系统 - 三元 80"模块，读取故障码，如图 3-2-16 所示。

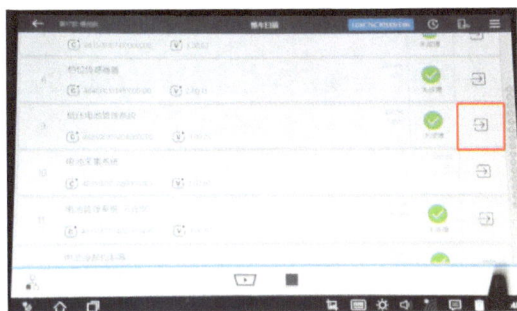

图 3-2-15　"低压电池管理系统"模块　　　图 3-2-16　"电池管理系统 - 三元 80"模块

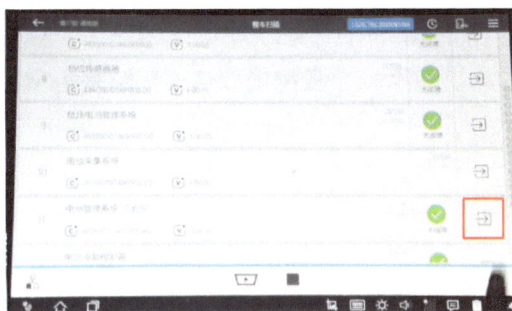

注意事项：若存在故障码，请判断是否是真实故障，若不是，则请删除；若是，则请根据故障码维修。

2）读取"电池管理系统 - 三元 80"模块相关数据流。

注意事项：根据读取结果判断是否存在不正常数据，若是，则需进一步查找原因。

5. 电池冷却系统检测

1）选择"电池冷却控制器"模块，读取故障码，如图 3-2-17 所示。

注意事项：若存在故障码，请判断是否是真实故障，若不是，则请删除；若是，则请根据故障码维修。

2）读取"电池冷却控制器"模块相关数据流。

> 🔔 **注意事项**：根据读取结果判断是否存在不正常数据，若是，则需进一步查找原因。

6. 漏电传感器检测

1）选择"漏电传感器"模块，读取故障码，如图 3-2-18 所示。

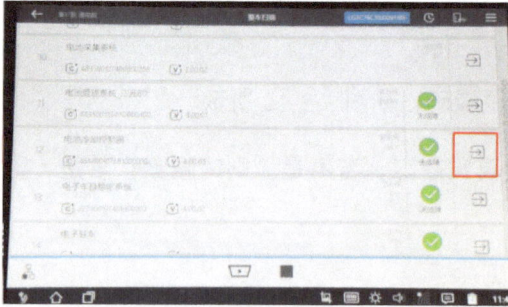

图 3-2-17　"电池冷却控制器"模块　　　　图 3-2-18　"漏电传感器"模块

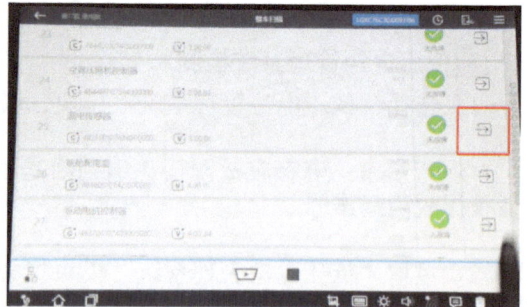

> 🔔 **注意事项**：若存在故障码，请判断是否是真实故障，若不是，则请删除；若是，则请根据故障码维修。

2）读取"漏电传感器"模块相关数据流。

> 🔔 **注意事项**：根据读取结果判断是否存在不正常数据，若是，则需进一步查找原因。

三、动力电池管理系统维护

1）断开低压蓄电池负极电缆。

> 🔔 **注意事项**：断开低压蓄电池负极电缆后，需等待 5 ～ 10min，待高压系统剩余电量释放完毕后，才能进行下一步操作。

2）用干净的抹布清洁电池管理控制器，如图 3-2-19 所示。

3）检查电池管理控制器外观是否有损伤、插接件连接是否可靠。

4）选用7mm套筒、棘轮扳手组合工具紧固电池管理控制器固定螺栓，如图 3-2-20 所示。

图 3-2-19　电池管理控制器　　　　图 3-2-20　电池管理控制器固定螺栓

四、动力电池包维护

1.基本检查

1）目视检查动力电池包冷却液液位是否在 MIN 和 MAX 之间。

> 🔔 **注意事项：当冷却液低于规定液位时，需及时适当添加。**

2）将举升车辆至合适位置。

3）检查动力电池包外部是否有损伤，并清洁动力电池包外部，如图 3-2-21 所示。

4）检查动力电池包是否有冷却液泄漏，如图 3-2-22 所示。

图 3-2-21　检查动力电池包外部

图 3-2-22　检查动力电池包是否泄漏

5）检查动力电池包高、低压插接件连接是否可靠，是否有进水痕迹，如图 3-2-23 所示。

6）检查动力电池包固定螺栓是否有松动。若有，则使用 19mm 套筒、接杆、定扭扳手组合工具紧固固定螺栓，紧固力矩为 135N·m，如图 3-2-24 所示。

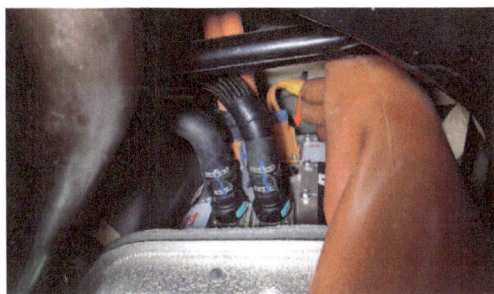

图 3-2-23　检查高、低压接插件

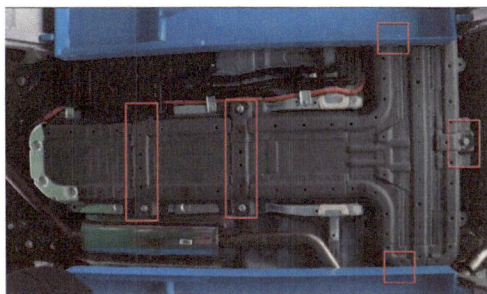

图 3-2-24　动力电池包固定螺栓

2.高压母线绝缘检测

1）断开动力电池高、低压插头。

2）校表。取出数字绝缘电阻表，将黑色表笔插入"EARTH"插孔，红色表笔插入"LINE"插孔，并检查仪器是否正常可用，如图 3-2-25 所示。

3）黑表笔连接车身搭铁，将数字绝缘电阻表调至 1 000V 测试档。

4）设定检测时间后，将红表笔连接动力电池高压母线正极端子。

5）按下测试按钮，检测动力电池高压母线正极绝缘电阻值。

6）用同样的方法检测动力电池高压母线负极绝缘电阻值，如图 3-2-26 所示。

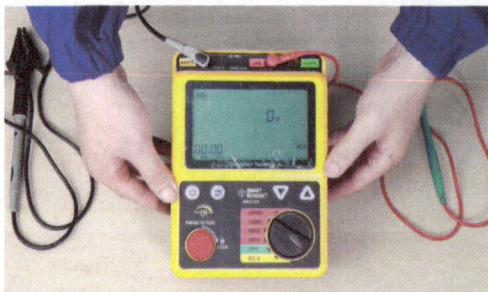

图 3-2-25　校表

图 3-2-26　检查高压母线绝缘电阻值

> ⚠ **注意事项**：标准值应大于 20MΩ，若测量值与标准数值不符，则说明高压母线正、负极绝缘故障，需进一步检修。

7）检测完成，取下数字绝缘电阻表。

8）安装动力电池高、低压母线插头，并确保安装牢靠。

9）连接动力电池低压插头。

五、充电系统维护

1.基本检查

1）检查随车充电线插头是否烧蚀，线束是否损坏，如图 3-2-27 所示。

2）检查慢充充口盖是否存在卡滞，慢充口是否有烧蚀等不良情况，如图 3-2-28 所示。

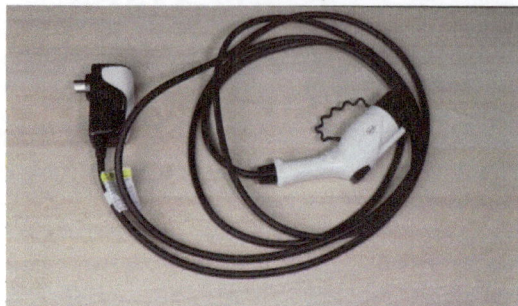

图 3-2-27　检查充电线插头

图 3-2-28　检查慢充充口盖

3）将充电线连接电源。

4）将充电口与车辆连接，观察仪表显示是否能正常充电以及随车充电线电源指示灯是否正常，绿灯闪烁为正常，如图 3-2-29 所示。

5）拔下随车充电线，并妥善放置。

2.慢充高压线绝缘检查

1）打开行李舱。

图 3-2-29　充电线电源指示灯

2）使用 10mm 套筒、接杆、棘轮扳手工具组合拆卸右侧行李舱内饰板固定螺栓，如图 3-2-30 所示。

3）使用翘板取下右侧 4 个内饰板护罩卡扣，如图 3-2-31 所示。

图 3-2-30 右侧内饰板固定螺栓

图 3-2-31 内饰板护罩卡扣

4）按顺序取出行李舱底部中间内饰板、工具箱、中间保护罩盖、右侧内饰板。

5）断开车载充电器的正极和负极插接件，如图 3-2-32 所示。

6）使用数字绝缘电阻表，检测车载充电器的正极绝缘电阻值，如图 3-2-33 所示。

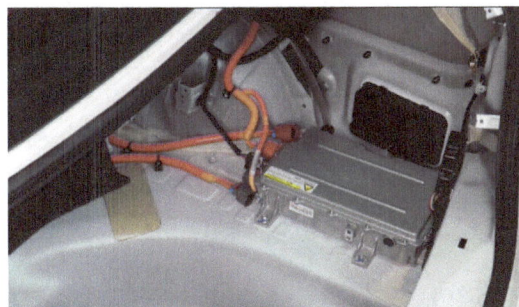

图 3-2-32 断开正负极插接件

图 3-2-33 检测正极绝缘电阻值

7）以同样的方法测量车载充电器负极端子的绝缘电阻，如图 3-2-34 所示。

> ⚠️ **注意事项**：标准值应大于 20MΩ，若测量值与标准数值不符，则说明车载充电器正、负极绝缘故障，需进一步检修。

8）测量结束后，取出数字绝缘电阻表，复位车载充电机的正、负极插头。

9）装复行李舱内饰板。

3. 低压充电系统维护

1）检查驱动电机控制器与 DC-DC 总成到低压蓄电池正极的线束连接是否可靠，如图 3-2-35 所示。

2）安装低压蓄电池负极电缆。

3）将起动开关置于 OK 位状态。

4）取出万用表并校准，如图 3-2-36 所示。

5）将数字万用表调至直流电压档，红表笔接蓄电池正极，黑表笔接蓄电池负极，测量电压值，如图 3-2-37 所示。

图 3-2-34　检测负极绝缘电阻值

图 3-2-35　检查驱动电机控制器与 DC-DC 总成连接线束

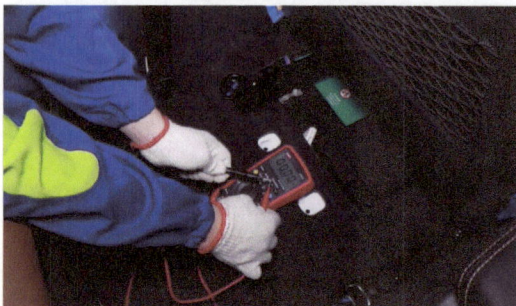

图 3-2-36　校表

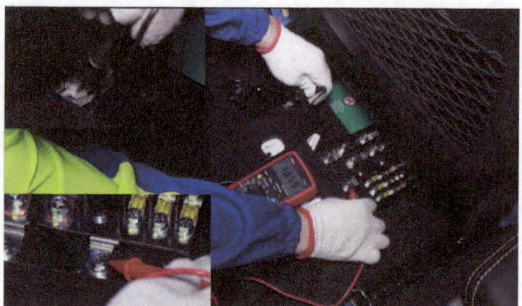

图 3-2-37　测量低压蓄电池电压

> 🔔 **注意事项：** 标准值应在 12 ~ 14V，若低于标准值，则需进一步检修。

6）关闭起动开关。

六、电源系统复检

1）再次连接诊断仪。

2）按下车辆起动开关至"ON"状态。

3）选择"ECU 模块"进行整车扫描，查看车辆各模块是否存在故障，若存在故障，则需进一步查找原因。

4）复检完毕，取出故障诊断仪。

七、整理清洁

按照 7S 管理标准，整理工具和场地。

任务练习

一、选择题

1）动力电池是电能装置的（　　　）。

A. 中心部件　　　　B. 重要部件　　　　C. 核心部件　　　D. 一般部件

2）混合动力汽车动力电池是（　　　）。

A. 动能储存装置

B. 机械能储存装置

C. 储存装置

D. 能量储存装置

3）电池模组是由电池模块（　　　）而成的单元。

A. 并联　　　　　　B. 串联　　　　　　　C. 串并联　　　　D. 组合

4）动力电池辅助加热装置是（　　　）。

A. 在温度较低的情况下预热动力电池使其达到正常的工作温度

B. 主要由电池 PTC 组成

C. 用于保证动力电池的使用性能

D. 以上都对

5）动力电池箱是（　　　）的组件。

A. 支撑、固定、包围动力电池

B. 支撑、包围动力电池

C. 支撑、固定

D. 固定、包围动力电池

二、判断题

1）动力电池辅助加热装置主要由电池 PTC 组成。　　　　　　　　　　（　　　）

2）动力电池箱是支撑、固定、包围动力电池的组件，动力电池箱有承载及保护动力电池组及电气元件的作用。　　　　　　　　　　　　　　　　　　　　　　　（　　　）

3）混合动力汽车上的高压维修开关，也称为高压维修塞。　　　　　　（　　　）

4）动力电池采样线的主要功能是连接电池管理控制器和电池信息采集器，实现二者之间的通信及信息交换。　　　　　　　　　　　　　　　　　　　　　　　　（　　　）

5）混合动力汽车充电系统主要通过家用插头和交流充电桩接入交流充电口，通过车载充电器将家用交流电转变为交流高压电给动力电池进行充电。　　　　　　（　　　）

6）目前，混合动力汽车动力电池冷却系统只有空调循环冷却式和水冷式两种类型。　　　　　　　　　　　　　　　　　　　　　　　　　　　　　　　　　　（　　　）

7）水冷式电池冷却系统是使用特殊的冷却液在动力电池内部的冷却液管路中流动，将动力电池产生的热量传递给冷却液，从而降低动力电池的温度。　　　　　　（　　　）

8）车载充电机位于行李舱左侧，主要由车载充电机箱体、车载充电机电路面板和散

热风扇组等部件组成。 （　　）

9）充电系统主要由交流充电口、车载充电机、高压配电箱、电池管理器和动力电池等组成。 （　　）

三、简答题

简述混合动力汽车电源系统维护的注意事项。

任务三　混合动力汽车控制系统维护

一辆比亚迪·秦混合动力汽车最近仪表显示屏上偶尔出现多种故障警告灯同时点亮的现象，且该现象发生时车辆无法上电。维修技师结合车辆的症状和行驶里程，建议对车辆的控制系统进行维护。你知道混合动力汽车控制系统维护的主要内容吗？如果把这一任务委派给你，你懂得如何进行作业吗？

学习目标

1）知道混合动力汽车控制系统的组成。
2）理解混合动力汽车控制系统各组成的功用。
3）掌握混合动力汽车控制系统的维护方法和维护标准。
4）知道混合动力汽车控制系统维护的注意事项。
5）能规范地对比亚迪·秦控制系统进行维护。

知识储备

控制系统是混合动力汽车的神经中枢，在混合动力汽车上普遍采用以计算机为核心的现代计算机技术和自动控制技术，各种智能控制系统包括自适应控制技术、模糊控制技术等实现混合动力汽车的控制。混合动力汽车控制系统，通过合理规划整车在具体行驶工况中的不同动作，使整车能量高效、合理地流动，且整车经济性、动力性、排放等各项指标达到最佳结合点。

一、混合动力汽车控制系统组成

为了达到混合动力汽车的控制要求，混合动力系统要实现数据交换、信息传递、故障诊断、安全监控、驾驶员意图解析、发动机和电动机能量协调管理、车身电器等辅助系统的控制等功能，从而实现混合动力汽车的动力性、安全性、舒适性和节能环保的控制目标。混合动力汽车控制系统主要由整车控制单元（VCU）、混合动力控制单元（HV ECU）、发动机控制单元（PCU）、电机控制器、车载充电机、电池管理器、高压电缆、驾驶员操纵传感器、数据总线、漏电监测装置、高压互锁系统、低压辅助电源、DC-DC 变换器以及电器辅助系统等组成，如图 3-3-1 所示。

信号 ——
高压电 ——
低压电 ——
CAN ⟷

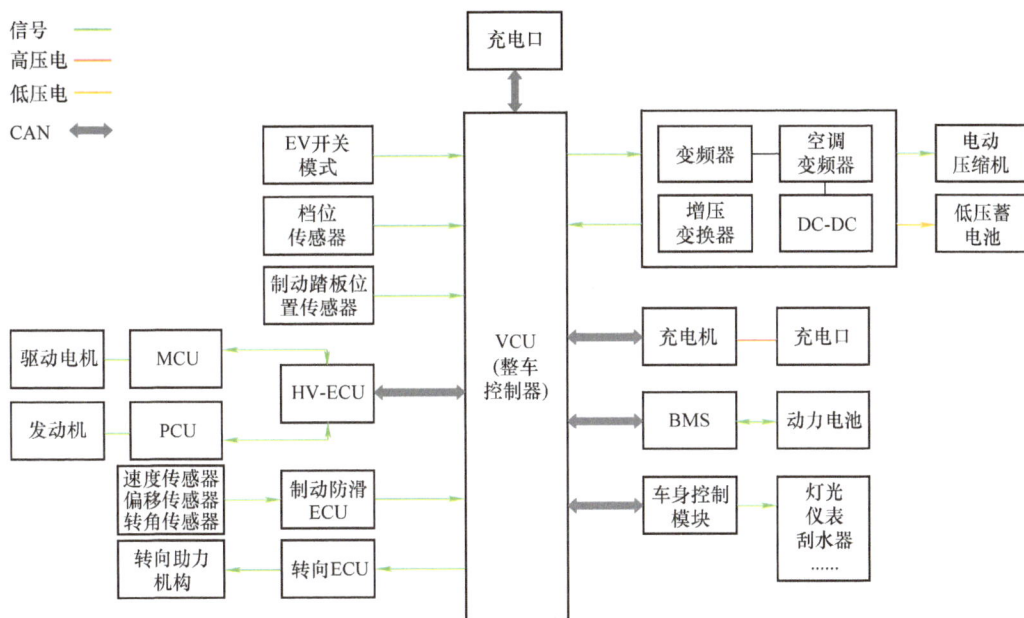

图 3-3-1　混合动力汽车控制系统组成

1. 整车控制器

整车控制器（Vehicle Control Unit，VCU，图 3-3-2）是整个汽车的核心控制部件，他采集加速踏板信号、制动踏板信号及其他部件信号，并进行分析判断，然后给下层控制器发出指令，做出相应判断后控制下层控制器的动作。具体来讲，VCU 采集驾驶员驾驶信号和车辆状态，通过 CAN 总线对网络信息进行管理，调度，分析和运算，进行相应的能量管理，实现混动驱动控制、发动机运行策略控制、能量优化控制、制动能量回馈控制、高压上 / 下电控制、充电过程控制、实时监测车辆状态和故障诊断与处理等功能。整车控制器通常安装于前机舱内贴近前舱防火墙位置。

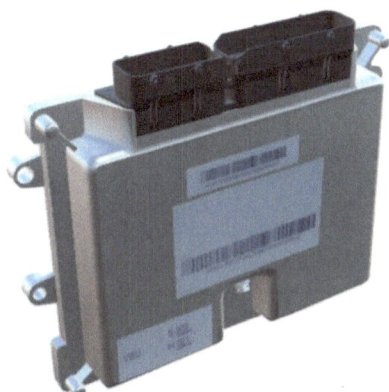

图 3-3-2　整车控制器

在混合动力汽车整车控制系统中，各种整车控制器硬件组成都大同小异，主要由印制电路板、壳体、线束插接器和固定螺栓等构成，印制电路板一般都是封装在铝制金属壳体内部，并通过线束插接件与整车线束相连接。

2. 高压配电装置

高压配电装置是整车高压电的一个电源分配装置，类似于低压电路系统中的电器熔丝盒，其作用是将动力电池输送的高压直流电分配给电机控制器、空调压缩机和 PTC 加热器等整车高压电器使用，实现对支路用电器的保护及切断控制，此外，交流慢充时充电电流也会经过高压配电装置流入动力电池为其充电。

高压配电装置的上游是动力电池，下游是电机控制器、DC-DC 变换器、PTC 水加热器、电动压缩机，还有充电相关的车载充电机和直流充电口，如图 3-3-3 所示。高压配电装置外部有高压端子、低压线束等插接口组成，内部主要由熔丝和芯片组成，以便与相关模块实现信号通信，确保整车高压用电安全。需要注意的是，高压配电装置内对电动压缩机回路、PTC 加热器回路、交流慢充回路各设有一个熔断器。当上述回路电流超过 90A 时，熔断器会在 15s 内熔断；当回路电流超过 150A 时，熔断器会在 1s 内熔断，保护相关回路。

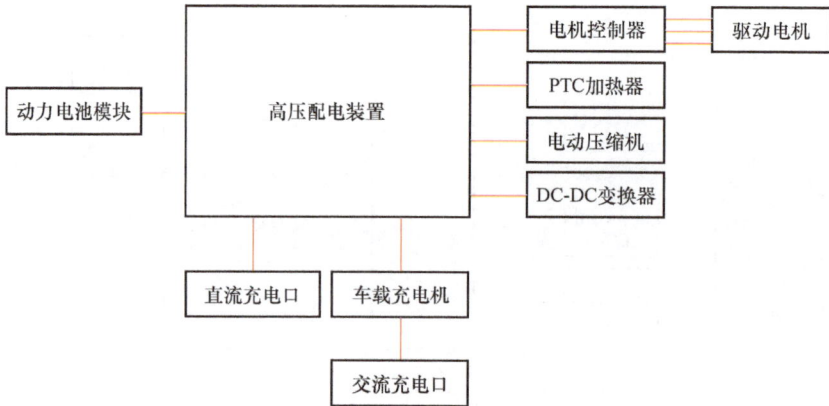

图 3-3-3　高压配电装置

3. 混合动力控制模块

混合动力控制单元（HV ECU）可以接收整车控制单元、发动机控制单元等传输的车辆状态相关信息，根据内部存储的控制逻辑进行分析处理，从而向发动机控制单元或者整车控制单元发出控制驱动电机、发动机以及动力电池工作的指令，使车辆合理地切换电机驱动和发动机驱动两个状态，最终有效控制动力系统的工作。

具体工作时，它根据请求转矩、再生制动控制和动力电池的 SOC（充电状态）信号，控制发电机（MG1）、电动机（MG2）和发动机，其工作状态由档位、加速踏板踩下角度和车速来确定。混合动力系统 ECU 监控动力电池的 SOC 和动力电池的温度、发电机（MG1）和电动机（MG2）以对这些项目实施最优控制。

4. 发动机控制模块

发动机控制模块是控制发动机的核心部件，其主要作用是根据各传感器的输入信息，控制发动机的燃油喷射和点火时刻，并为其他输出装置提供最佳的控制指令。此外，ECM 的作用还包括对自身故障、各传感器和执行元件、串行数据线、故障指示灯电路进行检测，当检测到故障时，ECM 记忆相应的故障码并采取有关措施。

发动机控制模块通常安装于前机舱内，离发动机较近的位置，一般使用金属材料制作发动机控制模块外壳以保证其工作的稳定性。

5. 驱动电机控制器

驱动电机控制器与 DC 总成位于发动机舱，驱动电机控制器与 DC 总成的作用主要有两个：一是，将高压动力电池包的高压电转换为 12V 直流电压和驱动电机所需电压，分别为车辆的辅助设备和驱动电机供电；二是，将驱动电机的动能转化为电能储存到高压动力电池中。

6. 电池管理器

电池管理器（BMS）通常安装于动力电池附近或动力电池包内部，是电池保护和管理的核心部件。作为电池和各控制器以及驾驶员沟通的桥梁，电池管理器不仅要保证电池安全、可靠地使用，而且要充分发挥电池的能力和延长使用寿命。此外，电池管理器通过控制接触器控制动力电池组的充、放电，并向整车控制系统上报动力电池系统的基本参数及故障信息。

7. 总线通信系统

混合动力汽车信息通信系统是通过车载总线实现的，因此混合动力汽车的信息通信系统主要是车载总线，这里主要介绍车载总线相关内容。

总线是整车控制系统中各控制模块之间信号传输的通道，控制总线是传输控制信号的传输线束，它相当于各控制模块间运行控制数据的通道，即所谓的信息高速公路。对于汽车而言，控制模块之间应该可以发送和接收控制数据，需要进行双向控制数据的传输，因此汽车上使用的车用总线为数据总线。

总线通信系统采用分布式布置方式。通常高压系统各控制模块中均会设有通信系统，通过网线连接成总线系统，总线通信系统各设备负责与外部诊断设备的连接和诊断通信，实现诊断服务，包括数据流读取、故障码的读取和清除、控制端口的调试。

8. 高压互锁

混合动力汽车为了保证行车过程中高压电的正常传输，并尽量降低误操作对人员和设备造成的伤害，配备了高压互锁。这个高压互锁可以监测到高压电路连接异常或未连接，并在高压断电之前给整车控制器提供报警信息，预留整车系统采取应对措施的时间；也可以在人为误操作时，防止整个回路电压加在断点两端造成对周围的人员和设备造成伤害。

混合动力汽车高压互锁是一个串联电路，可以利用低压信号来监测高压系统电器、导线、导线插接器以及电器保护盖等电气完整性的低压电路。如图 3-3-4 所示，高压动力电池总成、电机控制器、电动空调压缩机总成，以及驱动电机总成的导线插接器组成的高压互锁回路。

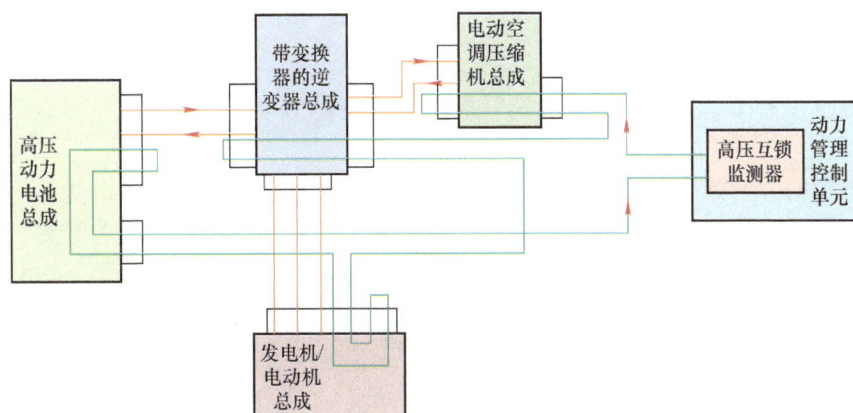

图 3-3-4　电动汽车高压互锁回路

互锁系统中高压动力电池总成、电机控制器等相关的高压部件插接器中安装的互锁开关，如图 3-3-5 所示。

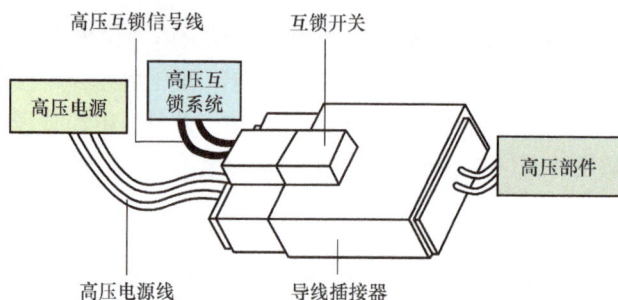

图 3-3-5　高压部件导线插接器中的互锁开关

9. 漏电监测装置

混合动力汽车的绝缘监测装置也称为漏电传感器，它可以准确、实时地检测高压系统对车辆底盘的绝缘性能，以保证乘客安全、电气设备正常工作和车辆安全运行是纯电动汽车必备的漏电保护装置。当高压系统漏电时，漏电传感器会发送漏电信息给电池管理器，电池管理器接收到漏电信息，判定漏电情况，并在电池管理器接收到漏电信号以后报警，并控制立即断开高压系统，防止高压漏电对人或者物品造成伤害和损失。

绝缘检测装置，是通过监测动力电池输出的高压负极母线与车身底盘之间的绝缘电阻，来判断高压电池包的漏电程度。当测得绝缘电阻大于 100～120kΩ 时，表明绝缘情况正常；当测得绝缘阻值小于或等于 100～120kΩ 时，表明一般漏电；当绝缘阻值小于或等于 20kΩ 时，表明严重漏电。当动力电池包漏电时，传感器发出一个信号给电池管理控制器，电池管理控制器接到漏电信号后，进行相关保护操作并报警，放置动力电池包的高压外泄，造成人或物品的伤害和损失，漏电监测原理如图 3-3-6 所示。

10. 驾驶员操纵传感器

驾驶员操纵传感器主要包括档位传感器、制动踏板位置传感器、加速踏板位置传感器，如图 3-3-7 所示。

（1）档位传感器

档位传感器的作用是检测汽车变速杆的位置，并将信号送给整车控制器，为控制汽车的行驶状态提供必要的信息。

按照不同的分类标准，档位传感器可分为不同的类型。档位传感器分为接触式和非接触式，由于接触式档位传感器的工作过程会有磨损，其寿命、可靠性通常较差，所以优先选择非接触式档位传感器。而非接触式传感器目前大多采用霍尔式传感器和光电式传感器。常用的档位传感器有霍尔式和光电式，混合动力汽车大多采用光电式档位传感器。

（2）制动踏板位置传感器

制动踏板位置传感器安装在制动踏板轴的一端，如图 3-3-8 所示。它用于监测制动踏板的位置，有的也可以作为后制动灯的开关。

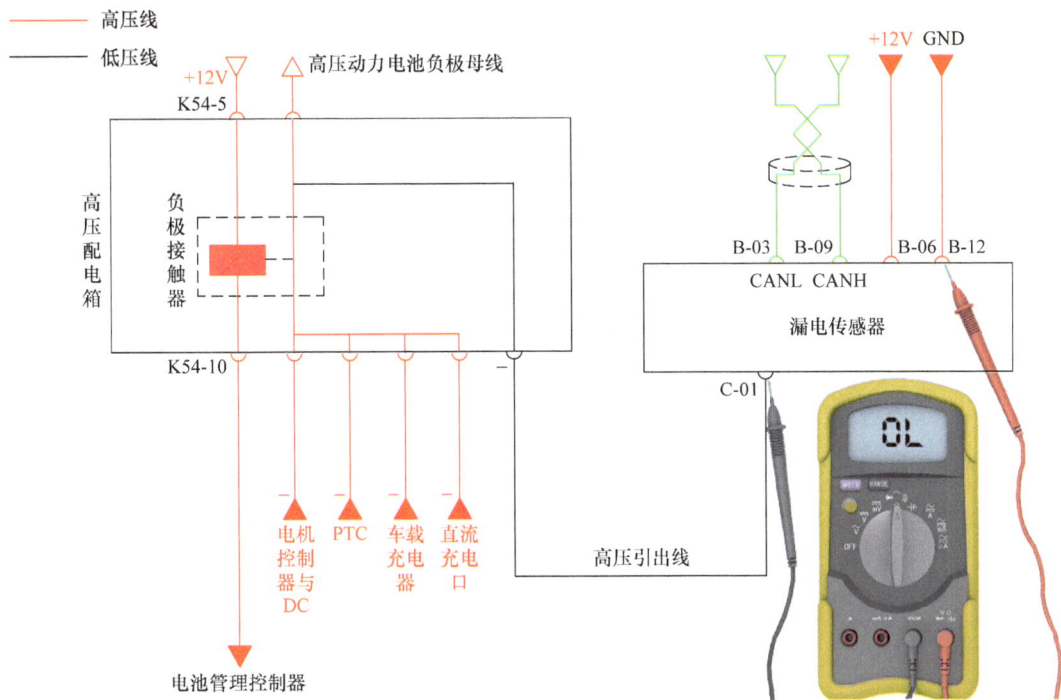

图 3-3-6　漏电传感器工作原理

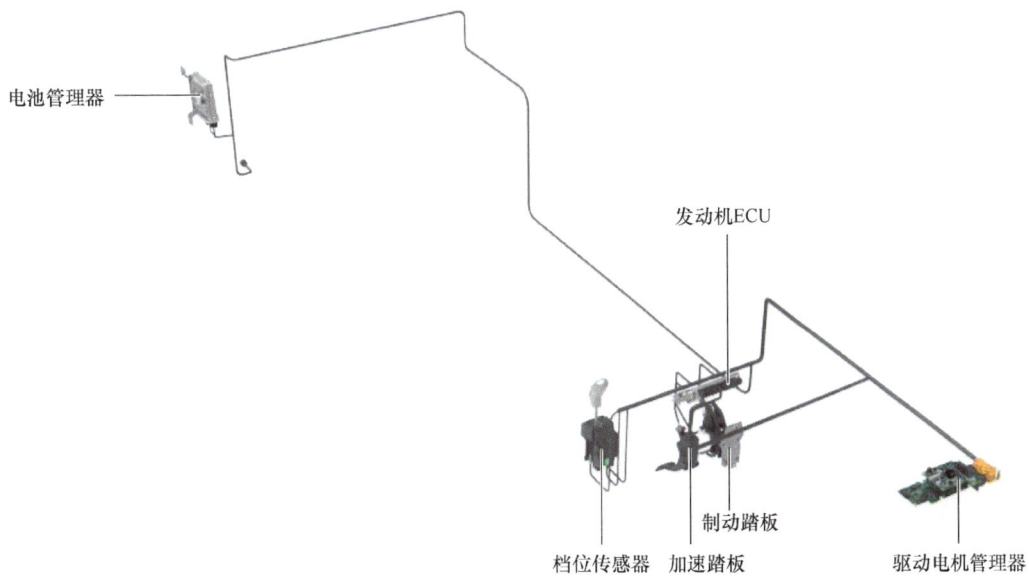

图 3-3-7　驾驶员操纵传感器

制动踏板位置传感器有霍尔式、滑动电阻式和开关型三种，为了提高信息检测的精确度，现出现了新型制动踏板位置传感器，包括双滑动电阻式和线性双霍尔式两种。混合动力汽车广泛应用的是双滑动电阻型制动踏板位置传感器。

（3）加速踏板位置传感器

加速踏板位置传感器俗称油门位置传感器，安装在驾驶室加速踏板轴的一端，如图 3-3-9 所示，用于检测汽车加速或减速信号。

加速踏板位置传感器有霍尔式和滑动电阻式两种，新型加速踏板位置传感器有双滑动电阻式和线性双霍尔式，混合动力汽车中常用的为滑动电阻型加速踏板位置传感器。

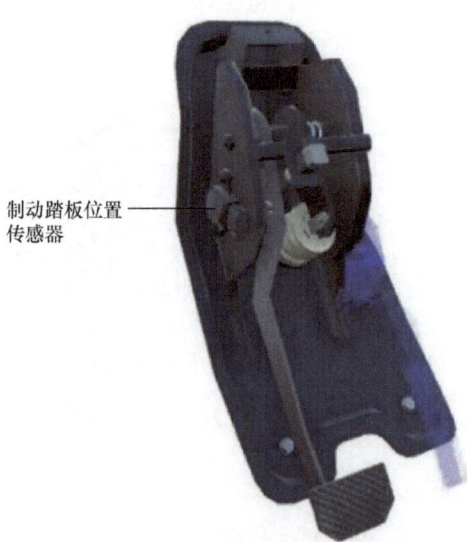

制动踏板位置传感器

加速踏板位置传感器

图 3-3-8　制动踏板位置传感器位置　　　　图 3-3-9　加速踏板位置传感器位置

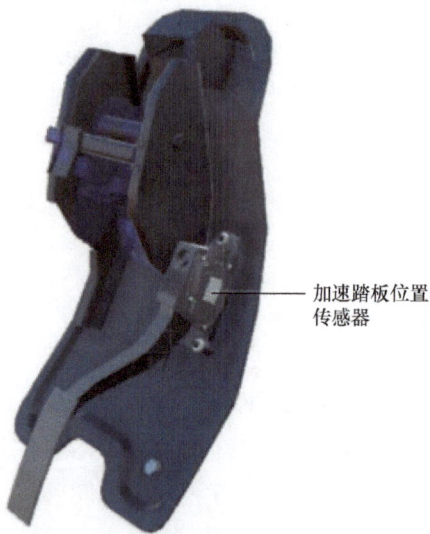

二、混合动力汽车控制系统维护方法

混合动力汽车控制系统的维护主要以外观检查和电气检测为主，检查内容包括控制系统器件外观的基本检查、控制系统器件高压线束的检查、高压部件性能检查、车辆故障码检测和车载网络检查。

1. 控制系统器件的外观基本检查

混合动力汽车控制系统器件的基本检查主要包括低压部件和高压部件的外观检查。

（1）低压部件外观的基本检查

低压部件外观检查主要是检查整车控制模块及其连接线束、电池管理器及其连接线束。具体检查内容如下。

1）检查整车控制模块。确认其表面无异物附着，外观无明显的破损、烧蚀和外壳脱落情况。

2）检查整车控制模块连接线束。确认线束无绝缘破损、高温烧蚀、碰撞变形和外伤等情况发生。

3）检查电池管理器。确认其外观正常，无明显的破损、烧蚀和外壳脱落情况。

4）检查电池管理器连接线束。确认线束无绝缘破损、高温烧蚀、碰撞变形和外伤等情况发生。

（2）高压部件外观基本检查

驱动电机 DC-DC 变换器和高压配电盒都属于高压部件，具体检查内容为：

1）检查驱动电机 DC-DC 变换器、高压配电盒表面无异物附着，外观无明显的破损、烧蚀和外壳脱落情况。

2）清洁驱动电机 DC-DC 变换器、高压配电盒表面散热片，确保散热片表面清洁，以保证散热时风道通畅，散热片热传导良好。

3）使用定扭扳手紧固驱动电机控制器 DC-DC 变换器和高压配电盒的固定螺栓，固定转矩应为（25±5）N·m。

2. 控制系统器件高压电缆检查

1）检查驱动电机控制器 DC-DC 变换器、高压配电盒各连接电缆及插接器无破损、裂纹，绝缘老化、烧蚀等情况发生。

2）使用绝缘电阻表 1 000V 测试档检测驱动电机控制器 DC-DC 变换器、高压配电盒各连接线束与车身搭铁之间的绝缘电阻值，测量结果应大于 20MΩ，若低于标准值，则需进一步检查高压电缆，必要时进行更换。

3. 高压部件性能检查

1）使用绝缘电阻表 1 000V 测试档，检测 DC-DC 变换器、高压配电盒线束连接端口与车身搭铁之间的绝缘电阻值，测量结果应大于 20MΩ，若低于标准值，则说明该高压部件可能存在绝缘不良故障。

2）将车辆点火开关状态调节至 OK 位，使用万用表测量 DC-DC 变换器输出电压，测量值应在 13.2～16V 范围内。若低于标准值，则需要进一步检测 DC-DC 变换器。

4. 车辆故障码检查

车辆故障码检测需要遵循以下步骤。

1）将车辆停放至合适位置，挂入 P 位，拉起驻车制动器。

2）安装车辆故障诊断仪。

3）打开车辆点火开关至 ON 位，并使用诊断仪读取车辆信息。

4）进入故障诊断界面读取整车控制系统的相关故障码。

5）若有必要可再读取车辆数据流。

6）若系统存在故障，则需根据故障码提示，进一步检测整车控制系统。

7）确认系统无故障后需要检查整车控制模块软件是否存在更新，若存在更新，则需要及时更新整车控制模块软件。

5. 车载网络检查

1）连接车辆适配器。

2）使用万用表电压档测试动力网 CAN-H 和 CAN-L 的工作电压值，CAN-L 应在 1.5～2.5V 内，CAN-H 应在 2.5～3.5V 内。

3）关闭车辆点火开关，断开低压蓄电池负极电缆。

4）使用万用表电阻档测量动力网终端电阻值，正常情况下应该为 60Ω；若在断线情况下检测，则应为 120。

5）装复低压蓄电池负极电缆，打开点火开关。

6）使用示波仪监测动力网 CAN-H 和 CAN-L 的波形，波形应为标准的数字方波信号，CAN-H 波形与 CAN-L 波形呈镜像对称。

三、混合动力汽车控制系统维护注意事项

1）进行混合动力汽车控制系统外观检查和维护时，可以不用断开车辆高压维修开关，但是为防止高压系统部件发生故障漏电引发触电事故，维修人员操作时需全程穿戴高压绝缘防护装备。

2）维护过程中若需要对整车控制系统高压部件进行绝缘检测或插拔高压电缆插接器，则需遵循要求拆卸低压蓄电池负极电缆，断开高压维修开关，等待 15min 后再进行操作。

3）对混合动力动汽车控制系统进行维护时要注意查询厂方的相关公告，及时根据厂方指导要求更新控制系统软件，以免在某种程度上影响车辆的混动程度控制、能量回收控制功能。

4）使用厂方规定的诊断仪对控制系统进行故障码检查和软件升级，否则可能会造成故障码错误解析或软件升级过程中出现异常，导致车辆无法使用。

四、混合动力汽车控制系统维护周期

比亚迪·秦汽车控制系统维护周期可依照表 3-3-1 所示的内容进行。

表 3-3-1　比亚迪·秦控制系统维护周期（总里程）

维护保养时间 / 维护保养项目	里程表读数（总里程）或月数，以先到者为准											
里程表读数 / 1 000km	3.5	11	18.5	26	33.5	41	48.5	56	63.5	71	78.5	86
月数	6	18	30	42	54	66	78	90	102	114	126	138
检查膨胀罐内冷却液的液面高度	I	I	I	I	I	I	I	I	I	I	I	I
检查高压线束或插接件是否松动、引脚是否烧蚀	I	I	I	I	I	I	I	I	I	I	I	I
检查高压模块外观是否变形、有油液	I	I	I	I	I	I	I	I	I	I	I	I
检查高压部件是否有涉水痕迹	I	I	I	I	I	I	I	I	I	I	I	I
检查整车模块是否有软件更新，有则更新	I	I	I	I	I	I	I	I	I	I	I	I

注：I 表示必要时进行检查、修正或更换。

实训演练

混合动力汽车控制系统维护

请扫描二维码，查看"混合动力汽车控制系统维护"技能视频，结合视频内容及相关资料，规范地完成控制系统的维护实训。

实训工具与准备：

1）工具：
① 专用工具：比亚迪 VDS 2000 诊断仪。
② 常用工具：世达 100 件工具套装。
2）设备：2017 款比亚迪·秦、举升机。
3）防护用品：防护服、车内外防护三件套。

一、实训前准备

1）穿戴好个人防护用品。
2）铺设车内防护三件套。
3）检查确认车辆状态是否正常。
4）安装车外防护三件套。

二、控制系统在线检测

1. 驱动电机控制器检测

1）连接诊断仪至车辆诊断接口，并确保连接可靠。

> **注意事项：** 连接车辆 OBD 诊断接口之前须确保车辆起动开关处于"OFF"状态。

2）按下车辆起动开关至"ON"状态。
3）打开诊断仪，选择对应车型，进入诊断界面。
4）选择"ECU 模块"进行全车模块扫描。
5）待扫描完成后，选择"驱动电机控制器"模块，读取故障码，如图 3-3-10 所示。

> **注意事项：** 若存在故障码，请判断是否是真实故障，若不是，则请删除；若是，则请根据故障码维修。

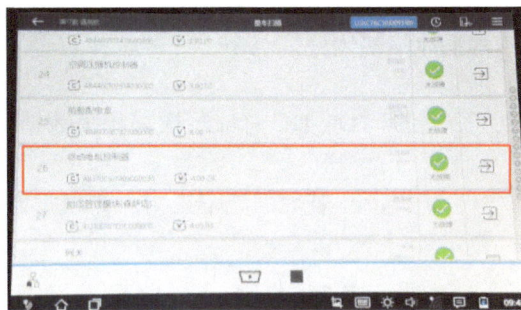

图 3-3-10　读取"驱动电机控制器"模块故障码

6）读取"驱动电机控制器"模块相关数据流，并根据读取结果判断是否存在不正常数据，如图 3-3-11 所示。

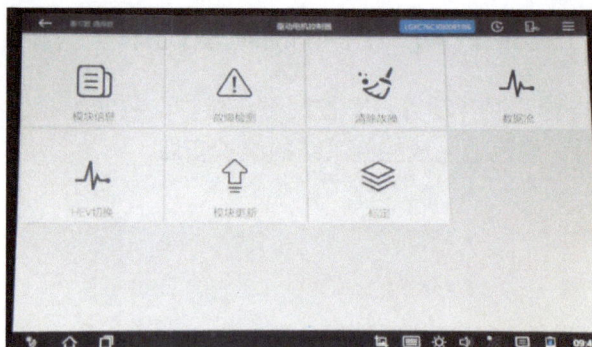

图 3-3-11　读取"驱动电机控制器"数据流

注意事项：若数据流不正常，则需根据数据进一步查找原因。

2. DC-DC 总成检测

1）选择"DC-DC 总成"模块，读取故障码，如图 3-3-12 所示。

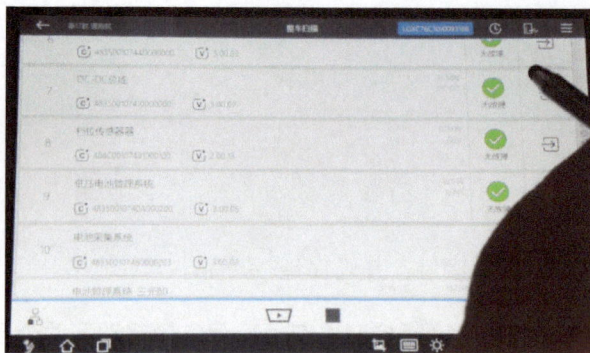

图 3-3-12　"DC-DC 总成"模块

注意事项：若存在故障码，请判断是否是真实故障，若不是，则请删除；若是，则请根据故障码维修。

2）读取"DC-DC 总成"模块相关数据流，并根据读取结果判断是否存在不正常数据。

注意事项：若数据流不正常，需根据数据进一步查找原因。

3. 电池管理系统检测

1）选择"电池管理系统 - 三元 80"模块，读取故障码，如图 3-3-13 所示。

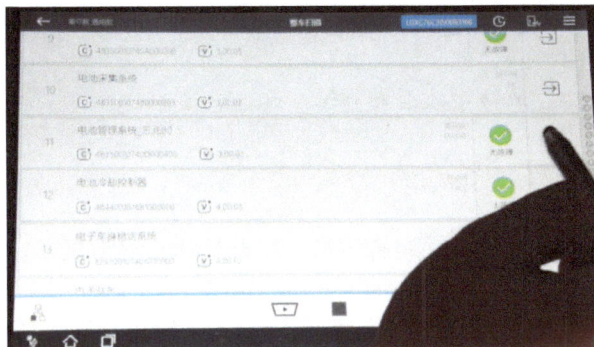

图 3-3-13　"电池管理系统 - 三元 80"模块

注意事项：若存在故障码，请判断是否是真实故障，若不是，则请删除；若是，则请根据故障码维修。

2）读取"电池管理系统 - 三元 80"模块相关数据流，并根据读取结果判断是否存在不正常数据。

注意事项：若数据流不正常，则需根据数据进一步查找原因。

4. 发动机控制器检测

1）选择"发动机控制器 _1.5TID"模块，读取故障码，如图 3-3-14 所示。

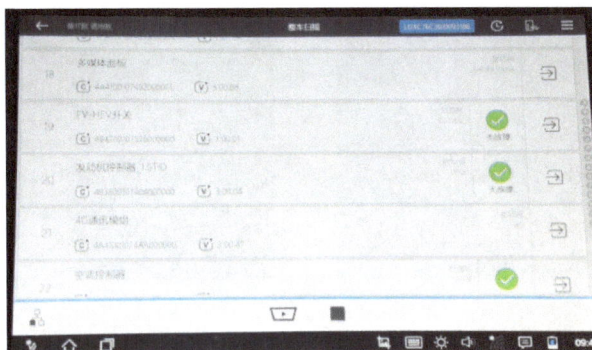

图 3-3-14　"发动机控制器 _1.5TID"模块

注意事项：若存在故障码，请判断是否是真实故障，若不是，则请删除；若是，则请根据故障码维修。

2）读取"发动机控制器 _1.5TID"模块相关数据流，并根据读取结果判断是否存在不正常数据。

> 🔔 **注意事项：** 若数据流不正常，则需根据数据进一步查找原因。

3）检查完毕，退出诊断界面。

4）关闭诊断仪电源开关及车辆电源开关，拔下诊断插头。

三、驱动电机控制器及 DC-DC 总成维护

1）使用 10mm 套筒，棘轮扳手组合工具，断开低压蓄电池负极。

> 🔔 **注意事项：** 断开低压蓄电池负极电缆后，需等待 5min 以上，待高压系统剩余电量释放完毕后，才能进行下一步操作。

2）用干净的抹布清洁驱动电机控制器及 DC-DC 总成。

3）检查驱动电机控制器及 DC-DC 总成外观是否有损伤、插接件连接是否可靠。

4）使用内四角套筒、棘轮扳手组合工具紧固驱动电机控制器及 DC-DC 总成上盖固定螺栓。

四、发动机控制器维护

1）用干净的抹布清洁发动机控制器。

2）检查发动机控制器外观是否有损伤、插接件连接是否可靠，如图 3-3-15 所示。

3）选用 10mm 套筒、棘轮扳手组合工具紧固发动机控制器固定螺栓，如图 3-3-16 所示。

图 3-3-15　发动机控制器　　　　图 3-3-16　发动机控制器固定螺栓

五、电池管理控制器维护

1）用干净的抹布清洁电池管理控制器。

2）检查电池管理控制器外观是否有损伤、插接件连接是否可靠，如图 3-3-17 所示。

3）选用 7mm 套筒、棘轮扳手组合工具紧固电池管理控制器固定螺栓，如图 3-3-18 所示。

图 3-3-17 电池管理控制器

图 3-3-18 电池管理控制器螺栓

4）安装低压蓄电池负极电缆。

六、整车控制系统复检

1）再次连接诊断仪至车辆。

2）按下起动开关使车辆进入"ON"位状态。

3）选择"ECU 模块"进行整车扫描。

4）查看各控制模块是否有故障。

🔔 **注意事项**：若有故障，则需根据数据对车辆做进一步检查；若无故障，则断开诊断仪并复位。

七、整理清洁

按照 7S 管理标准，整理工具和场地。

任务练习

一、选择题

1）当回路电流超过（   ）时，熔断器会在 1s 内熔断，保护相关回路。

A. 50A   B. 80A   C. 120A   D. 150A

2）驱动电机控制器与 DC-DC 总成的作用是将动力电池包的高压电转换为（   ）直流电压和驱动电机所需的电压，分别为车辆的辅助设备和驱动电机供电。

A. 6V   B. 12V   C. 24V   D. 36V

3）当测得的绝缘电阻值小于或等于 $100 \sim 120k\Omega$ 时，表明（   ）。

A. 严重漏电   B. 正常   C. 一般漏电   D. 部件已损坏

二、判断题

1）整车控制器通常安装于前机舱内远离前舱防火墙的位置。   （   ）

2）在混合动力汽车整车控制系统中，各种整车控制器硬件的组成都大同小异，主要由印制电路板、壳体、线束插接座和固定螺栓等构成，印制电路板一般都是封装在铝制金属壳体内部，并通过线束插接件与整车线束相连接。　　　　　　　　　　　（　　）

3）高压配电装置是整车高压电的一个电源分配装置。　　　　　　　　　　（　　）

4）高压配电装置的下游是动力电池，上游是电机控制器、DC-DC 变换器、PTC 水加热器、电动压缩机。　　　　　　　　　　　　　　　　　　　　　　　　　（　　）

5）高压配电装置内电动压缩机回路、PTC 加热器回路、交流慢充回路各设有一个熔断器。　　　　　　　　　　　　　　　　　　　　　　　　　　　　　　　　（　　）

6）发动机控制模块通常安装于前机舱内，离发动机较远的位置，一般使用金属材料制作发动机控制模块外壳以保证其工作的稳定性。　　　　　　　　　　　　　（　　）

7）总线通信系统采用分布式布置方式。　　　　　　　　　　　　　　　　（　　）

8）混合动力汽车为了保证行车过程中高压电的正常传输，并尽量降低误操作对人员和设备造成的伤害，配备了高压互锁。　　　　　　　　　　　　　　　　　　（　　）

9）混合动力汽车高压互锁是一个并联电路。　　　　　　　　　　　　　　（　　）

10）绝缘检测装置，是通过监测动力电池输出的高压负极母线与车身底盘之间的绝缘电阻，来判断高压电池包的漏电程度。　　　　　　　　　　　　　　　　　　（　　）

三、简答题

1）简述车辆故障码检测需要遵循的步骤。

2）简述车载网络检查的步骤。

项目四

新能源汽车底盘系统维护

汽车底盘由传动系统、行驶系统、转向系统和制动系统四部分组成。底盘系统的功用是接收发动机的动力，保证汽车的整体造型，并且缓和不平路面传给车身的冲击和振动，保证乘员的驾驶舒适性。

本项目以比亚迪·秦为例，简要介绍了传动系统、行驶系统、转向系统和制动系统的组成，在此基础上进一步讲解四大系统的维护方法、维护时的注意事项以及维护周期。

任务一　变速齿轮机构维护

李先生有一辆比亚迪·秦混合动力汽车，车辆的行驶里程即将达到 60 000km。根据车辆维修手册的规定，60 000km 需要对变速齿轮机构进行保养维护。你知道新能源汽车变速齿轮机构维护的主要内容吗？如果把这一任务委派给你，你该如何进行作业？

学习目标

1）知道新能源汽车变速齿轮机构的构成。
2）掌握新能源汽车变速齿轮机构的维护方法。
3）知道新能源汽车变速齿轮机构维护的注意事项。
4）能够对比亚迪·秦的变速齿轮机构进行维护。

知识储备

现代汽车复杂的使用条件需要汽车驱动力和车速能在相当大的范围内变化，为解决这一问题，汽车中安装了变速器。它能够实现改变传动系统转速比，扩大驱动轮转矩和转速的变化范围，以适应经常变化的行驶条件，同时使发动机在有利的工况下工作，使汽车在发动机曲轴旋转方向不变的前提下能够倒退行驶等功能。

本任务以混合动力汽车的变速传动机构为例，主要介绍该机构的类型、组成、维护方法、注意事项以及维护周期。

一、变速齿轮机构类型及组成

1.类型

在传统汽车中，变速齿轮机构可分为手动变速器、AT 变速器、CVT 变速器、DCT 变速器等。纯电动汽车由于其驱动电机的特性决定了传动系统可脱离变速器，直接采用电机驱动即可带动车辆平稳、高效地行驶，因此在纯电动汽车上较少使用变速器部件，通常使用固定传动比的主减速器来替代变速器。而混合动力汽车大多数使用档位较少的变速器对发动机进行降速增矩，而比亚迪·秦混合动力汽车使用双离合自动变速器。

2.组成

双离合变速器（DCT，Dual Clutch Transmission）又称为"直接换档变速器"，该变速器综合了手动变速器与自动变速器的优点，实现了机、电、液的组合。

比亚迪双离合变速器由壳体总成、双离合器、变速齿轮机构、换档操纵机构、DCT 控制系统以及变速器油构成。

（1）壳体总成

双离合变速器中的壳体总成主要包括变速器壳体、离合器壳体、机油泵罩盖、机械电子组件罩盖，外部构成。

（2）双离合器

双离合器位于发动机与变速器之间，是发动机与变速器动力传递的"开关"，它是一种既能传递动力，又能切断动力的传动机构。双离合器由离合器盖罩、驱动盘、K1内片支架、K1内摩擦片、K1分离弹簧、K2内片支架、K2内摩擦片、K2分离弹簧和外片支架等构成，其内部结构如图4-1-1所示。

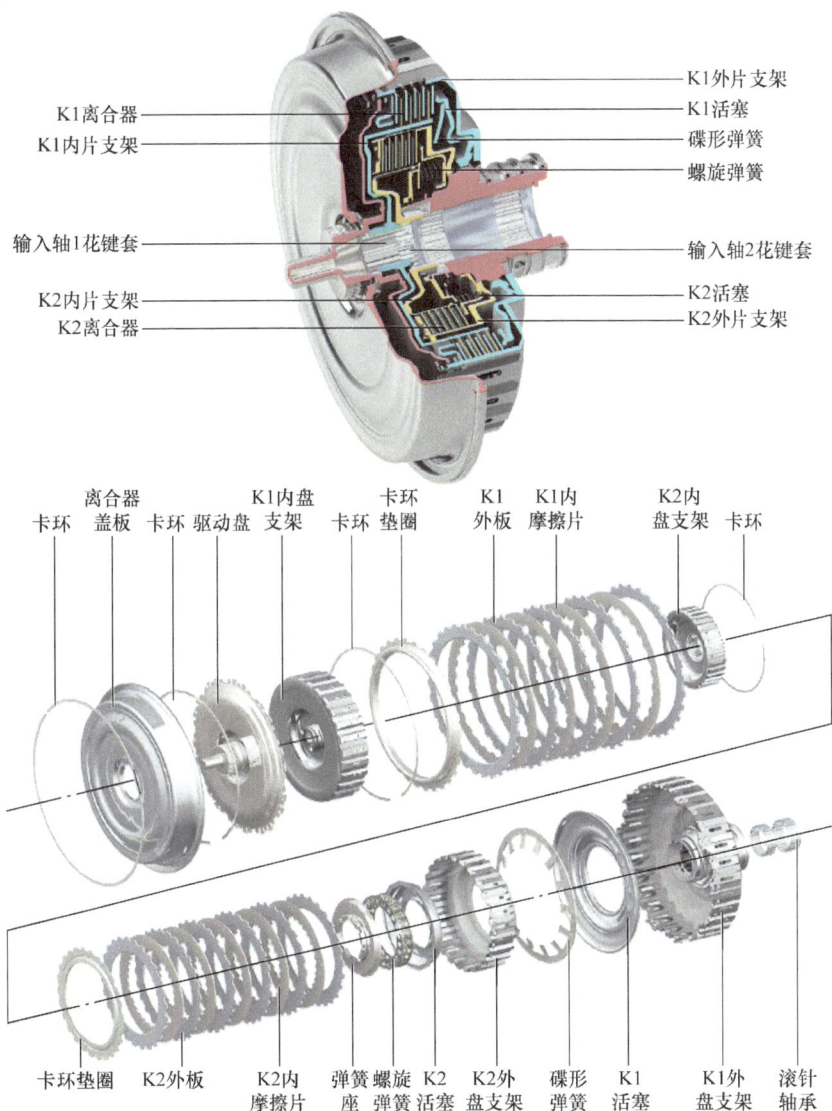

图4-1-1　离合器内部结构

（3）变速齿轮机构

变速齿轮机构位于双离合器和液压循环系统组件中间，通过不同变速齿轮的啮合产生不同的传动比，从而改变车辆行驶速度和行驶方向。比亚迪·秦双离合变速器的变速齿轮机构可以产生6个前进档和1个倒档。

（4）换档操纵机构

比亚迪·秦的换档操纵机构既是控制单元，也是传感器，它通过4颗螺栓固定在驾驶员与前排乘客之间的中央通道上，由变速杆传感器控制单元 J587、驻车锁电磁阀 N110、应急解锁装置、点火钥匙防拔锁等部件构成，如图 4-1-2 所示。

（5）DCT 控制系统

DCT 控制系统是整个变速器工作的指挥中枢，它装在变速器内部，根据发动机 ECU、ABS 系统 ECU 以及内部各传感器传递过来的信息和运动参数，再根据电控单元内部设置的程序，向各个执行元件发出指令，实现对变速器的各种控制。

DCT 控制系统由电控系统和液压控制系统两部分组成。电控系统包括传感器、电控单元、电磁阀、档位开关，如图 4-1-3 所示。

图 4-1-2　换档操纵机构结构图

图 4-1-3　电控系统

液压控制系统包括液压阀体和滑阀。阀体内有多条油路，滑阀的动作可改变油路的走向。

（6）自动变速器油

自动变速器油用于变速器内，是能够润滑、传力和清洗变速器的油液产品。自动变速器油的好坏直接影响着变速器的操作性能，因此新能源汽车变速齿轮机构的维护主要是对自动变速器油进行维护，自动变速器油具有以下特性。

1）黏温特性。自动变速器油的使用温度范围一般为 $-25 \sim 170℃$。因此，必须具有适宜的高温黏度、较高的黏度指数和较低的倾点。

2）热氧化安定性。自动变速器油在使用的过程中，在高温、氧气、金属催化等因素下会逐渐氧化变质。氧化变质后会产生酸性物质腐蚀金属，降低自动变速器油的绝缘性能；增加黏度，导致油液传热性变差，冷却效果降低；产生沉淀及油泥，堵塞管路、油孔过滤器。因此，自动变速器油必须具有热氧化安定性。

3）密封材料适应性。自动变速器油应与自动变速器中各部分的密封材料相适应，不应使它们有明显的膨胀、收缩、硬化等不良影响。

4）摩擦特性。自动变速器换档执行机构离合器多属于湿式多片摩擦离合器，自动变速器油作为摩擦介质，要求有与摩擦片相匹配的静、动摩擦系数以保证换档性能。

5）抗磨性。变速机构中主要零件的接触面多为钢和青铜，因此要求自动变速器油应对不同材料的摩擦都具有良好的抗磨性，既能可靠地传力，又能良好地润滑各部件。

6）剪切安定性。自动变速器油在液力变矩器中进行动力传动时，会受到强烈的剪切力，使油品黏度降低，油压下降，甚至导致离合器打滑。因此，自动变速器油必须具有剪切安定性。

7）抗泡性能。自动变速器油在自动变速器狭小的油路里高速循环时很容易起泡，引起油压降低，致使离合器打滑甚至烧结。因此，自动变速器油必须具有良好的抗泡沫性。

二、变速齿轮机构维护方法

1.变速齿轮机构电气检查

1）使用诊断仪读取变速齿轮机构故障码，必要时读取相关数据流判断变速齿轮机构电气控制系统是否存在故障。

2）对车辆进行路试检查，实验前进、后退、原地停驶等待和驻车等情况，判断变速齿轮机构机械系统工作情况。

2.自动变速器油的检查

自动变速器油是一种长寿命油，其更换周期为首次 56 000km 更换，之后每 4 年或 60 000km 检查油品，必要时更换。但是其使用寿命的长短与性能发挥的好坏都与日常使用、维护息息相关，因此要重视自动变速器油的检查。

（1）油品检查

检查自动变速器油的油质、颜色、气味和杂质，确认油液是否过热变质。正常的自动变速器油颜色应清澈略带红色。但自动变速器内的工作温度很高，随着使用时间的推移，其质量会因高温氧化逐渐下降，油的颜色也由红色逐渐变为暗红或褐色，使变速器内的机件磨损加剧，离合器和制动器出现打滑现象。因此，必须加强对油液品质的检查。

检查时用手指沾少许油液，用手指捻看是否有磨屑，嗅闻油液气味是否有异味，看颜色是否明显变化，如有，则说明发生了变质。如变褐色，则说明油液工作温度过高而引起变质；如果变棕色或发黑色，则说明自动变速器磨损已相当严重，需要修复；如果颜色发白并丧失透明度，则表明油液中混入水分；若油液颜色清淡有气泡，则表明有气体渗入或油平面太高；若油液有焦糊味道，则是离合器或制动器摩擦片烧蚀。

（2）油量检查

自动变速器中油面的高低也会对变速器的性能产生影响。若油面过高，旋转机件旋转时，剧烈搅动油液会产生气泡，气泡混入油液内，导致液压回路的油压降低，影响控制阀的正常工作，同时还会引起离合器、制动器打滑，加剧磨损；若油面过低，油泵吸入空气或油液中渗入空气，同样会导致液压回路的油压降低，影响润滑效果和执行器的工作情况。另外，油面过低还会使润滑、冷却条件变差，加速油液的氧化变质。

油量检查步骤如下。

1）使变速器处于热态（油温 50~80℃）。

2）将车辆停在水平路面上，并拉紧驻车制动。同时，发动机怠速运转，使自动变速器在各档位轮换停留短暂时间，使油液充满变矩器和油缸。

3）发动机熄火将变速杆从 P 位换入各档位后回到 P 位。

4）将变速器油尺拉出擦净，再全部插入管内。

5）再次将油尺拉出，检查油位是否在 HOT（热）范围内，如图 4-1-4 所示。

根据生产厂家的不同，自动变速器油量检查的条件也不同，油尺的刻度标准也不完全相同。一般加入自动变速器中的油液数量，应保证在液力变矩器及各操纵油路充满以后，变速器中的油面高度低于行星齿轮等旋转件的最低点、高出阀体与变速器壳体的接合面。

（3）外部渗漏检查

检查自动变速器壳体外部是否有渗漏，尤其要检查油液冷却器以及与之相连接的管路接头处，若发现渗漏情况，则需进行修复处理。

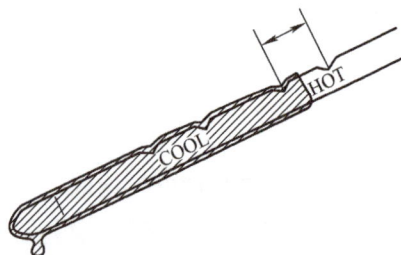

图 4-1-4　油尺高度

3. 自动变速器油的更换

自动变速器达到规定行驶里程或放置 1 年以上必须更换全部油液，同时还应更换油液滤清器。换油时必须使用规定型号的油液，具体更换步骤如下。

1）自动变速器油更换需参考维修手册和保养手册中的相关内容，选择对应牌号的自动变速器齿轮油，否则可能造成变速齿轮异常磨损或变速执行装置反应迟缓。

2）将变速器预热至工作温度，以降低油的黏度，确保油内的杂质和沉淀物随油一起排出。

3）将汽车停放在水平路面上，拉紧驻车制动杆，档位换至 P 位。

4）打开放油口将油放出，注意检查自动变速器油的状态，以便分析自动变速器的情况。

5）加油时应关闭放油口，从加油口缓慢注入，使油面达到规定标准。

6）变速器切换至各档位后等待 3s，待所有执行器阀工作后，再挂一段时间 P 位。

7）待变速器充分变热后（油温为 50 ~ 80℃）检查油量，若油位较低，则需及时补充变速器油。

8）换下来的废油需密封保存，交由环保部门指定的厂家集中处理，不能自行处理。

三、变速齿轮机构维护注意事项

1）由于自动变速器油存在一定的污染性，一滴自动变速器油可以污染超过 1 000L 水，因此自动变速器油排放必须进行统一收集并处理。

2）打开变速器时不得使污物进入变速器，排出的自动变速器油不允许重新添加、使用。

3）变速器放油螺栓为一次性用品，拆卸后需更换，安装时需按规定力矩紧固。

4）双离合变速器包含两种油类，除维护保养中需要更换的自动变速器油外，自动变速器里面还有变速器液压控制油。由于液压控制油不需要更换，也不存在损耗，所以在变速齿轮机构维护时不要误换液压控制油，也无须检查油位。

四、变速齿轮机构维护周期

由于自动变速器结构复杂精密，要想保持其良好的工作状态，维护很关键，最好按照汽车厂家的规定进行换油维护。每个汽车制造厂家都会根据自己生产汽车的实际情况制定相应的换油周期。不同的生产商，规定的换油周期不同。

如比亚迪 e5 规定行驶 40 000km 或 24 个月之后（以先到者为准）就需进行首次更换齿轮油，以后每 24 个月或行驶 48 000km 后（以先到者为准）需要进行更换；而比亚迪·秦则规定行驶 56 000km 后需要进行首次更换，以后每 4 年或行驶达到 60 000km 后（以先到者为准）需要进行油品检查，必要时进行更换。

实训演练

变速齿轮机构维护

请扫描二维码，查看"变速齿轮机构维护"技能视频，结合视频内容及相关资料，规范地完成变速齿轮机构的维护实训。

实训工具与准备：

1）工具：

① 测量工具：万用表、数字绝缘电阻表、冰点检测仪。

② 专用工具：比亚迪 VDS2000、自动变速器油加注器。

③ 绝缘工具：世达 68 件绝缘工具套件。

④ 常用工具：世达 100 件工具套装。

2）设备：比亚迪·秦、举升机、废油回收器。

3）防护用品：绝缘手套、绝缘鞋、防护服、车内外防护三件套。

4）耗材：自动变速器油、干净的抹布。

一、实训前准备

1）穿戴好个人防护用品。

2）铺设车内防护三件套。

3）检查确认车辆状态是否正常。

4）安装车外防护三件套。

二、在线检测

1）取出诊断仪套件，并连接诊断仪相关线束。

2）连接诊断仪至车辆，确保连接可靠，如图 4-1-5 所示。

注意事项：连接车辆 OBD 诊断接口之前须确保车辆起动开关处于"OFF"状态。

图 4-1-5　连接故障诊断仪

3）打开点火开关。

4）打开诊断仪，选择对应的车型，进入诊断界面，选择控制单元模块，进行全车模块扫描。

5）选择"变速器控制器 - 干式"模块，读取故障码。

> **注意事项**：若存在故障码，请判断是否是真实故障，若不是，则请删除；若是，则请根据故障码维修。

6）点击"数据流"，读取"变速器控制器 - 干式"数据流。

> **注意事项**：若数据流不正常，则需根据数据进一步查找原因。

7）检查完毕，退出诊断界面。

8）关闭诊断仪电源开关及车辆电源开关，拔下诊断插头。

三、基本检查

1）举升车辆至车轮离开地面。

2）起动车辆，将档位置于 D 位，轻踩加速踏板，倾听变速齿轮机构是否运行有异响。

3）切换档位，检查有无换档冲击。

4）打开前机舱盖，铺设车外防护套件。

5）举升车辆至合适高度。

6）目视检查变速齿轮机构外观是否存在腐蚀、锈蚀等情况，如图 4-1-6 所示。

7）目视检查变速齿轮机构是否存在变形、凹陷、开裂等情况。

8）目视检查变速齿轮机构密封件是否存在油液泄漏情况，如图 4-1-7 所示。

四、自动变速器油维护

1. 油液检查

1）将废油收集器放置于变速齿轮机构下方。

图 4-1-6　变速齿轮机构外观检查

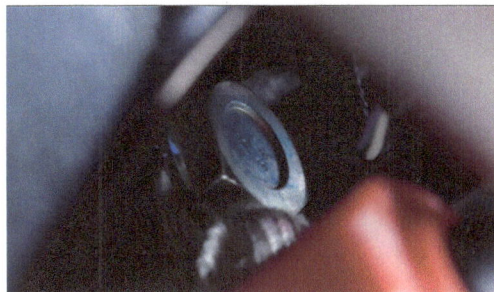

图 4-1-7　变速齿轮机构密封件

2）使用 10mm 套筒、棘轮扳手组合工具拆卸氧传感器支架螺栓。

3）使用 24mm 套筒、棘轮扳手组合工具拆卸变速器油加注螺栓，如图 4-1-8 所示。

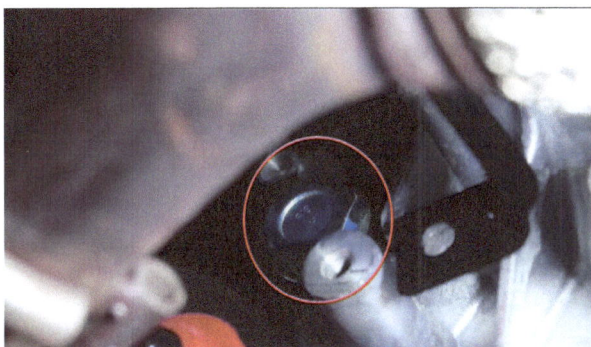

图 4-1-8　变速器油加注螺栓

4）检查自动变速器油初始液位，液位应与加注口基本齐平。

> **注意事项**：因车辆举升后，可能会有一定的倾斜角度，所以拆卸自动变速器油加注螺栓后，自动变速器油可能会以滴流方式少量溢出，属正常现象；若溢出过多，则说明上一次维护油液添加过多，若无溢出，则说明油液缺失，需进一步排查有无渗漏。

5）使用白纸吸取少量油液，观察油液，判断自动变速器油是否污染或变质。

> **注意事项**：油液若呈黄色油迹且颜色均匀，则说明油品良好可继续使用；如出现黑色且黑色和黄色油迹有明显的界限，则说明机油老化，需更换变速器油。

2. 自动变速器油更换

（1）自动变速器油排放

① 使用 10mm 内六角套筒、棘轮扳手组合工具拆卸自动变速器放油螺栓，如图 4-1-9 所示。

② 排尽自动变速器油。

③ 使用 10mm 内六角套筒、棘轮扳手组合工具安装变速器放油螺栓。

④ 使用定扭扳手紧固放油螺栓至 30N·m。

（2）自动变速器油添加

① 向自动变速器油加注器里面添加 1.9L 新的自动变速器油，如图 4-1-10 所示。

图 4-1-9　自动变速器放油螺栓

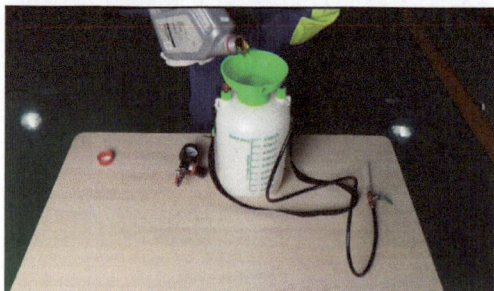

图 4-1-10　添加自动变速器油

> 🔔 **注意事项：**
> ① 必须选用车辆专用自动变速器油。
> ② 维修手册规定自动变速器油加注量为 1.8L，添加时需考虑加注机的管道损耗。

② 利用压缩空气将新自动变速器油从加注器加注到自动变速器中，加注完成后取出加油管，如图 4-1-11 所示。

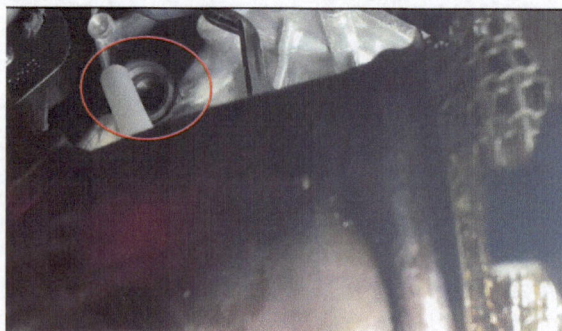

图 4-1-11　加注自动变速器油

③ 安装加注螺栓。

④ 使用 24mm 套筒、棘轮扳手组合工具预紧变速器油加注螺栓。

⑤ 使用定扭扳手紧固加油螺栓至 30N·m。

⑥ 使用 10mm 套筒、棘轮扳手组合工具安装氧传感器支架螺栓。

⑦ 使用抹布清洁加注螺栓与放油螺栓表面。

（3）自动变速器油加注后试车检查

① 下降车辆至车轮离地。

② 起动车辆，切换车辆进入各个档位，并在每个档位停留 5s。判断变速齿轮机构是否正常，有无异响和换档冲击。

③ 完成后关闭并离开车辆。

④ 再次举升车辆至合适位置，目视检查放油螺栓、加注口周围有无油液渗漏。

⑤ 下降车辆至地面。

五、整理清洁

按照 7S 管理标准，整理工具和场地。

任务练习

一、选择题

1）下面（　　）不是汽车底盘的组成部分。

A. 传动系统　　　　B. 行驶系统　　　　C. 转动系统　　　　D. 制动系统

2）现代汽车复杂的使用条件需要汽车驱动力和车速能在相当大的范围内变化，为解决这一问题，汽车中安装了（　　）。

A. 发动机　　　　　B. 变速器　　　　　C. 底盘　　　　　　D. 车身

3）以下（　　）不是比亚迪秦双离合变速器的构成。

A. 分电器　　　　　B. 壳体总成　　　　C. 双离合器　　　　D. 变速齿轮机构

4）双离合变速器中的壳体总成主要不包括（　　）。

A. 变速器壳体　　　B. 离合器壳体　　　C. 机油泵罩盖　　　D. 蓄电池

5）双离合器位于（　　）之间。

A. 底盘　　　　　　B. 车身　　　　　　C. 发动机　　　　　D. 电气设备

二、判断题

1）变速机构中主要零件的接触面多为钢和青铜，因此要求自动变速器油应对不同材料的摩擦都具有良好的延展性，既能可靠地传力，又能良好地润滑各部件。（　　）

2）自动变速器油在液力变矩器中进行动力传动时，会受到强烈的剪切力，使油品的黏度降低，油压下降，甚至导致离合器打滑。因此，自动变速器油必须具有剪切安定性。
（　　）

3）使用诊断仪读取变速齿轮机构故障码，必要时读取相关数据流判断变速齿轮机构的电气控制系统是否存在故障。（　　）

4）对车辆进行路试检查，实验前进、后退、原地停驶等待和驻车等情况，判断变速齿轮机构机械系统工作情况。（　　）

5）自动变速器油的使用温度范围一般为 −50~170℃。（　　）

6）DCT 控制系统由电控系统和液压控制系统两部分组成。（　　）

7）液压控制系统包括液压阀体和滑阀。阀体内有多条油路，滑阀的动作不可改变油路的走向。（　　）

8）自动变速器油用于变速器内，是能够清洗变速器的清洗产品。（　　）

9）自动变速器油的好坏不会直接影响着变速器的操作性能。（　　）

三、简答题

简述变速齿轮机构维护的注意事项。

任务二　制动系统维护

最近，张先生的比亚迪 e5 纯电动汽车出现了制动跑偏的现象。为了杜绝安全隐患，张先生决定将车辆开到 4S 店进行检查。经过预检之后，领导安排你对这辆车的制动系统进行维护。你将从哪些方面对制动系统进行维护呢？

学习目标

1）知道新能源汽车底盘制动系统的组成。
2）理解新能源汽车底盘制动系统各组成的功用。
3）掌握新能源汽车底盘制动系统的维护方法和维护标准。
4）知道新能源汽车底盘制动系统维护的注意事项。
5）能按照操作规范对比亚迪 e5 制动系统进行维护。

知识储备

汽车有三大基本功能，分别是行驶、转向和制动。制动系统直接关系到车辆行驶过程中的安全，其好坏与车辆的平均车速和车辆的运输效率有关，是影响能量利用效率和经济效益的重要因素。

新能源汽车制动系统与传动汽车相比，最主要的区别在于再生制动。新能源汽车可通过再生制动回收、利用车辆在减速制动过程中的能量，从而提高续驶里程；再生制动还可以减少制动衬片的磨损，降低车辆故障率及维护成本，具有显著的经济价值和社会效益。

一、制动系统概述

制动系统是汽车安全系统，为了实现汽车的制动功能，需要在汽车上安装一系列专门装置，以便驾驶员能根据道路和交通等情况，迫使路面在汽车车轮上施加一定的与汽车行驶方向相反的外力，并对汽车进行一定程度的强制制动，使行驶中的汽车按照驾驶员的意愿进行减速甚至停车。这种可控制的对汽车进行制动的外力即称为制动力，用于产生制动力的一系列专门装置即称为制动系统。

1. 制动系统功用

汽车制动系统不仅能够保证行驶中的汽车按照驾驶员的要求强制减速甚至停车，使已停驶的汽车在各种道路条件下（包括在坡道上）稳定驻车，车辆可靠停放，还能使下坡行驶的汽车速度保持稳定，保障汽车和驾驶人的安全。

2. 制动系统基本组成

汽车制动系统主要由供能装置、控制装置、传动装置和制动执行装置等部分组成，较为完善的制动系统还配置了动力调节装置以及报警装置和压力保护装置。

（1）供能装置

供能装置，是指供给、调节制动所需的能量以及改善传能介质状态的各种部件，是制动系统的能源供给和产生装置。制动系统常用的供能装置可以是人工的，也可以是助力（空气助力、液压助力、空液助力）。

（2）控制装置

控制装置，是指制动踏板以及驻车制动器，产生制动动作和控制制动效果的各种部件，如制动踏板、驻车制动器（也有人工和电子之分）、制动阀、手控制动阀、快放阀与继动阀、双向阀等。

（3）传动装置

传动装置，将驾驶员或其他动力源的作用力传递到制动器，同时控制制动器工作，从而获得所需的制动力矩，如制动主缸和制动轮缸等。制动主缸俗称制动总泵，它处于制动踏板与管路之间，其功用是将制动踏板输入的机械力转换成液压力，有单腔主缸和双腔主缸，现代轿车最常用的是串联双腔制动主缸，即两个单腔制动主缸串联在一起，形成双回路制动系统，当一个回路失效时，制动主缸必须保证另一个回路仍能工作。制动轮缸主要用来排除制动管路中混入的空气，有单活塞式制动轮缸和双活塞式制动轮缸，单活塞式制动轮缸主要用于双领蹄式和双从领蹄式制动器，而双活塞式制动轮缸应用较广，即可用于领从蹄式制动器，又可用于双向领从蹄式制动器及自增力式制动器。

（4）制动执行装置

制动执行装置，是指产生阻碍车辆运动或运动趋势力的装置，即产生制动力的制动器。汽车上常用的制动器都是利用固定元件与旋转元件工作表面的摩擦而产生制动力矩，因此又称为摩擦制动器。

3. 制动系统类型

汽车制动系统按照不同的标准可分为不同的类型，常见的分类方式如下。

（1）按照制动系统功用分类

按照功用的不同，可将制动系统分为行车制动系统、驻车制动系统、第二制动系统和辅助制动系统四种类型。

行车制动系统是使行驶中的汽车减低速度甚至停车的一套专门装置，它是在行车过程中经常使用的；驻车制动系统是使已经停驶的汽车驻留在原地的一套装置；第二制动系统是在行车制动系统失效的情况下保证汽车仍能实现减速或停车的一套装置，许多国家的制动法规中规定，第二制动系统是汽车必须具备的；辅助制动系统是在汽车下长坡时用以稳定车速的一套装置。例如，经常行驶在山区的汽车，若单靠行车制动系统来达到下长坡时稳定车速的目的，则可能导致行车制动系统的制动过热而降低制动效能，甚至完全失效。因此，山区用汽车还应具备起缓速作用的辅助制动系统。

现实生活中，制动力矩和制动力的大小是驾驶员可以控制的。在一定范围内逐渐变化的制动称为渐进制动。以上四种制动系统类型中，行车制动系统和第二制动系统必须能实现渐进制动，驻车制动系统则无此必要。

（2）按照制动系统的制动能源分类

制动系统主要分为人力制动系统、动力制动系统和伺服制动系统三种类型。

人力制动系统是以驾驶员的肌体作为唯一制动源的制动系统。动力制动系统是完全靠由发动机的动力转化而成的气压或液压形式的势能进行制动的制动系统。伺服制动系统是兼用人力（人力制动系统）和发动机动力（动力制动系统）进行制动的制动系统。在正常情况下，制动能量大部分由动力伺服系统供给，而在动力伺服系统失效时，还可以完全依靠驾驶员提供动力。

（3）按照制动能量传输方式分类

制动系统分为机械式制动系统、液压式制动系统、气压式制动系统和电磁式制动系统等类型。同时采用这四种制动系统中两种以上传能方式的制动系统可称为组合式制动系统。

传动装置采用单一的气压或液压回路的制动系统称为单回路制动系统，这种制动系统只要有一处损坏而漏气（油），整个系统即行失效，目前汽车上基本不采用。传动装置采用两条气压或液压回路的制动系统称为双回路制动系统，目前所有汽车都采用双回路制动系统，如轿车的左前轮和右后轮共用一条制动回路、右前轮和左后轮共用另一条制动回路，当一个回路失效时，另一个回路仍能工作，这样有效地提高了汽车的行车安全性。

二、驻车制动系统

驻车制动系统的作用就是在停车时给汽车一个阻力，使已经停驶的汽车驻留在原地不动。驻车制动系统按照操纵方式的不同，分为机械式驻车制动系统和电子式驻车制动系统。机械式驻车制动系统是用手或者脚等人的肌体直接操纵的驻车机构，电子式驻车制动系统是利用电子控制方式实现驻车机构操纵的系统。

1. 机械式驻车制动系统

机械式驻车制动系统主要由控制装置、传动装置和制动器组成，其中控制装置是指操纵手柄或者按钮，传动装置则是指操纵缆绳、杠杆、拉杆、轴、摇臂等机械部件，所以机械式驻车制动系统主要由操纵手柄、操纵缆绳和制动器等组成，如图 4-2-1 所示。驻车制动器可以是与行车制动器共用的制动器，也可以是独立制动器。与行车制动系统共用制动器的驻车制动系统，一般是在后轮制动器上增加一套机械操纵机构，用驻车制动手柄控制。独立的驻车制动器一般布置在变速器之后，万向传动装置之前，是专设的中央制动器，盘式制动器和鼓式制动器都可以用作驻车制动器，但是这种采用中央制动器的驻车制动系统不宜用于应急制动，因为其制动力矩是作用在传动轴上的，在汽车行驶中紧急制动时极易造成传动轴和驱动桥严重超载，还可能因差速器壳被抱死而发生左右两驱动轮的旋转方向相反，致使汽车制动时跑偏甚至掉头。

2. 电子式驻车制动系统

电子式驻车制动系统（EPB, Electrical Park Brake）是由电子控制方式实现停车制动的，它是将行车过程中的临时性制动和停车后的长时性制动功能整合在一起形成的系统。

电子式驻车制动系统用电子按钮、电机组件替代了机械式驻车操纵手柄、机械杠杆和拉线等控制装置，因此电子式驻车制动系统主要由电子按钮、电机、电子控制单元等组成。

车轮　　　　　　　　　　　　车轮制动器

操纵缆绳

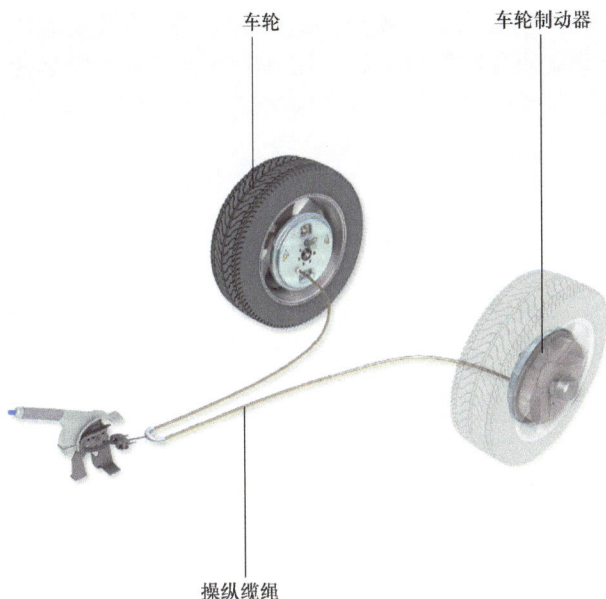

图 4-2-1　机械式驻车制动系统组成

三、行车制动系统

行车制动系统可以实现行驶中的汽车减低速度和停驶的目的。早期汽车的制动系统采用的是液压式制动系统，但是汽车高速化后，要求制动液压力升高，液压制动系统是难以实现的，因此后期应用较多的制动系统是在普通液压制动系统中加装了真空助力装置，可以减轻驾驶员施加于制动踏板上的力，增加车轮的制动力，达到操纵轻便、制动可靠的目的，也就形成了伺服制动系统。

1. 类型

（1）按照伺服制动系统的操纵方式不同分类

伺服制动系统可分为助力式伺服系统和增压式伺服系统，助力式伺服系统的控制装置用制动踏板机构直接操纵，也称为直接式伺服系统，它产生的助力与人力一起作用于液压制动主缸，以提高制动力。增压式伺服系统的控制装置是用制动踏板机构通过主缸输出的液压操纵机构，也称为间接操纵式伺服系统，它产生的助力与主缸液压力共同作用于一个中间传动液压缸（辅助缸）上，从而使输出到轮缸的液压力远高于主缸液压力，提高了制动效率。

（2）按照伺服能量的类型不同分类

伺服制动系统按照能量的类型不同，可分为真空助力伺服制动系统、气压伺服制动系统和液压伺服制动系统。其中，真空助力伺服制动系统是在当前轿车和纯电动汽车上，应用最广泛的一种伺服制动系统，本节主要介绍真空伺服制动系统。

2. 真空助力伺服制动系统

真空助力伺服制动系统主要由制动踏板、储液罐、制动主缸、制动轮缸、制动器、真空管路、真空助力器、制动液等组成，如图 4-2-2 所示。制动踏板是制动系统中的控制装置；储液罐是制动系统储能装置；制动主缸和制动轮缸是将制动能量传输到制动器的传动装置；制动器是制动执行装置；真空管路就是输送真空能（负压能）的通道；真空助力器是制动系统的功能装置。

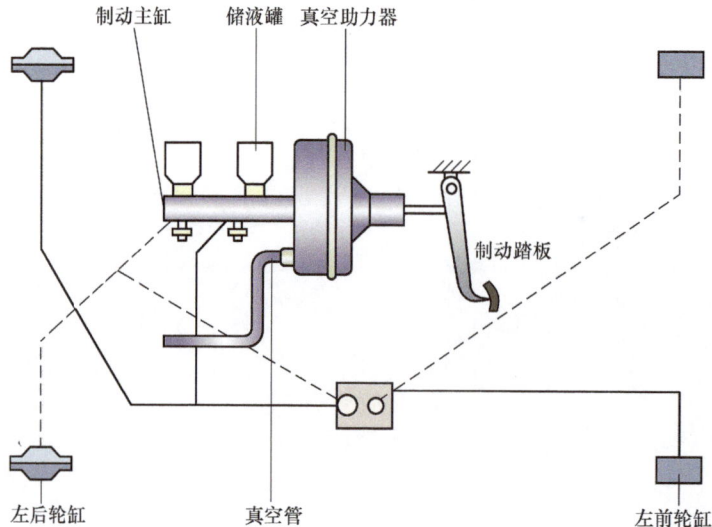

图 4-2-2　真空助力伺服制动系统组成

四、汽车电控制动系统

为了提高汽车制动系统的响应速度、制动效果以及制动稳定性，电控系统普遍应用于汽车制动系统。现在，比较成熟的电控制动系统主要有汽车制动防抱死系统（ABS）、电子制动力分配系统（EBD）、驱动防滑系统（ASR）和汽车稳定性控制系统（ESP）。

1. 制动防抱死系统（ABS）

制动防抱死系统 (ABS) 主要由轮速传感器、制动压力调节器和电子控制器（ECU）三大部分组成，如图 4-2-3 所示。轮速传感器主要用于检测车轮速度，给 ECU 提供轮速信号；电子控制单元（ECU）主要用于接收传感器信号，将信号加以分析、判别、放大，输出控制指令，控制调节器工作；压力调节器则主要用于接收 ECU 的指令，通过电磁阀的动作，控制制动系统压力的增加、保持或降低。

2. 电子制动力分配系统（EBD）

电子制动力分配系统由转速传感器、电子控制器和液压执行器三部分组成。转速传感器安装在 4 个车轮上，用来检测车轮转速。电子控制器接收转速信号，根据这些信号计算车辆的参考速度及滑移率，当识别出后轮有抱死趋势，即滑移率大于某一个值时，控制器向液压执行器中的电磁阀发信号，使后轮制动力降低，以保证后轮不会抱死。液压执行器主要用于接收 ECU 指令，通过电磁阀的动作控制车轮制动轮缸的制动压力。

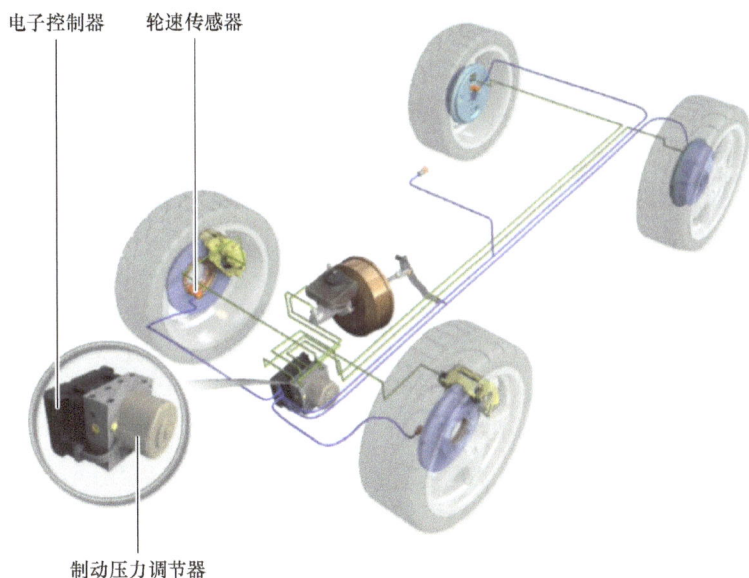

图 4-2-3　制动防抱死装置组成

3.驱动防滑系统（ASR）

驱动防滑转系统（ASR）和制动防抱死系统（ABS）一样，主要由电子控制器、轮速传感器、液压执行器三大部分组成。各组成部件的功用与其他系统的相同部件作用相同，此处不再赘述。

4.汽车稳定性控制系统（ESP）

汽车稳定性控制系统（ESP）由车轮轮速传感器、转向盘转角传感器、横摆角速度传感器、侧向加速度传感器、制动主缸压力传感器、液压调节器、ESP 指示灯、ESP 开关、ESP 电子控制单元、驻车制动开关、制动液位开关、数据总线等组成。

1）车轮速度传感器。轮速传感器用于检测轮速信号。

2）转向盘转角传感器。转向盘转角传感器用以测量转向盘的转角。

3）横摆角速度及侧向加速度传感器。横摆角速度传感器主要用于测量车辆绕质心垂直轴的角速度，记录围绕垂直轴车辆的所有横摆运动。侧向加速度传感器用以测量汽车侧向加速度。

4）制动主缸压力传感器。它用于测量制动主缸压力。

5）液压调节器。液压调节器是汽车稳定性控制系统的执行元件，它将 ECU 的指令付诸实施，并且通过电磁阀调节各个车轮制动轮缸的压力。

6）ESP 指示灯。ESP 指示灯用于仪表台上指示 ESP 的工作状态。

7）ESP 开关。ESP 开关用以检测指示灯的功能是否正常，当系统发生故障时，ESP 关闭指示灯会始终保持点亮状态。

8）ESP 电子控制单元。电子控制单元 (ECU) 是汽车稳定性控制系统的核心，用于处理来自各传感器的信息，驱动各执行器工作，同时它还是控制逻辑的载体。

9）驻车制动开关。DSC（车身动态稳定控制系统）关闭开关安装在仪表板上，驾驶员通过按下 ESP 关闭开关来实行制动功能。

10）制动液液位开关。制动液液位开关识别出在制动液储液罐中必要的制动液液面高度过低（最小），由 ESP 控制单元将该信号通过总线系统发送至组合仪表。组合仪表输出一个检查控制信息。

11）数据总线。ESP 控制装置与整车控制模块之间通过数据总线进行通信，由此可在驾驶员加速过猛的情况下，能够减小发动机的输出转矩。

五、制动系统维护方法

新能源汽车制动系统的维护主要以外观检查和电气检测为主，维护的主要内容有制动器和制动液的检查。

1. 制动器检查

制动器检查主要是检查盘式制动器，包括制动摩擦片检查、制动摩擦片厚度检查、制动盘检查和制动轮缸总成检查。

（1）制动摩擦片检查

1）目视检查制动器制动摩擦片有无裂纹、磨损、脱胶。

2）目视检查两块制动摩擦片的表面是否有磨损、不均匀的情况。如果制动摩擦片的表面不均匀，则可以用细砂布对制动摩擦片表面进行打磨。

（2）制动摩擦片厚度检查

用游标卡尺或深度尺垂直于制动块摩擦材料处内外两侧各两个点的厚度，记录并判断数据。若厚度现值小于 1mm，内外磨损偏差大于 1mm，则说明制动摩擦片不符合要求，需要更换制动摩擦块。

（3）制动盘检查

1）检查制动盘上是否有刻痕、不均匀或者异常磨损以及裂纹和其他损坏。

2）检查制动盘表面是否存在油污、高温烧灼等情况，若有，则需及时更换。

3）使用千分尺测量制动盘厚度，测量数值应在 19～22mm。

4）检查制动盘是否跳动。检查前先确定轮毂轴承的游隙是否在规定的范围内，确定在范围内后再使用百分表测量制动盘轴向圆跳动。

（4）制动轮缸总成检查

1）检查制动轮缸及相关管路是否有泄漏情况。若有泄漏情况，在泄漏点附近则应有明显的制动液喷洒痕迹。

2）制动轮缸连接的制动油管应在车轮转动情况下无拉拽、无干涉现象，车轮旋转时不碰触摩擦制动管路。

2. 制动液检查

（1）检查制动液液面

1）目测检查制动液液面是否在正常范围。

2）检查制动液是否有变稠、颜色变黑的现象。

（2）检测制动液的含水量

用制动液测量仪检测制动液的含水量。根据检测仪器上面的测量范围来确定制动液的含水量，通常制动液含水量不得高于2%（体积分数）。

（3）检查制动系统管路

1）检查制动系统、制动管路各接头处有无泄漏，有无凹痕、拆痕或其他损坏。

2）检查制动软管是否扭曲、磨损、开裂、凸起等。

3）检查主缸储液罐液面是否在 MIN 与 MAX 两线之间。

4）检查主缸铸造壳体是否开裂或有泄漏，只要壳体上有一滴制动液都表明有泄漏。

5）检查电子真空助力系统工作时有无制动液泄漏现象。

6）检查制动管路安装情况。

（4）更换制动液

制动液属吸水性油液，在使用过程中会吸收空气中的水分，因此当制动液到达使用期限后，需及时更换制动液。

更换制动液前应先清空制动液储液罐中的制动液，再使用透明软管、接油瓶、DOT-4制动液进行更换。更换制动液的过程中需注意更换顺序，应先更换后轮轮缸中的制动液，然后更换前轮轮缸中的制动液；制动液储液罐中的制动液刻度不得低于最小（MIN）刻度。

六、制动系统维护注意事项

1）定期更换制动液。每行驶 50 000km 就应更换制动液一次，若长期在潮湿地区行驶，则换油周期要适当缩短。

2）要按行驶里程更换制动片。制动片和制动盘使用寿命有限，当它们磨损到一定程度时必须予以更换。一般城市行车中的正常使用，制动盘的寿命大概是 50 000km，制动片的寿命在 30 000km 左右，但是具体还要看车主的操作情况，最好每 10 000km 检查一次。

3）更换时需使用原厂备件提供的制动片，才能保证制动片和制动盘之间的制动效果，降低磨损。

4）更换制动摩擦片时，需使用专用工具顶回制动轮缸。不能用其他撬棍硬压，以免使制动钳导向螺钉弯曲，卡死制动片。

5）更换制动蹄片后需多次轻踩制动踏板，消除蹄片与制动盘的间隙。

6）车辆若长期停放在潮湿环境中，则会在制动盘表面形成锈蚀痕迹，无须拆卸制动盘打磨，也无须使用除锈剂，驾驶车辆反复制动后即可去除制动盘表面的锈蚀。

七、制动系统维护周期

比亚迪 e5 汽车制动系统维护周期可依照表 4-2-1 所示的内容进行。

表 4-2-1　比亚迪 e5 汽车制动系统维护周期

维护保养时间 维护保养项目	里程表（总里程）读数或月数，以先到者为准															
	里程表读程/1 000km	7.5	15	22.5	30	37.5	45	52.5	60	67.5	75	82.5	90	97.5	105	112.5	120
	月数	6	12	18	24	30	36	42	48	54	60	66	72	78	84	90	96
检查制动踏板和电子驻车开关		I	I	I	I	I	I	I	I	I	I	I	I	I	I	I	I
检查制动摩擦块和制动盘		I	I	I	I	I	I	I	I	I	I	I	I	I	I	I	I
检查制动系统管路和软管		I	I	I	I	I	I	I	I	I	I	I	I	I	I	I	I
制动钳总成导向销		I	I	I	I	I	I	I	I	I	I	I	I	I	I	I	I
检查制动液		I	I	I	I	I	I	I	I	I	I	I	I	I	I	I	I
更换制动液	每行驶 2 年或 40 000km 更换 1 次																

注：I 表示必要时进行检查、修正或更换；II 表示恶劣工况须增加项目。

实训演练

制动系统维护

请扫描二维码，查看"制动系统维护"技能视频，结合视频内容及相关资料，规范地完成制动系统的维护实训。

实训工具与准备：

1）工具：

① 常用工具：世达 100 件工具套装、S 形铁丝钩子。

② 测量工具：千分尺、百分表、卡尺。

③ 专用工具：比亚迪 VDS2000 诊断仪、定扭扳手、指针式扭力扳手、制动液更换工具、制动液检测仪。

2）设备：2018 款比亚迪 e5、举升机。

3）耗材：记号笔。

一、实训前准备

1）穿戴好个人防护用品。

2）准备好实训所需的设备及工具。

二、制动系统试车检查

1）起动车辆，踩下制动踏板，检查制动系统工作是否正常。

> 注意事项：制动踏板应能踩下并保持一定的阻力，若踩下后在一定的时间内阻力泄放，则说明制动系统存在泄漏；若踩下后无阻力，则说明制动系统中有空气。

2）连续、多次踩踏制动踏板5次以上，检查制动踏板踩踏阻力是否增加。

> 注意事项：
> ① 踩踏5次以上时电动真空泵应开始工作，此时继续踩制动踏板，其阻力应该增加。
> ② 若制动踏板踩踏阻力不增加，则说明电动真空泵工作异常，需要进一步检修真空助力制动系统。

3）路试车辆，踩下制动踏板检查车辆制动能力是否正常。

三、电动真空泵检查

1）取出诊断仪并组装。
2）将诊断仪连接至车辆上，打开车辆点火开关。
3）打开诊断仪电源开关，进入车辆诊断系统。
4）选择车型，选择ECU模块，读取整车模块信息。
5）读取主控制器相关的故障码。

> 注意事项：若存在故障码，请判断是否是真实故障，若不是，则请删除；若是，则请根据故障码维修。

6）读取主控制器数据流，查看电动真空泵相关数据，踩下后放开制动踏板，查看相应的数据变化。

四、制动液检查

1. 基本检查

1）目视检查制动液液位高度是否正常。
2）轻轻晃动制动液储液罐，看其是否固定牢靠。

> 注意事项：当制动液低于规定液位时，需及时适当添加。

3）拆卸刮水器装饰板密封条和刮水器装饰板。
4）打开制动液储液罐盖，检查壶盖密封是否良好，有无密封件损坏情况。
5）检查制动液品质，是否有变稠、颜色变黑的现象。

2. 含水量检测

1）取下制动液检测仪防尘盖，将制动液检测仪检测端放入制动储液罐中与制动液充分接触，检测制动液的含水量，如图4-2-4所示。

2）根据检测仪器上面的测量范围确定制动液的含水量。

> **注意事项**：绿色区域表示制动液含水量正常；黄色区域表示制动液含水量接近极限值；红色区域表示制动液含水量超标，需更换制动液。

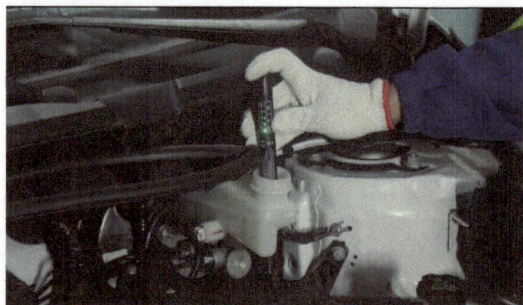

图 4-2-4　检测制动液含水量

3）盖上制动液储液罐盖，并拧紧。

3. 泄漏检查

1）检查制动储液罐及制动主缸是否存在泄漏，如图 4-2-5 所示。

2）检查 ABS 总成及管路是否存在泄漏，如图 4-2-6 所示。

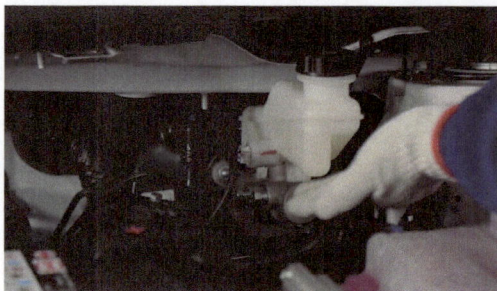

图 4-2-5　检查制动储液罐及制动主缸

图 4-2-6　检查 ABS 总成及其管路

3）进入车内，并起动车辆。

4）用力踩下制动踏板并保持。

> **注意事项**：若保持踩踏后，制动踏板持续下降则说明系统存在泄漏。

5）拆卸四个车轮。

6）检查左前轮制动管路各接头处和制动软管有无制动液渗漏，管路有无凹陷、划痕、扭曲、老化等损坏现象，如图 4-2-7 所示。

7）以同样方法检查其他三个车轮处制动管路接头及软管的情况。

8）举升车辆至合适高度，锁止举升机保险器。

9）检查车底制动管路固定是否可靠，外观有无损伤，如图 4-2-8 所示。

4. 制动液更换

1）降下车辆至合适位置。

2）打开制动液储液罐盖。

3）将制动液更换工具的连接气管放至储液罐内。

图 4-2-7　检查左前轮制动管路

图 4-2-8　检查车底制动管路

4）打开工具上的开关阀，抽出制动液储液罐的旧制动液，直至抽不出，如图 4-2-9 所示。

5）添加新制动液至最高刻度位置。

> ⚠ **注意事项**：添加制动液后保持储液罐盖处于打开状态。

6）举升车辆至合适高度，锁止举升机保险器。

图 4-2-9　抽取制动液

7）取下右后车轮制动器放气阀的防尘帽，如图 4-2-10 所示。

8）将制动液更换工具排气管连接至制动器放气阀上，如图 4-2-11 所示。

图 4-2-10　放气阀防尘帽

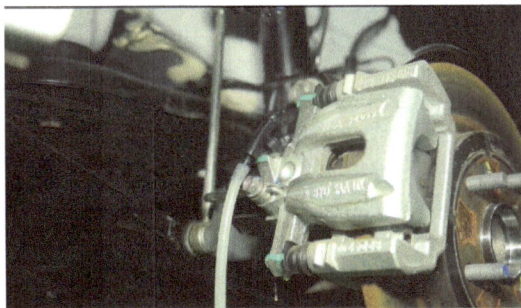

图 4-2-11　连接排气管至制动器放气阀

9）选用 11mm 呆扳手拧松放气阀的释放螺栓。

10）打开制动液更换工具上的开关阀，抽出管路中的制动液，如图 4-2-12 所示。

11）等待制动液更换工具抽出 3cm 高度的制动液后，关闭制动液更换工具的开关阀门，取下制动液更换工具管。

12）盖上制动器放气阀的防尘帽。

13）以相同的步骤依次排放左后、右前、左前轮制动液。

> 🔔 **注意事项**：前轮制动器放气阀螺栓和后轮制动器放气阀螺栓大小不同，前轮为10mm，后轮为11mm。

5. 制动系统排空气

1）取下右后车轮制动器放气阀的防尘帽。

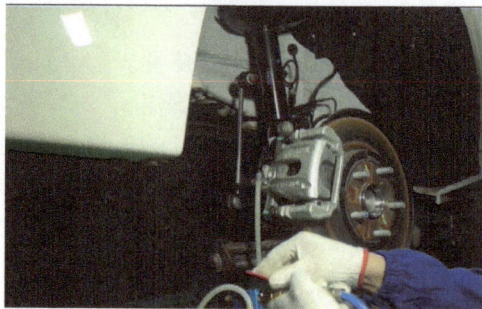

图 4-2-12　抽出管路中的制动液

2）将制动液排气管一头连接至制动器放气阀上，另一头连接至制动液收集装置中。

3）选用 11mm 呆扳手拧松右后侧制动器放气阀的释放螺栓，如图 4-2-13 所示。

> 🔔 **注意事项**：制动液排空气操作过程，需两人协作操作：一人在制动器位置进行排气操作，另一人在车内按照要求踩踏制动踏板。

图 4-2-13　拧松右后侧制动器放气阀的释放螺栓

4）车内维修人员连续踩踏制动踏板 5 次以上后，将制动踏板踏到底并保持。

5）车外维修人员观察制动液收集装置中制动液和气体的排出情况，至油液及空气排尽后，旋紧放气阀。

> 🔔 **注意事项**：制动液收集装置中无气泡出现，只有纯制动液流出，即气体排完。

6）从拧松放气阀的释放螺栓开始重复以上动作 3～4 次，直至收集装置中没有气泡出现，完成排气操作。

7）脱离制动液排气管与放气阀连接。

8）安装车轮制动器放气阀防尘帽。

9）以同样的方法对右后、右前、左前轮进行排气操作。

> 🔔 **注意事项**：制动系统排气各轮次序为右后、左后、右前、左前。

五、制动器检查

1. 拆卸制动器

1）两人配合操作，一人踩下制动踏板，另一人旋入 5 颗固定螺栓，并紧固至 110N·m，如图 4-2-14 所示。

2）使用 13mm 套筒、指针式扭力扳手组合工具配合 21mm 扳手预松制动卡钳上部的 1 颗固定螺栓，如图 4-2-15 所示。

图 4-2-14 装入 5 颗固定螺栓

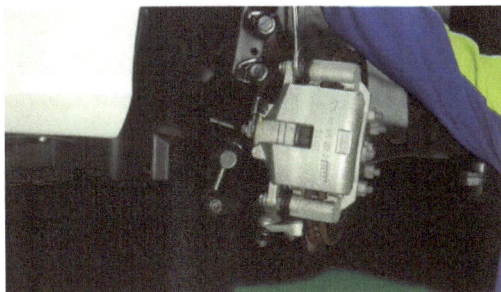

图 4-2-15 预松卡钳上部固定螺栓

3）使用 13mm 套筒、棘轮扳手组合工具配合 21mm 扳手拆卸制动卡钳上部的 1 颗固定螺栓。

4）用同样的方法拆卸制动卡钳下部的 1 颗固定螺栓，如图 4-2-16 所示。

> 🔔 **注意事项**：拆卸制动卡钳的固定螺栓，需要两人协作进行，一人用呆扳手固定，另一人使用正确工具拆卸。

5）用手取出制动卡钳固定螺栓。

6）向外轻轻晃动制动卡钳，取下制动卡钳，如图 4-2-17 所示。

7）使用 S 形铁丝钩子将制动卡钳固定在减振器螺旋弹簧上。

8）检查制动卡钳活塞是否有漏油痕迹，检查制动卡钳橡胶护套是否破损和老化。

9）取下两侧制动摩擦片并妥善放置。

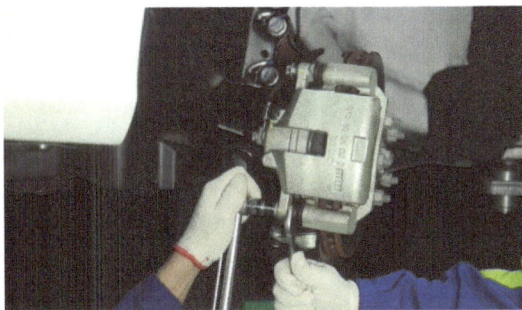

图 4-2-16 拆卸制动卡钳下部螺栓

图 4-2-17 取下制动卡钳

10）取下两个制动摩擦片的 4 个固定卡簧，如图 4-2-18 所示。

11）使用 18mm 套筒、指针式扭力扳手组合工具预松制动卡钳支架的 2 颗固定螺栓。

12）使用 18mm 套筒、棘轮扳手组合工具拆卸制动卡钳支架的 2 颗固定螺栓，如图 4-2-19 所示。

13）用手旋下制动卡钳支架的 2 颗固定螺栓，取下制动卡钳支架，并妥善放置。

2. 检查制动摩擦片厚度

1）目视检查摩擦片表面，检查两侧制动片磨损是否一致，有无偏磨现象。

> 🔔 **注意事项**：制动片表面应无裂纹、磨损、脱胶等现象。

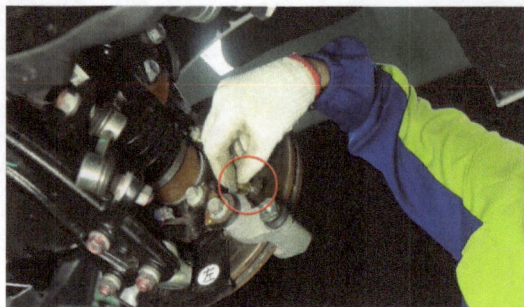

图 4-2-18　制动摩擦片固定卡簧

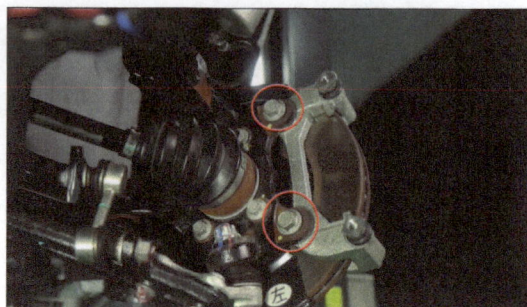

图 4-2-19　取下制动卡钳固定螺栓

2）清洁制动摩擦片表面。

3）取出深度游标卡尺，并清洁校零。

4）使用游标卡尺深度尺部分测量摩擦片四周各 4 个点的厚度并记录，如图 4-2-20 所示。

> **注意事项：**
> ① 若厚度现值小于 1mm，内外磨损偏差大于 1mm，则成对更换制动片。
> ② 制动片摩擦材料中含有石棉纤维，其碎屑粉尘吸入后会严重损害呼吸系统，因此操作中应避免扬尘。

3. 检查制动盘厚度

1）目视检查制动盘上是否有刻痕、不均匀或者异常磨损以及裂纹和其他损坏。

2）清洁制动盘表面，并使用记号笔标出 8 个测量点。

3）取出外径千分尺，并校准。

4）使用外径千分尺分别测量 8 个测量点的制动盘厚度，如图 4-2-21 所示。

5）记录 8 个刻度中的最小刻度，如图 4-2-22 所示。

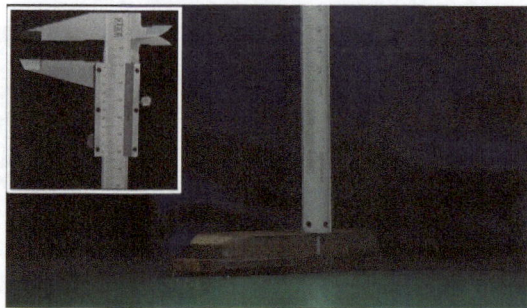

图 4-2-20　测量摩擦片四周厚度

图 4-2-21　标记制动盘厚度测量点

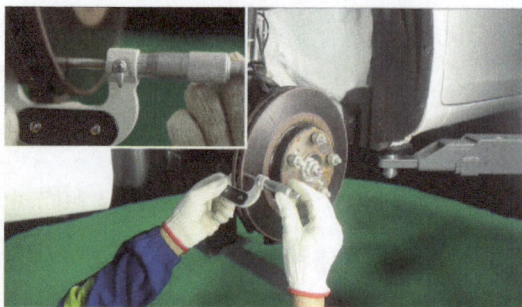

图 4-2-22　读取制动盘厚度数值

> **注意事项：**
> ① 测量点应选在距离制动盘边缘 10mm 处。
> ② 后制动盘的标准厚度为 27.9～28.1mm，最大维修极限为 26mm。若制动盘厚度小于维修极限，则需更换制动盘。

4. 检查制动盘的轴向圆跳动量

1）使用轮毂螺母临时固定制动盘。

2）取出百分表，并检查清洁。

3）组装百分表至磁性百分表座上。

4）将磁性表座与百分表安装到位，使百分表头恰好接触到制动盘的工作表面，预压缩到 1mm，并调整百分表的大指针到 "0" 位，如图 4-2-23 所示。

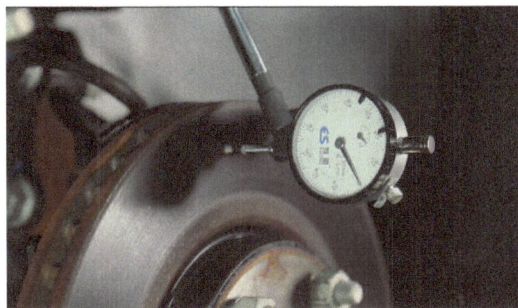

5）转动制动盘，观察指针的跳动量，并记录数值。

图 4-2-23 安装百分表

6）计算制动盘的轴向圆跳动量，并与标准值对比，确定制动盘有无变形或偏磨。

> **注意事项：**
> ① 制动盘轴向圆跳动 = 最大值 - 最小值。
> ② 制动盘的轴向圆跳动应不超出 0.08mm 的维修极限，否则需更换新的制动盘。

7）检查完毕后，取下磁性百分表座及百分表，放回原位。

5. 制动器安装

1）检查制动卡钳内部是否有液体渗漏。

2）将制动卡钳支架放置于制动盘上。

3）用手安装制动卡钳支架的 2 颗固定螺栓，如图 4-2-24 所示。

4）使用 18mm 套筒、棘轮扳手组合工具拧紧制动卡钳支架的 2 颗固定螺栓。

5）使用 18mm 套筒、定扭式扭力扳手组合工具紧固制动卡钳支架的 2 颗固定螺栓至 120N·m。

6）安装两个制动摩擦片的 4 个固定卡簧，如图 4-2-25 所示。

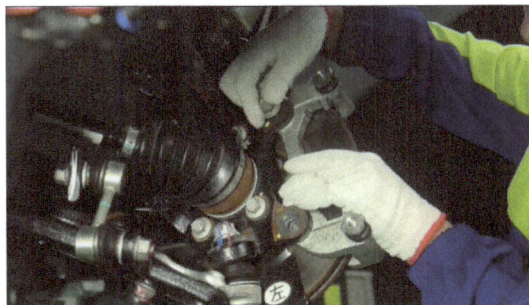

图 4-2-24 安装制动卡钳支架固定螺栓

图 4-2-25 安装固定卡簧

7）将两侧制动片安装至制动卡钳支架上。

8）将制动卡钳安装到规定的位置。

9）用手安装制动卡钳 2 颗固定螺栓，如图 4-2-26 所示。

10）使用 13mm 套筒、棘轮扳手组合工具，配合 21mm 扳手拧紧制动卡钳上部的 1 颗固定螺栓。

11）使用 13mm 套筒、定扭式扭力扳手组合工具，配合 21mm 扳手紧固制动卡钳上部的 1 颗固定螺栓至 45N·m。

12）使用同样的方法拧紧和紧固制动卡钳下部的 1 颗固定螺栓。

13）拆卸车轮 5 颗固定螺栓。

14）安装车辆 4 个车轮。

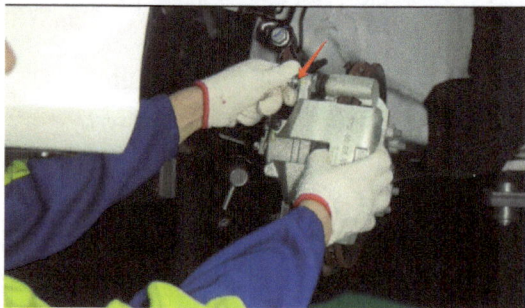

图 4-2-26　安装制动卡钳上部的固定螺栓

六、整理清洁

按照 7S 管理标准，整理工具和场地。

任务练习

一、选择题

1）制动液压系统进行必需的修理后，以下（　　）不要求对制动液压系统进行冲洗。

A. 制动液含有水分　　　　　　　　B. 系统内渗有空气

C. 制动液内有细小脏微粒　　　　　D. 制动液用错型号

2）制动轮缸主要用来排除制动管路中混入的（　　），有单活塞式制动轮缸和双活塞式制动。

A. 污物　　　　　B. 水　　　　　C. 空气　　　　　D. 油

二、判断题

1）行车制动系统是使行驶中的汽车减低速度甚至停车的一套专门装置，它是在行车过程中经常使用的。（　　）

2）驻车制动系统是使高速行驶的汽车快速驻留在原地不动的一套装置。（　　）

3）第二制动系统是在行车制动系统失效的情况下保证汽车仍能实现减速或停车的一套装置，许多国家的制动法规中规定，第二制动系统是汽车必须具备的。（　　）

4）传动装置，将驾驶员或其他动力源的作用力传递到传动器，同时控制传动器工作，从而获得所需的制动力矩，如制动主缸和制动轮缸等。（　　）

5）制动主缸俗称制动总泵，它处于制动踏板与管路之间，其功用是将制动踏板输入的机械力转换成动力。（　　）

6）制动系统常用的供能装置可以是人工的，也可以是助力（空气助力、液压助力、空液助力）。　　　　　　　　　　　　　　　　　　　　　　　　　　　　　（　　）

7）制动轮缸主要用来排除制动管路中混入的空气。　　　　　　　　　　　（　　）

8）车上常用的制动器都是利用固定元件与旋转元件工作表面的摩擦而产生制动力矩。　　　　　　　　　　　　　　　　　　　　　　　　　　　　　　　　（　　）

9）现实生活中，对于制动力矩和制动力的大小驾驶员是不能控制的。　　（　　）

10）伺服制动系统是兼用人力（人力制动系统）和发动机动力（动力制动系统）进行制动的制动系统。　　　　　　　　　　　　　　　　　　　　　　　　　　（　　）

11）驻车制动器只能是与行车制动器共用的制动器。　　　　　　　　　　（　　）

三、简答题

1）简述更换制动液的步骤。

2）简述制动系统维护的注意事项。

任务三　行驶系统维护

最近，客户张先生的爱车比亚迪 e5 出现了行驶跑偏的现象。为了杜绝安全隐患，张先生决定将车辆开到 4S 店进行检查。经过预检之后，领导安排你对这辆车的行驶系统进行维护。你知道行驶系统维护的主要内容吗？接下来你将如何操作？

学习目标

1）知道新能源汽车行驶系统的组成。

2）掌握新能源汽车行驶系统的维护方法。

3）知道新能源汽车行驶系统维护的注意事项。

4）能够对比亚迪 e5 的行驶系统进行维护。

知识储备

汽车的行驶系统将全车各总成及部件连成整体，支撑汽车的总质量，承受并传递路面作用于车轮上的各种力及其力矩，缓和不平路面对车身造成的冲击和振动，保证汽车平稳行驶。行驶系统与制动系统配合，提供汽车减速或停车所需的制动力；与转向系统配合，实现汽车安全转向行驶。

本任务以新能源汽车行驶系统为例，主要介绍该系统的组成、维护方法、注意事项及维护周期。

一、行驶系统组成

1. 车架

车架是全车的装配基体，将整个汽车连接成一整体，并承接车内外的载荷。因此，车架需要有足够的强度和适当的刚度，较轻的质量，合适的高度，结构形式应能满足汽车的布置需要。

按结构形式的不同，车架可分为边梁式车架、中梁式车架和综合式车架。现在部分轿车和客车为了减轻自重，改成以车身兼代车架，这种车架称为"承载式车身"，即所谓的无梁式车身，如图 4-3-1 所示。

2. 车桥

车桥通过悬架与车架相连接，其两端安装车轮，车桥传递车架与车轮之间的各种作用力及其所产生的弯矩和转矩。根据车桥的功能，车桥可分为转向桥、驱动桥、转向驱动桥、支持桥等，现代轿车的前桥一般采用转向驱动桥，如图 4-3-2 所示。

转向驱动桥是既有转向功能，又有驱动功能的车桥。驱动系统的动力传给左、右等速万向节与传动轴，再由它们传给车轮，驱动车轮转动。转动转向盘，通过转向器带动左、右横拉杆移动，使转向节臂转动，带动车轮摆动，实现汽车转向。

3. 悬架

悬架是车架（或承载式车身）与车桥（或车轮）之间一切传力连接装置的总称。它由弹性元件、减振装置和导向机构三部分组成，如图 4-3-3 所示。

根据汽车两侧车轮运动是否相互关联，汽车悬架分为非独立悬架和独立悬架。

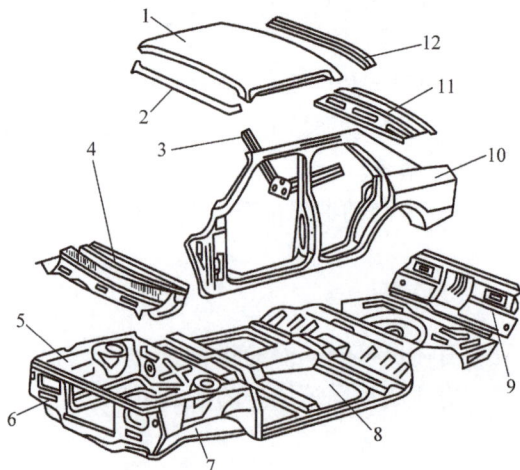

图 4-3-1　承载式车身

1—顶盖　2—前风窗框上部　3—加强撑　4—前围板
5—前分隔板　6—散热器框架　7—地板前纵梁　8—地板部件
9—行李舱后板　10—侧门框部件　11—后围板
12—后风窗框上部

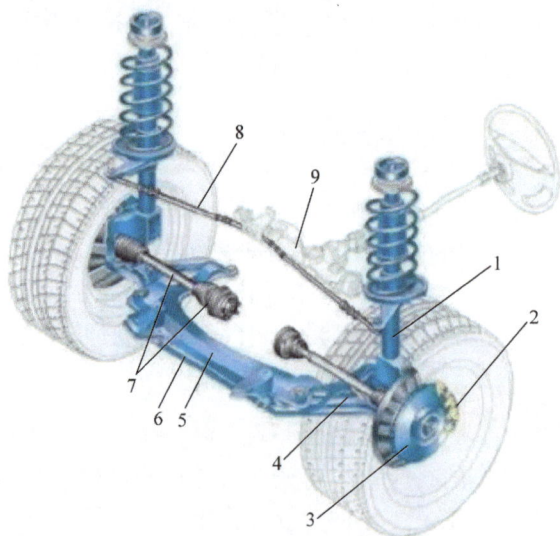

图 4-3-2　转向驱动桥的结构

1—前悬架总成　2—制动钳　3—制动盘　4—摆臂
5—副车架　6—横向稳定杆　7—等速万向节与传动轴
8—转向横拉杆　9—转向器

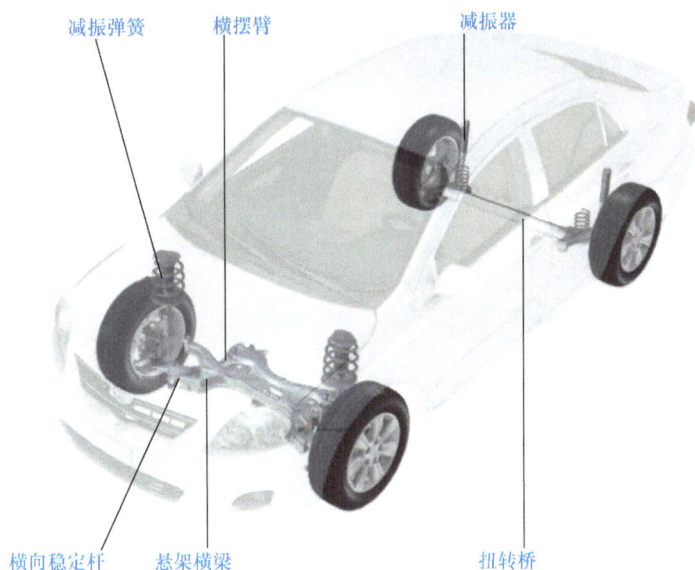

图 4-3-3　悬架结构

（1）独立悬架

独立悬架由螺旋弹簧、筒式减振器、导向装置或稳定杆等构成，如图 4-3-4 所示。其结构特点是两侧车轮各自单独地通过弹性元件与车架（或车身）相连，并且采用断开式车桥。每一侧的车轮可以单独通过弹性悬架与车架两侧车轮单独跳动，互不影响。

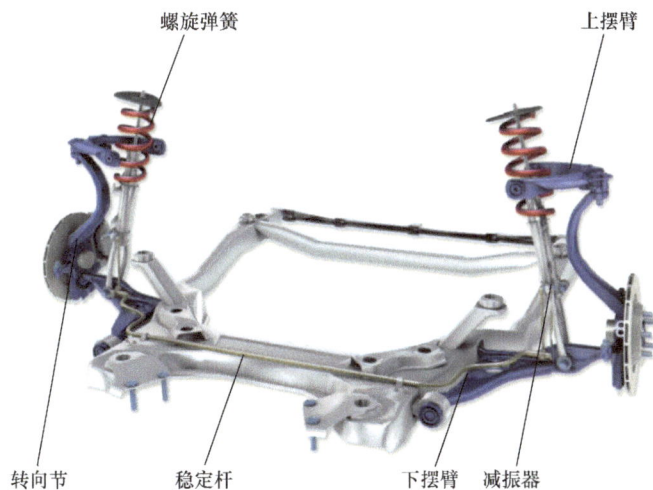

图 4-3-4　独立悬架的结构

（2）非独立悬架

非独立悬架一般只用于轿车的后悬架，由螺旋弹簧、筒式减振器、横向和纵向连接臂或稳定杆等构成，如图 4-3-5 所示。其结构特点是两侧的车轮由一根整体式车桥相连，车轮连同车桥一起通过弹性悬架与车架连接。当一侧车轮因道路不平而发生跳动时，必然引起另一侧车轮在汽车横向平面内发生摆动。

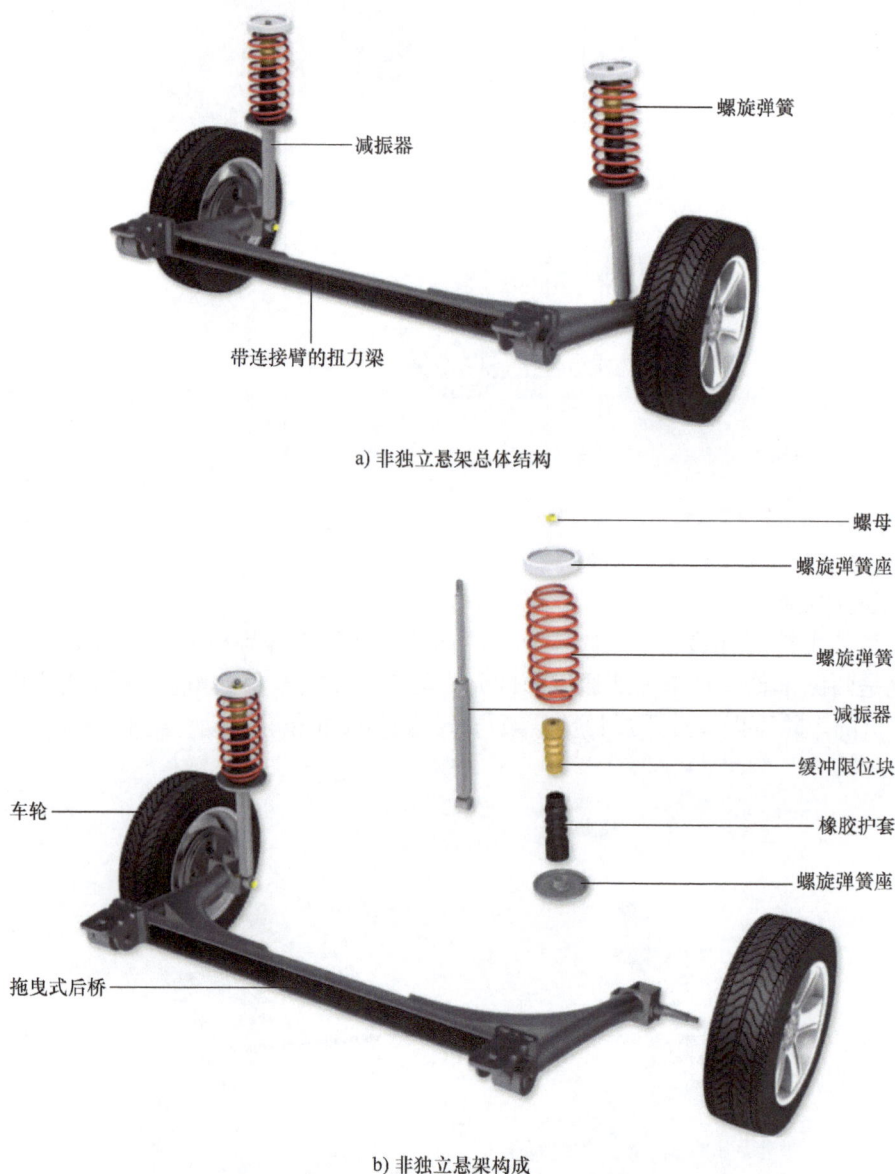

a) 非独立悬架总体结构

b) 非独立悬架构成

图 4-3-5   非独立悬架结构

4. 车轮和轮胎

车轮和轮胎的作用是支撑汽车的重量、缓和不平路面所造成的冲击和振动，并通过轮胎与路面的附着力来产生驱动力和制动力。

（1）车轮

车轮用以安装轮胎和连接半轴或转向节，一般由轮辋、轮毂，以及连接这两者的轮辐（轮盘）组成，如图 4-3-6 所示。

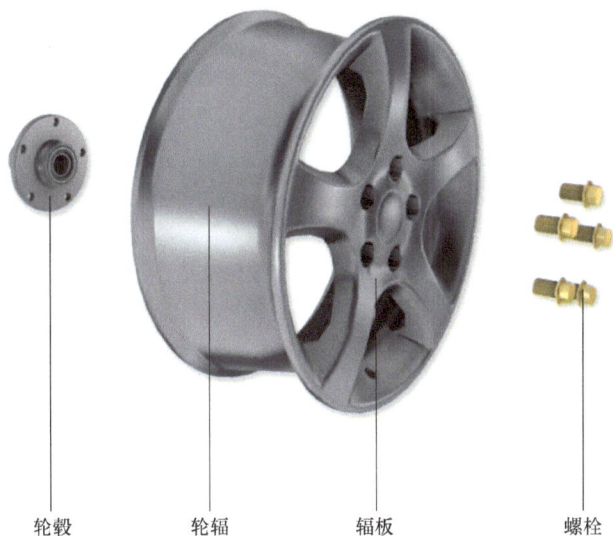

轮毂　　　　　轮辐　　　　　辐板　　　　　螺栓

图 4-3-6　车轮的基本结构

车轮按照轮辐结构分，可以分为辐板式和辐条式；按轮辋结构分，可分为槽轮辋、平底轮辋和对开式（可拆式）轮辋。

（2）轮胎

轮胎安装在轮辋上，直接与路面接触。现代汽车都采用充气轮胎，分类方式多样。

轮胎按组成结构的不同，可以分为有内胎轮胎和无内胎轮胎。

按胎面花纹的不同，可以分为普通花纹轮胎、越野花纹轮胎和混合花纹轮胎，一般新车花纹深度为 6~7mm。

按胎体内帘线排列方向的不同，可分为普通斜交轮胎和子午线轮胎。子午线轮胎是指轮胎的内部帘布编织排列方向与胎面中心线成 90°，形似地球仪上的子午线，在轮胎侧面标志为"R"；斜交轮胎是指轮胎的帘线按斜线交叉排列，在轮胎侧面标志为"D"。

二、行驶系统维护方法

新能源汽车行驶系统的维护主要是对车轮和悬架进行维护。车轮维护主要包括车轮胎外观检查、胎压检查、轮胎动平衡检查以及四轮定位。

1. 车轮的维护

（1）车轮外观检查

1）检查轮胎外部是否有异物，如石头、铁钉等。如有异物，则应先查看轮胎是否被扎破，有则更换轮胎，没有则使用螺钉旋具等工具取出，如图 4-3-7 所示。

2）检查轮胎磨损程度。目测轮胎表面是否有异常磨损，用花纹深度尺在不同地方多次检测花纹深度，看是否超出安全的花纹深度，如图 4-3-8 所示。

3）检查轮毂。举升车辆到相对高度后，用双手握住轮胎的上、下侧，来回扳动轮胎，检查轮毂轴承有无松动、摆动现象；来回转动轮胎，检查有无噪声、卡滞。

图 4-3-7　检查车轮胎有无异物

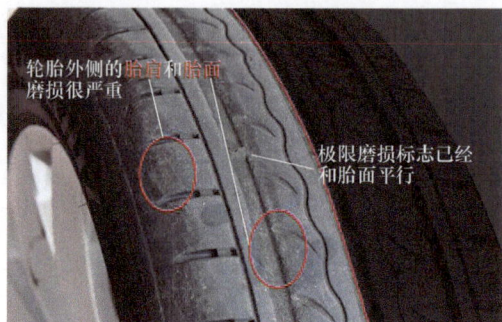

轮胎外侧的胎肩和胎面磨损很严重

极限磨损标志已经和胎面平行

图 4-3-8　检查轮胎磨损程度

（2）车轮胎压检查

汽车轮胎胎压不应超过厂家规定的标准气压，过高或过低都会造成轮胎的异常磨损。胎压的检查方法是将胎压表对准轮胎气门嘴读取数值，若胎压不在正常值范围内，则应及时调整。

（3）轮胎动平衡检查

当汽车高速行驶时，如果发生转向盘振动的情况，就需要对轮胎进行动平衡检测以进行校正。轮胎动平衡检测需要使用动平衡机，其结构如图 4-3-9 所示。

轮胎动平衡检查步骤如下。

1）清除轮胎上的泥土、石子等杂物。

2）拆下旧平衡铅块，如图 4-3-10 所示。

3）检查轮胎气压，如不合规定，则充气至规定值。

4）根据轮辋中心孔的大小选择锥体装上车轮，用快速锁紧螺母将车轮锁紧在转轴上。

5）安装车轮，快速拧紧螺母。

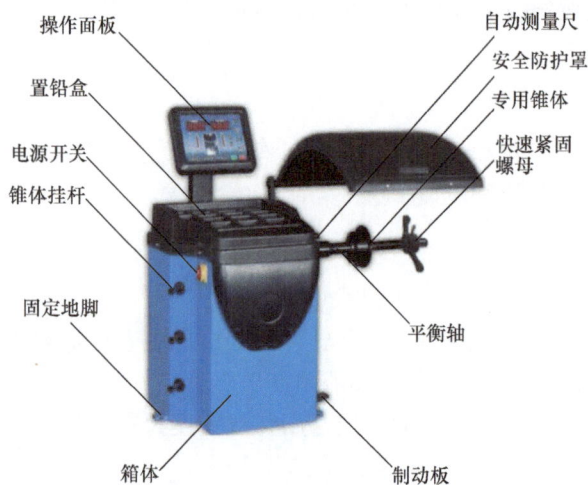

操作面板
置铅盒
电源开关
锥体挂杆
固定地脚
箱体
自动测量尺
安全防护罩
专用锥体
快速紧固螺母
平衡轴
制动板

图 4-3-9　动平衡机结构

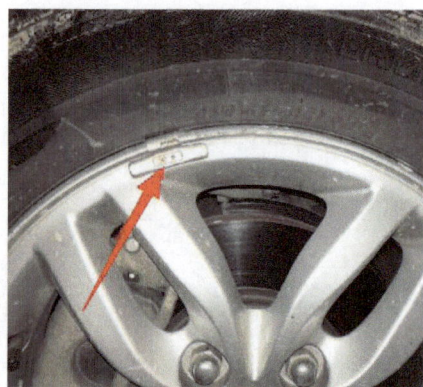

图 4-3-10　轮胎的平衡铅块

6）用卡尺测量轮辋宽度、轮辋边缘至机箱的距离（图 4-3-11、图 4-3-12）。将宽度、距离及轮辋直径数据输入动平衡机。

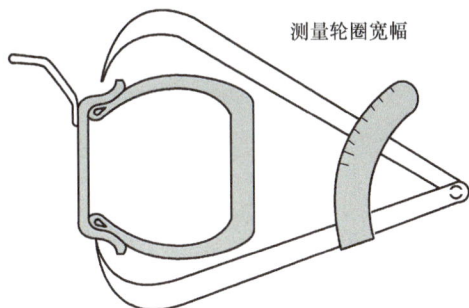

图 4-3-11 轮辋宽度测量　　　　图 4-3-12 动平衡机至车轮轮辋距离测量

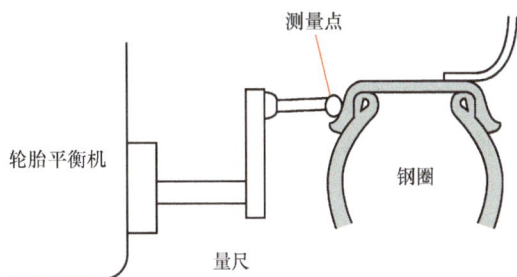

7）放下车轮防护罩，按下起动键，车轮旋转，平衡测试开始，自动采集数据；运行几秒后车轮自动停转，从指示装置读取车轮内、外不平衡质量和不平衡位置信息。

8）抬起车轮防护罩，用手缓慢转动车轮。当指示装置发出声音、指示灯点亮、显示点阵或检测数据的提示时，停止转动。在轮辋的内侧或外侧的上部加装平衡块，常用的平衡块有 5g、10g、15g、20g、25g、30g、50g 和 100g 八种，一般选择两面嵌入式配重模式。

9）安装新平衡块后，按第 7）步重新进行平衡试验，直至不平衡小于 5g，或指示装置显示"OO"为止。

10）测试结束拆下轮胎。

2. 悬架维护

（1）悬架部件状态检查

1）检查左、右摆臂及转向器外侧拉杆球头、球头上的防尘罩是否出现破损、漏油现象。

2）检查球头的摆动与转动是否流畅，是否有松动现象。

3）在轮胎气压正常、汽车空载状态下，观察汽车。若汽车左右不等高，则要检查前悬架螺栓弹簧是否左右长度不等，如有，则更换螺旋弹簧。

4）检查橡胶件是否有损坏、开裂或老化失效。

5）检查前、后悬架装置是否有破损、松脱或车身倾斜。

6）检查前、后悬架上的弹簧座有无开脱、撕裂或其他损坏。

7）检查悬架螺栓、各支架螺栓连接是否紧固。

8）检查后稳定杆、纵臂是否弯曲、变形或损坏。

（2）四轮定位检查

转向桥在保证汽车转向功能的同时，还应使转向轮能自动回正，以保证汽车稳定直线行驶。即当转向轮在偶遇外力作用发生偏转时，一旦作用的外力消失后，应能立即自动回到原来直线行驶的位置。这种自动回正作用是由转向轮的定位参数来保证的，也就是转向轮主销和前轴之间的安装应具有一定的相对位置。转向轮的定位参数主要有主销后倾角、主销内倾角、前轮外倾角、前轮前束。

四轮定位检修的步骤如下。

1）车辆准备：将车辆举升至一定高度，用钢直尺测量车后轮、前轮、悬架 1 号下臂衬套固定螺栓中心以及后牵引臂衬套固定螺栓中心的离地间隙；检查转向盘自由行程是否符合规范。

2）检查车轮摆动。

3）检查轮胎与轮辋的跳动度，轮辋的径向圆跳动标准应小于或等于0.75mm。

4）起动四轮定位仪，建立车辆档案信息。

5）检查底盘连接件是否松动，各部件是否变形、损坏。

6）安装四轮定位仪夹具、传感器和连接电缆。

7）按照设备要求，推动车辆前后位置进行四轮偏位补偿。按照设备要求，转动转向盘进行转向偏位补偿。

8）车轮定位检测。检查两后轮是否落在后滑板上的正确位置，两前轮中心是否落在转角盘中心。

9）检查定位数据，根据设备提示检查各定位数据是否超出允许范围，若超出范围过多，则应根据"先倾角，后前束"的顺序进行调整。

三、行驶系统维护注意事项

1）检查车辆轮胎气压时需注意轮胎温度，只有当轮胎处于冷却状态下测量值才是准确值。

2）由于车辆悬架系统为运动件，在车辆行驶一定里程数后，需对车辆悬架各部件固定螺栓进行紧固检查，可使用定扭扳手按照维修手册规定紧固螺栓。

3）由于车辆悬架系统较难检查，可通过路试检测判断车辆悬架系统的性能。

4）车轮导向机构橡胶件凭借目视较难检查，可使用撬棒撬动车轮导向机构，若发生松旷情况，应及时更换橡胶件。

5）对车辆进行四轮定位检查前需检查车辆行驶系统状态，如悬架系统工作情况、车轮胎压、胎纹磨损情况等，若异常，则需及时调整或排除故障才能进行四轮定位作业。

6）对车辆进行四轮定位时需要检查车辆的负载状态，应确保车辆空载。若为混合动力汽车，还要注意油箱油量的需充足，否则定位数据会存在一定的误差。若油箱的油量不满，可在油箱上方的车厢座椅上放置同等重量的配重，以补偿重量。

四、行驶系统维护周期

纯电动汽车行驶系统的维护周期见表4-3-1，"I"表示必要时进行检查、修正或更换，"I"表示恶劣工况需增加项目。

表4-3-1　纯电动汽车行驶系统的维护周期

维护保养时间 维护保养项目	里程表读数（总里程）或月数，以先到者为准															
	里程表读数/ 1 000km	7.5	15	22.5	30	37.5	45	52.5	60	67.5	75	82.5	90	97.5	105	112.5	120
	月数	6	12	18	24	30	36	42	48	54	60	66	72	78	84	90	96
检查前、后悬架装置		I	I	I	I	I	I	I	I	I	I	I	I	I	I	I	I
检查前、后轮定位		I	I	I	I	I	I	I	I	I	I	I	I	I	I	I	I
检查轮胎和重启压力 （含TPMS）		I	I	I	I	I	I	I	I	I	I	I	I	I	I	I	I

（续）

维护保养项目 ＼ 维护保养时间	里程表读数/1 000km	里程表读数（总里程）或月数，以先到者为准															
		7.5	15	22.5	30	37.5	45	52.5	60	67.5	75	82.5	90	97.5	105	112.5	120
	月数	6	12	18	24	30	36	42	48	54	60	66	72	78	84	90	96
轮胎调换		I	I	I	I	I	I	I	I	I	I	I	I	I	I	I	I
检查车轮轴承有无游隙		I	I	I	I	I	I	I	I	I	I	I	I	I	I	I	I

注：混合动力汽车行驶系统的维护周期见表 4-3-2，"Ⅰ"表示必要时进行检查、修正或更换，"R"表示更换。

表 4-3-2　混合动力汽车行驶系统的维护周期

维护保养项目 ＼ 维护保养时间	里程表读数/1 000km	里程表读数（总里程）或月数，以先到者为准											
		3.5	11	18.5	26	33.5	41	48.5	56	63.5	71	78.5	86
	月数	6	18	30	42	54	66	78	90	102	114	126	138
检查、紧固底盘固定螺栓		I		I		I		I		I		I	
检查传动轴防尘罩		I		I		I		I		I		I	
检查球销和防尘罩		I		I		I		I		I		I	
检查前、后悬架装置		I		I		I		I		I		I	
检查前、后轮定位		I		I		I		I		I		I	
轮胎换位			R		R		R		R		R		R
检查车轮轴承有无游隙		I		I		I		I		I		I	

实训演练

行驶系统维护

请扫描二维码，查看"行驶系统维护"技能视频，结合视频内容及相关资料，规范地完成行驶系统的维护实训。

实训工具与准备：

1）工具：
① 测量工具：游标卡尺、胎压表。
② 专用工具：定扭扳手。
③ 常用工具：世达 100 件工具套装、锤子。
2）设备：2018 款比亚迪 e5、举升机。
3）防护用品：防护服、车内外防护三件套。

一、实训前准备

1）穿戴好个人防护用品。

2）铺设车内防护三件套。

3）检查确认车辆状态是否正常。

4）安装车外防护三件套。

二、悬架及半轴维护

1. 减振器检查

1）按压车辆四周，检查悬架减振器的工作情况，判断悬架的减振性能是否正常。

2）打开前机舱，铺设车外三件套。

3）用锤头敲击减振器顶部固定螺栓，查看是否松动，如图 4-3-13 所示。

4）举升车辆至合适高度，锁止举升机保险器。

5）检查左前减振器弹簧表面是否正常，有无锈蚀、裂纹、外伤等情况，如图 4-3-14 所示。

6）用手按压悬架弹簧，检查减振器弹簧弹性是否正常。

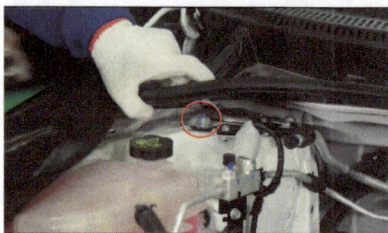

图 4-3-13　减振器顶部固定螺栓

图 4-3-14　检查减振器弹簧

7）检查左前减振器防尘罩表面是否正常，有无开裂、老化现象，如图 4-3-15 所示。

8）拨开左前减振器防尘罩，检查减振器是否存在油液泄漏情况，如图 4-3-16 所示。

9）以同样的方法依次检查左后、右后、右前减振器。

图 4-3-15　检查减振器防尘罩

图 4-3-16　检查减振器

2. 悬架球头和轮毂轴承检查

1）用手抓住左前车轮，依次上下、左右摆动，检查悬架球头间隙情况。

> ⚠ **注意事项**：若晃动量较大，则说明悬架球头间隙过大而导致松旷，需更换球头。

2）转动左前轮胎，检查轮毂轴承是否正常，有无松旷、卡滞等现象，如图 4-3-17 所示。

3）以同样的方法依次检查左后、右后、右前悬架球头及轮毂轴承。

3. 半轴检查

1）继续举升车辆至合适高度，锁止举升机保险器。

2）目视检查左前半轴防尘罩的外观是否良好，有无破损、开裂、老化、漏油情况，如图4-3-18所示。

图4-3-17　检查左前轮胎球头间隙、轮毂轴承

图4-3-18　左半轴防尘罩

3）以同样的方法检查右半轴防尘罩。

4. 前部悬架各部件检查

1）目视检查左前下摆臂是否损坏，橡胶件是否老化、损坏，如图4-3-19所示。

> 🔔 **注意事项**：若出现损坏或者橡胶老化现象，则更换受损的前下摆臂或衬套总成。

2）检查左前横向稳定杆及球头总成的外观是否良好，球头橡胶件是否存在破损、开裂、老化等情况，如图4-3-20所示。

图4-3-19　检查左前下摆臂

图4-3-20　检查左前球头总成

3）用锤子敲击左前横向稳定杆、下摆臂接合处固定螺栓，看其是否松动，如图4-3-21所示。

4）以同样的方法依次检查右前悬架球头及橡胶件。

5. 前部悬架各部件紧固

1）选用定扭扳手、接杆和17mm套筒组合工具紧固左前下摆臂球头固定螺栓至120N·m。

2）用同样的方法紧固左前侧横向稳定杆下拉杆下部固定螺栓至120N·m。

图4-3-21　检查左前横向稳定杆、下摆臂接合处固定螺栓

3）用定扭扳手、接杆和21mm套筒组合工具紧固左前稳定杆拉杆及球头总成的2颗固定螺栓至80N·m。

4）以相同的方法紧固右前稳定杆拉杆及球头总成的固定螺栓至80N·m。

5）用定扭扳手、接杆和21mm套筒组合工具紧固左前减振器支柱总成的2颗固定螺栓至230N·m。

6）以相同的方法紧固右前减振器支柱总成的固定螺栓至230N·m。

7）目视检查左后副车架及安装支架总成的外观是否良好，是否存在破损漏油等情况。

6. 后部悬架各部件检查

1）目视检查左后横向稳定杆总成的外观是否良好，球头是否存在破损、漏油等，如图4-3-22所示。

2）目视检查左后牵引臂总成的外观是否良好，橡胶件是否存在破损、开裂、漏油等，如图4-3-23所示。

图 4-3-22　检查左后横向稳定杆　　　　图 4-3-23　检查左后牵引臂

3）目视检查左前控制臂的外观是否良好，球头及橡胶件是否存在破损、漏油等情况，如图4-3-24所示。

4）目视检查左后控制臂的外观是否良好，球头是否存在破损、漏油等情况，如图4-3-25所示。

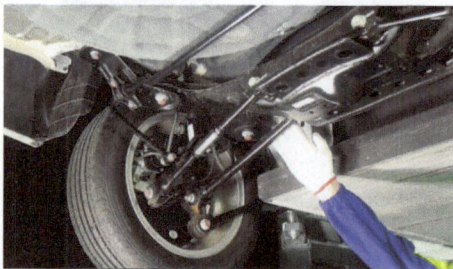

图 4-3-24　检查左前控制臂　　　　　　图 4-3-25　检查左后控制臂

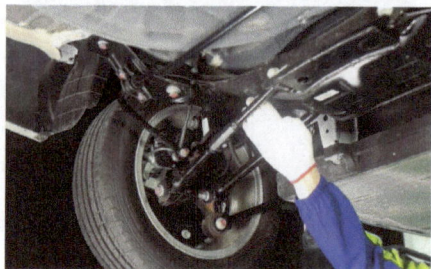

5）目视检查左后横向稳定杆拉杆球头总成是否良好，橡胶件是否存在破损、开裂、漏油等情况，如图4-3-26所示。

6）用同样的方法检查右后横向稳定杆、牵引臂、控制臂以及稳定杆拉杆球头总成。

7）用锤子敲击左后横向稳定杆拉杆、左后控制臂、左前控制臂、左后牵引臂接合处固定螺栓，看其是否松动。

8）用锤子敲击右后横向稳定杆拉杆、右后控制臂、右前控制臂、右后牵引臂接合处固定螺栓，看其是否松动。

7. 后部悬架部件紧固

1）用定扭扳手、接杆和套筒组合工具紧固左后减振器下部固定螺栓至230N·m。

2）用同样的方法紧固右后减振器下部固定螺栓至230N·m。

3）用定扭扳手、接杆和套筒组合工具紧固左后横拉杆固定螺栓至55N·m。

图4-3-26　检查左后横向稳定杆拉杆球头

4）用同样的方法紧固右后横拉杆固定螺栓至55N·m。

5）用定扭扳手、接杆和套筒组合工具紧固左后控制臂和左前控制臂固定螺栓至120N·m。

6）用同样的方法紧固右后控制臂和右前控制臂固定螺栓至120N·m。

7）用定扭扳手、接杆和套筒组合工具紧固左后牵引臂固定螺栓至120N·m。

8）以相同的方法紧固右后牵引臂固定螺栓至120N·m。

三、车轮维护

1. 基本检查

1）确保车辆至合适高度，锁止举升机保险器。

2）检查轮胎表面是否有异常磨损、胎纹内是否有石子或金属颗粒，如图4-3-27所示。

> **注意事项**：如胎纹内有杂物，可使用一字螺钉旋具去除杂物。若出现轮胎扎钉情况，则不应直接取出，否则可能导致轮胎严重漏气。建议移至补胎工位进行维修。

3）检查轮胎侧面是否存在鼓包、开裂、扎钉等现象，如图4-3-28所示。

图4-3-27　检查轮胎表面

图4-3-28　检查轮胎侧面

> **注意事项**：
> ① 除轮胎外侧面外还应检查轮胎内侧面。
> ② 若胎侧面出现鼓包、扎钉等现象，则通常无法修复，需更换新轮胎。

4）检查平衡块安装是否牢靠，如图4-3-29所示。

5）检查车轮轮辋是否腐蚀或变形。

6）用同样的方法检查其他车轮轮胎及轮辋。

2.轮胎花纹深度检测

1）用游标卡尺的深度尺端测量轮胎花纹深度，若低于极限值，则需更换轮胎，如图 4-3-30 所示。

图 4-3-29　检查平衡块

图 4-3-30　检查轮胎花纹深度

> **注意事项：**
> ① 测量时应将尺身测量面垂直于轮胎周向沟槽，紧贴轮胎面，再将尺舌的尖端伸入轮胎面的主花纹沟槽槽底。
> ② 测量时应测量外、中、内3条花纹沟槽深度，每条沟槽应在不同的位置测量3次。
> ③ 选取最小测量值作为胎纹深度值，极限胎纹深度为 1.6mm。

2）以同样的方法检测其他车轮轮胎花纹深度。

3.车轮胎压检查

1）降下车轮至合适位置。

2）拧下气门盖，检查气门芯处是否有异物或液体存在，如图 4-3-31 所示。

3）用胎压表连接车轮气门芯处，测量轮胎气压。

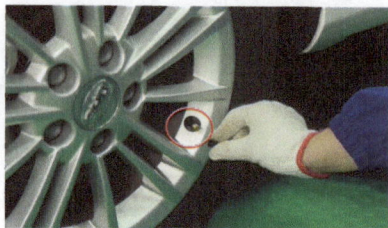
图 4-3-31　气门芯

> **注意事项：**
> ① 轮胎胎压应在 $2.1 \times 10^5 Pa$ 以上。
> ② 不同的汽车轮胎，标准胎压不同，应按照专业资料确认胎压。若低于标准值，则需调整轮胎气压值，并检查轮胎有无泄漏现象；若轮胎气压过高，则排放轮胎气压至标准值。
> ③ 若发现轮胎漏气，则需及时维修。

4）取下胎压表，并装复气门盖。

5）以相同的方法检测其他车轮轮胎气压。

4.四轮换位

1）拆卸左前车轮轮胎，如图 4-3-32 所示。

2）用同样的方法依次拆卸左后、右后、右前车轮。

3）按照对角线法更换车轮位置，如图 4-3-33 所示。

图 4-3-32　拆卸左前轮胎

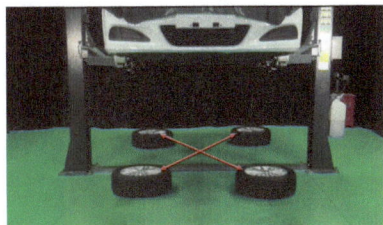

图 4-3-33　按对角线法更换车轮

> **注意事项：**
> ① 因车辆使用时，会存在驱动轮与其他车轮磨损不一致的情况，所以需要定期进行四轮换位。通常四轮换位的间隔时间为 20 000km。
> ② 轮胎换位方法有两种：对于胎面花纹无行驶方向的前驱车辆，可采用对角线换位；若胎面花纹有行驶方向限制，则只可进行前后换位。

4）安装左前车轮。

5）以同样的方法安装左后、右后、右前车轮。

四、整理清洁

按照 7S 管理标准，整理工具和场地。

任务练习

一、选择题

1）（　　）的作用是支撑汽车的重量、缓和不平路面所造成的冲击和振动。

A. 车架　　　　　　B. 车桥　　　　　　C. 车轮和轮胎　　　　D. 悬架

2）现代汽车独立悬架有（　　）。

A. 单横臂式独立悬架　　　　　　　　B. 单横臂式独立悬

C. 单纵臂式独立悬架　　　　　　　　D. 以上都是

3）典型的汽车悬架结构由（　　）组成。

A. 弹性元件　　　　B. 减振器　　　　　C. 导向机构　　　　　D. 以上都是

4）车辆所装配的汽车轮胎，依据工作气压均为（　　）。

A. 超高压胎　　　　B. 高压胎　　　　　C. 低压胎　　　　　　D. 超低压胎

5）根据汽车悬架结构的不同，麦弗逊式悬架属于（　　）。

A. 独立悬架　　　　B. 非独立悬架　　　C. 流式悬架　　　　　D. 干式悬架

二、判断题

1）轮胎按胎面花纹的不同，可以分为普通花纹轮胎、越野花纹轮胎和混合花纹轮胎。

（　　）

2）轮胎按胎体内帘线排列方向的不同，可分为普通斜交轮胎和子午线轮胎。（　　）

3）检查轮胎外部是否有异物，如石头、铁钉等。如有异物，则应先查看轮胎是否被扎破，有则使用螺钉旋具等工具取出，没有则更换轮胎。（　　）

4）转向驱动桥是既有转向功能，又有驱动功能的车桥。（　　）

5）悬架由弹性元件、减压装置和导向机构三部分组成。（　　）

6）车轮用以安装轮胎和连接半轴或转向节，一般由轮辋、轮毂以及连接这两者的轮辐（轮盘）组成。（　　）

7）轮胎安装在轮辋上，直接与路面接触。（　　）

8）子午线轮胎是指轮胎的内部帘线编织排列方向与胎面中心线成45°。（　　）

9）斜交轮胎是指轮胎的帘线按斜线交叉排列，在轮胎侧面标志为"D"。（　　）

三、简答题

简述四轮定位检修的步骤。

任务四　转向系统维护

老张的爱车比亚迪 e5 已经行驶了将近 50 000km，最近出现了转向不足的现象。为了杜绝安全隐患，老张决定将车辆开到 4S 店进行检查。维修技师结合车辆症状和行驶里程，建议对车辆的转向系统进行维护。现在把这项任务交给你，你会从哪些方面进行检查维护？

学习目标

1）知道新能源汽车转向系统的组成。

2）理解新能源汽车转向系统各组成的功用。

3）掌握新能源汽车转向系统的维护方法和维护标准。

4）知道新能源汽车转向系统维护的注意事项。

5）能按照操作规范对比亚迪 e5 转向系统进行维护。

知识储备

汽车转向系统是驾驶员用来保持或改变汽车行驶方向的机构。在汽车转向行驶时，转向系统要保证各转向轮之间有协调的转角关系，从而使驾驶员可以依照自己的意愿控制汽车的行驶方向。转向系统是指挥车辆行驶的重要系统，车辆在高速行驶时方向稍有偏差，就有可能造成交通事故，因此转向系统的维护检查工作至关重要。

一、新能源汽车转向系统概述

汽车转向系统按转向能源的不同可以分为机械转向系统和动力转向系统两大类。动力转向系统又分为液压动力转向系统和电动助力转向系统两类。动力转向能够协助驾驶员调节汽车方向，减轻驾驶员打转向盘的用力强度。目前，在新能源汽车上全部使用电动助力转向。

电动助力转向机构是一种直接依靠电动机提供辅助扭矩的电动助力转向系统，主要由转矩转角传感器、循环球式转向器、助力电机、EPS 控制器、蜗杆减速机构等组成（图 4-4-1）。

EPS 控制器根据各传感器输出的信号计算所需的转向助力，并通过功率放大模块控制助力电机的转动，电机的动力输出经过减速机构减速增矩后驱动齿轮机构产生相应的转向助力。它根据不同的使用工况控制电动机提供不同的辅助动力，可满足人们的不同驾驶需求。电动式动力转向系统具有质量轻、能耗少、污染少、应用范围广、装配好、易于布置等特点。

1. 转矩传感器

转矩传感器集成在转向管柱内部，其功能是测量驾驶员作用在转向盘上的转动力矩大小与方向，以及转向盘转角的大小和方向，是 EPS 的控制信号。转矩测量系统比较复杂且成本较高，因此精确、低成本的转矩传感器是决定 EPS 能否占领市场的关键因素之一。目前采用较多的是在转向轴位置加一扭杆，通过测量扭杆的变形得到转矩。

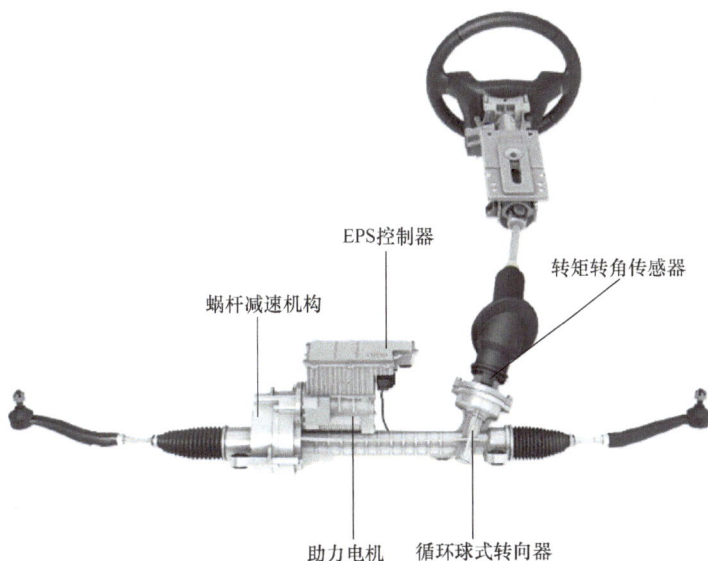

图 4-4-1　电子控制动力转向系组成

2. 转向助力电机

转向助力电机根据电子控制单元的指令输出适宜的辅助转矩，是 EPS 的动力源。它多采用无刷永磁式直流电动机。电动机对 EPS 的性能有很大的影响，是 EPS 的关键部件之一，因此EPS对电动机有很高的要求，不仅要求低转速大转矩、波动小、转动惯量小、尺寸小、质量轻，而且要求可靠性高、易控制。

3. 减速机构

减速机构与电动机相连，起降速增转的作用。它常采用蜗杆减速机构，也有行星齿轮减速机构。有的EPS还配用离合器，装在减速机构一侧，以保证EPS在预先设定的车速范围内起作用。当车速达到某一值时，离合器分离，助力电机停止工作，转向系统转为手动转向。另外，当助力电机发生故障时，离合器将自动分离。

4. 转向控制单元

转向控制单元的功能是根据转矩传感器信号和车速传感器信号，进行逻辑分析与计算后，发出指令，控制电动机动作。此外，ECU还有安全保护和自我诊断功能，ECU通过采集车速、转矩、角度VCU等信号判断其系统工作状况是否正常。一旦系统工作异常，助力将自动取消，同时ECU将进行收障诊断分析。

二、新能源汽车转向系统维护方法

新能源汽车转向系统的维护主要以外观检查和系统功能检查为主，检查内容包括转向盘、转向器和转向助力系统。

1. 检查转向盘

1）检测转向盘的自由行程是否符合要求。

2）检查转向盘有无松动和摆动，是否可以自由移动。

3）转动转向盘，检查转向球节轴承工作是否正常，目测其有无磨损、损伤情况。检查转向轴和轴承，是否有"咔哒"声和损坏。

4）目测检查转向轴是否损伤或变形。

5）转动转向盘，目测插接器转动是否顺畅，是否有损伤及转动。

2. 检查转向器

1）检查转向器传动机构的工作状况和密封性是否正常。

2）检查前悬架、后悬架、转向器、转向横拉杆、转向管柱等相关部件是否松动或损坏。

3）检查转向器壳体上是否有裂纹，并注意转向器上的零件不允许焊接或校正，只能进行更换。

4）检查轴承及衬套的磨损与损坏，以及油封、防尘套的磨损与老化情况。

5）目测检查转向器上有无漏油处，如有漏油，则更换全部O形圈及密封垫。

6）检查转向横拉杆球头的间隙。若间隙过大，则需更换横拉杆球头。

7）检查转向横拉杆固定螺母是否紧固，必要时使用定扭扳手按照维修手册中的规定转矩紧固螺母。

8）检查防尘套是否损坏且安装位置是否正确。

9）使用万用表检查转向助力电动机电阻值，判断其是否存在断路或短路情况。

3.检查转向助力系统

1）在道路试车过程中，通过原地转向、低速行驶中转向，检测转向时转向盘是否有沉重、助力效果不足等故障。

2）将转向盘分别向左右转动至极限位置，检测是否有转向盘抖动、转向器异响等故障。

三、新能源汽车转向系统维护的注意事项

1）检查转向系统时，要按照使用说明书上规定的预防措施进行操作。

2）转向盘自由行程应符合一定的要求。转向盘自由行程是指不使转向轮发生偏转而转向盘所能转过的角度，通常应不大于 7°，若无法实现不大于 7° 的自由行程，则需检查转向机内部的齿隙，必要时更换转向机。

3）若车辆发生方向回正力较低等情况，则应先排除四轮定位故障，若故障仍然存在，则需彻底检查转向器自回正功能是否存在故障。

4）检查转向器总成时，需要确保钥匙置于 OFF 位置，然后断开和重新连接插接器。此外，不要将任何电子部件暴露在高温或潮湿环境中，更不要触碰插接器端子，以防变形或因静电而引起故障。

5）对转向系统（转向器、转向横拉杆、转向管柱等）进行拆卸和安装的过程中，转向机构必须在"车轮直向前"位置。

6）若在厂方对转向系统控制模块进行常规软件升级后，需要对转向控制系统进行转角信号标定。此时，转向盘不能受外在力的影响，因此双手必须离开转向盘，否则可能会引起严重损坏故障。

四、新能源汽车转向系统维护周期

比亚迪 e5 汽车转向系统维护周期可依照表 4-4-1 所示内容进行。

表 4-4-1　比亚迪 e5 汽车转向系统维护周期

维护保养时间 维护保养项目	里程表读数（总里程）或月数，以先到者为准															
	里程表读数/1 000km	7.5	15	22.5	30	37.5	45	52.5	60	67.5	75	82.5	90	97.5	105	112.5	120
	月数	6	12	18	24	30	36	42	48	54	60	66	72	78	84	90	96
检查转向盘、拉杆		I	II	I	II	I	II	I	II	I	II	I	II	I	II	I	II
检查 EPS 搭铁处是否有异物或者被烧蚀		I	I	I	I	I	I	I	I	I	I	I	I	I	I	I	I
检查 EPS 插接件是否松动，插接件引脚是否被烧蚀		I	I	I	I	I	I	I	I	I	I	I	I	I	I	I	I
检查 EPS ECU 外观是否被腐蚀		I		I		I		I		I		I		I		I	

注：Ⅰ 表示必要时进行检查、修正或更换；Ⅱ 表示恶劣工况需增加项目。

实训演练

转向系统维护

请扫描二维码，查看"转向系统维护"技能视频，结合视频内容及相关资料，规范地完成转向系统的维护实训。

实训工具与准备：

1）工具：
① 测量工具：钢直尺。
② 专用工具：翘板、比亚迪 VDS2000 故障诊断仪。
③ 常用工具：锤子。
2）设备：2019 款比亚迪 e5、举升机。
3）防护用品：防护服、车内防护三件套。
4）耗材：标记笔。

一、实训前准备

1）穿戴好个人防护用品。
2）铺设车内防护三件套。
3）检查确认车辆状态是否正常。

二、转向系统基本检查

1. 操纵性检查

1）车内人员将转向盘向左打到底，车外人员观察车轮是否根据打方向的角度和方向正常偏转，如图 4-4-2 所示。

2）车内人员再向右打到底，车外人员观察车轮是否根据打方向的角度和方向正常偏转，如图 4-4-3 所示。

图 4-4-2　检查左侧转向

图 4-4-3　检查右侧转向

> **注意事项：**
> ① 转向系统操纵性，需要两人协作检查。
> ② 操作人员在打方向的过程中要注意查看是否有异响、卡滞等情况存在。

3）驾驶车辆行驶，操作车辆转向，检查转向是否灵敏。

4）转向后双手脱开转向盘，检查转向盘回正力度是否正常。

2. 在线检测

1）取出诊断仪，并连接诊断仪的相关线束。

2）连接诊断仪至车辆。

3）进入车内，打开车辆点火开关。

4）打开诊断仪电源开关，进入车辆诊断系统。

5）选择车型，读取整车数据。

6）进入助力转向系统，点击 EPS 模块，读取 EPS 模块信息。

7）读取转向系统的相关故障码。

> **注意事项：** 若存在故障码，请判断是否是真实故障，若不是，则请删除；若是，则请根据故障码维修。

8）读取转向系统的相关数据流，查看转向角度等数据，转动转向盘，查看相应的数据变化。

9）关闭诊断仪电源开关，关闭车辆点火开关。

10）断开诊断仪，取走诊断仪及相关的连接附件。

三、转向盘自由间隙检查

1）将车辆停放至水平且平整的地面上，使轮胎正向前方。

2）取下转向盘套。

3）在转向盘右侧中间位置作转向盘参考标记，如图 4-4-4 所示。

4）用钢直尺一端抵住车轮座椅，并将钢直尺的一个整值数值对准转向盘的参考标记，如图 4-4-5 所示。

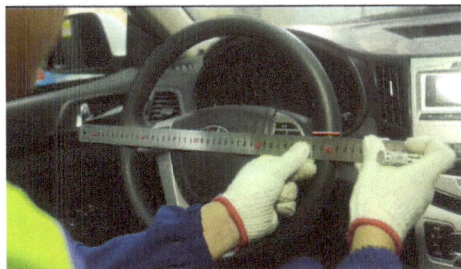

图 4-4-4　转向盘位置做参考标记　　　　图 4-4-5　对准参考标记

5）左手握住转向盘，轻轻上下转动转向盘。

6）记录转向盘转至最上和最下位置时参考线对应的数值。

7）计算转向盘自由间隙，判断转向盘自由行程是否存在问题。

> **注意事项：**
> ① 计算公式：**转向盘自由行程 = 最大测量数据 − 最小测量数据。**
> ② **转向盘大自由行程 ≤ 30mm。如果自由行程超过大值，则需检查转向系统。**

8）用清洁剂清除转向盘上的参考标记。

9）安装转向盘套。

四、转向系统相关部件检查

1. 转向助力电机检查

1）用翘板拆卸仪表板下护板，如图 4-4-6 所示。

2）断开仪表板下护板线束插接器，如图 4-4-7 所示。

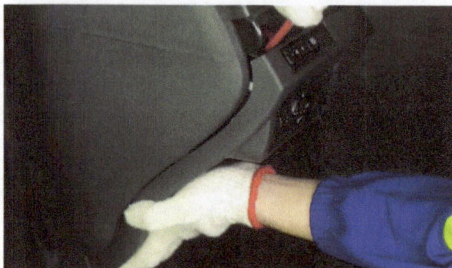

图 4-4-6　拆卸仪表板下护板

图 4-4-7　下护板线束插接器

3）取下仪表板下护板，放置于合适的位置。

4）目视检查助力电机的外观及转向传感器线束插接器是否正常，如图 4-4-8 所示。

5）连接仪表板下护板线束插接器，并安装仪表板下护板。

2. 转向横拉杆、转向节及转向器检查

1）举升车辆离地，按压车辆，确保举升安全。

2）举升车辆至合适的高度，锁止举升机保险器。

图 4-4-8　助力电机

3）检查左侧转向横拉杆外、内侧球头防尘罩是否正常，有无开裂、润滑脂渗漏等现象，如图 4-4-9 所示。

4）目视检查转向轴上的转向节防尘罩和转向器的外观是否良好，有无弯曲、破损、锈蚀等现象，如图 4-4-10 所示。

5）检查右侧转向横拉杆内、外侧球头防尘罩是否正常，有无开裂、润滑脂渗漏等现象。

6）用锤头敲击左、右侧转向横拉杆外球头固定螺栓和锁紧螺母，看其是否松动。

7）降下车辆。

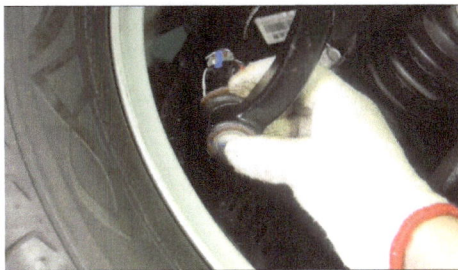

图 4-4-9　检查球头防尘罩

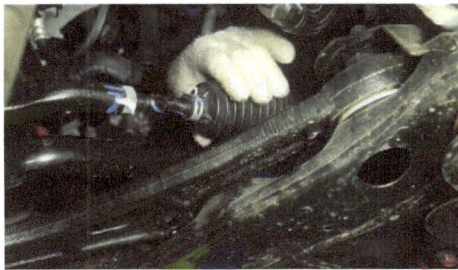

图 4-4-10　检查转向节防尘罩

五、整理清洁

按照 7S 管理标准，整理工具和场地。

任务练习

一、选择题

1）转向盘自由行程应在（　　　）内。

A. 6°　　　　　　　　B. 7°　　　　　　　　C. 8°　　　　　　　　D. 9°

2）汽车转向系统的作用是（　　　）。

A. 改变汽车行驶方向

B. 使运动的汽车减速或者停车

C. 将发动机动力传递给驱动轮

D. 保证汽车行驶的稳定性和舒适性

3）以下属于汽车转向系统的作用是（　　　）。

A. 倒车行驶　　　　　B. 超速行驶

C. 漂移　　　　　　　D. 按照驾驶员的意志改变和保持汽车的行驶方向

4）汽车转向驱动桥在发动机前置驱动汽车和（　　　）上广泛使用。

A. 小轿车　　　　　　B. 公交车　　　　　C. 越野车　　　　　D. 高铁

5）汽车转向系统按转向能源的不同分为机械转向系统和（　　　）。

A. 动力转向系统　　　　　　　　B. 液力转向系统

C. 半机械转向系统　　　　　　　D. 磁力转向系统

二、判断题

1）电动助力转向机构是一种间接依靠电机提供辅助转矩的电动助力转向系统。（　　　）

2）汽车转向系统按转向能源的不同可以分为机械转向系统和动力转向系统两大类。

（　　　）

3）汽车转向系统不能够保证汽车按照驾驶员的意志改变和保持汽车的行驶方向。

（　　）

4）电子控制动力转向系统发生故障时，转向系统不能够靠人力进行转向。　（　　）

5）在使用电子控制转向系统时，转向结束后，转向盘能够平顺地自动回正，使车轮回到直线行驶的位置上。　（　　）

6）转矩传感器集成在转向管柱内部，其功能是测量驾驶员作用在转向盘上的转动力矩大小与方向，以及转向盘转角的大小和方向，是 EPS 的控制信号。　（　　）

7）转向助力电机根据电子控制单元的指令输出适宜的辅助转矩，是 EPS 的动力源。

（　　）

8）减速机构与电机相连，起降速增矩的作用。　（　　）

9）有的 EPS 还配用离合器，装在减速机构一侧，以保证 EPS 在预先设定的车速范围内起作用。　（　　）

三、简答题

简述检查转向器的步骤。

项目五

新能源汽车辅助电气系统维护

辅助电气系统是汽车的重要组成部分，其性能好坏直接影响汽车的动力性、经济性、安全性、可靠性和乘坐的舒适性。新能源汽车辅助电气系统包括空调系统、照明系统和信号系统。在汽车行驶过程中，它能够调节车内温度、在视线条件不好的情况下照亮路况并能够提醒驾驶员车辆运行状况及路面信息，增加汽车驾驶的舒适性和安全性。

本项目以比亚迪 e5 为例，简要介绍空调系统、照明系统、信号系统的组成，在此基础上讲解这三个系统的维护方法、维护时的注意事项以及维护周期，同时还将介绍诊断仪使用及维护复位。

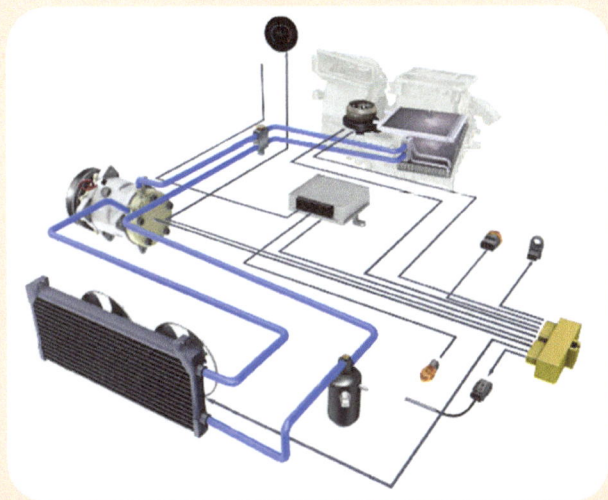

任务一　空调系统维护

老张的爱车是一辆比亚迪 e5 纯电动汽车，最近开空调的时候总是能闻到一股异味，这极大地影响了老张的驾驶舒适感。无奈之下老张将车辆开到 4S 店进行检查。维修技师在试车之后，决定对汽车空调系统进行维护。你知道新能源汽车空调系统维护的主要内容吗？如果把这项任务交给你，你该如何处理？

学习目标

1）知道纯电动汽车空调系统的组成。
2）掌握纯电动汽车空调系统的维护方法。
3）知道纯电动汽车空调系统维护的注意事项。
4）能够对比亚迪 e5 的空调系统进行维护。

知识储备

汽车空调系统是汽车的重要组成部分，它能调节车厢内空气的温度、湿度、清洁度，对车厢内的空气进行制冷、制热、除湿、通风以及净化，以满足人们对车辆乘坐环境的舒适性要求，降低驾驶员的疲劳强度，提高行车安全。

本任务以比亚迪 e5 轿车为例，主要介绍空调系统的组成、维护方法、维护注意事项以及维护周期。

一、空调系统组成

新能源汽车空调系统与传统汽车基本相同，主要由制冷系统、供暖系统、控制系统与通风系统等组成，如图 5-1-1 所示。但两者的动力源差异较大，传统汽车的空调压缩机由发动机传动带通过电磁离合器带动；而电动汽车使用的是电动压缩机，由动力电池提供高压电驱动。

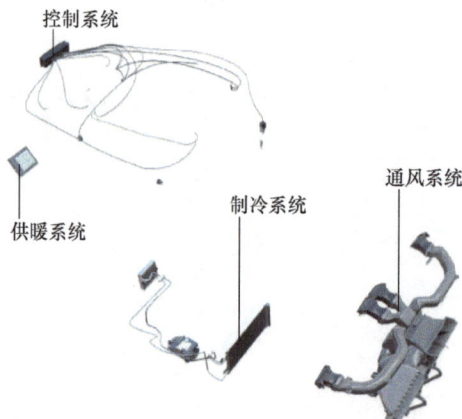

图 5-1-1　纯电动汽车空调系统组成

1. 制冷系统

制冷系统可以在车内温度较高时降低车厢内温度，使驾乘人员感到凉爽、舒适，其安装位置如图 5-1-2 所示。制冷系统主要由冷凝器、蒸发器、膨胀阀、储液干燥器、压缩机和连接管路等组成，如图 5-1-3 所示。

图 5-1-2　空调制冷系统的安装位置

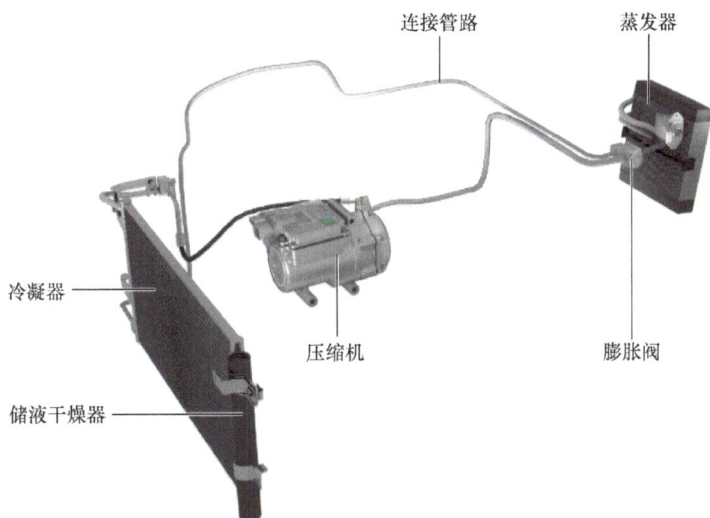

图 5-1-3　空调制冷系统的组成

电动汽车空调制冷系统的工作原理和传统燃油汽车一样，利用制冷剂作为系统热传递的媒介，通过增加膨胀阀的液态制冷剂体积，使其压力和温度急剧下降，进入蒸发器后快速蒸发变成气态制冷剂，同时吸收乘员室内空气的热量。从蒸发器流出的气态制冷剂又被吸入压缩机，压缩成高温、高压的气态制冷剂，送往冷凝器冷却降温。送往冷凝器的过热气态制冷剂，在温度高于外部温度很多时，向外散热进行热交换，制冷剂被冷凝成中温、高压的液态制冷剂。液态制冷剂进入膨胀阀节流降温降压，不断循环，吸收车厢内的热量，再通过冷凝器排出热量，从而达到降温效果，如图 5-1-4 所示。

① 压缩机
② 冷凝器
③ 储液干燥器
④ 膨胀阀
⑤ 蒸发器

● 低温低压气体
● 高温高压气体
● 低温低压液体
● 高温高压液体

压缩机控制器

发动机舱

驾驶室

使制冷剂温度和
压力急剧下降

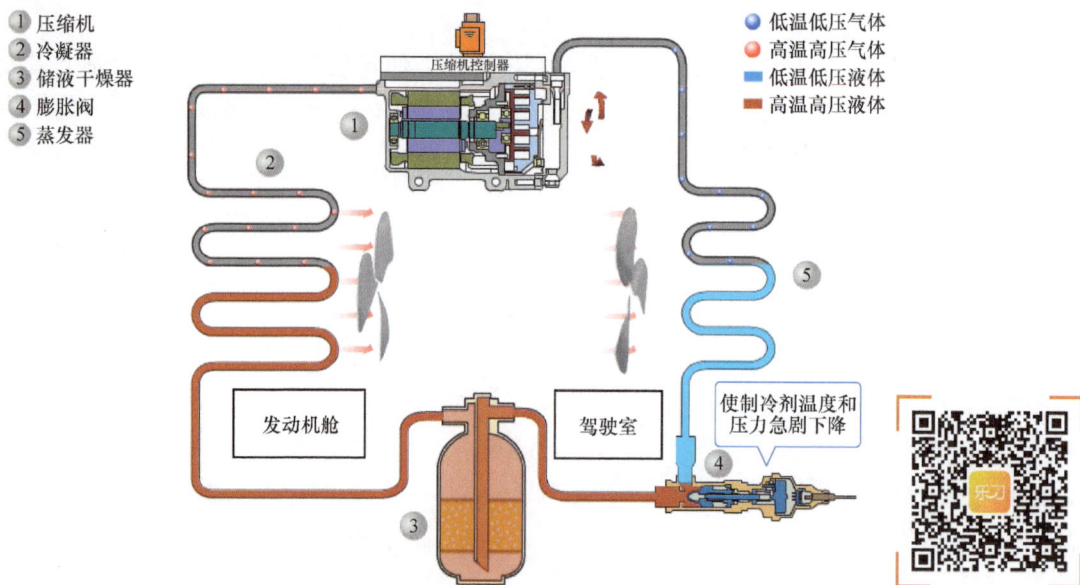

图 5-1-4　制冷剂工作原理

2. 通风系统

通风系统是指能够使空气在汽车车厢内循环流动的装置，其作用是将车外的新鲜空气引入车内，排出二氧化碳及车内的其他有害气体，同时通风也可以对风窗玻璃进行除雾。

汽车上的通风装置主要有三种方式，分别是自然通风、强制通风与综合通风。自然通风是指利用汽车车厢内外的气压差，让空气在车内、外循环流动，打开玻璃或天窗就是自然通风；强制通风是指利用空调鼓风机将车外的新鲜空气强制送入车厢内，最终实现通风换气；综合通风是指汽车上同时采用自然通风和强制通风，一般汽车在正常行驶过程中都是采用综合通风的方式。通风系统的安装位置如图 5-1-5 所示。

通风系统主要由鼓风机、风门执行机构和通风管道组成，风门执行机构包括了风门翻板和风门电机。鼓风机的转速由调速模块控制，以实现线性可调，从而保证鼓风机档位间切换的转速波动小，整个控制电路的能耗相对较低；风门翻板采用电机驱动，取消了以往操作至风门翻板间的传动软轴，真正实现了模式风门翻板的"电控"操作。

图 5-1-5　通风系统的安装位置

3. 供暖系统

供暖系统用于对车内空气进行加热，以达到供暖、除雾、除霜的目的。前车窗玻璃一般采用暖风加热的方法除雾、除霜，而后车窗玻璃常采用电热线加热的方法除雾、除霜。

纯电动汽车供暖系统由 PTC（Positive Temperature Coefficient，正温度系数）加热器、

PTC 温度传感器和 PTC 控制器等部件组成。PTC 加热器可以将表面温度维持在居里温度，不会产生表面"发红"现象，避免因温度过高而引起火灾的安全隐患；PTC 温度传感器用于将 PTC 加热器的实时温度数值转换为电压信号传送至 PTC 控制器；PTC 控制器接收到信号后对 PTC 加热器的供电情况及发热量进行控制。

4. 控制系统

控制系统是利用自动控制装置，保证某一特定空间内的空气环境状态参数达到期望值的装置。其作用是操控车厢内空气的温度、风量、流向，实现空调系统的各项功能。其安装位置如图 5-1-6 所示。

控制系统主要由空调控制器、传感器、执行器及与执行器相对应的专门控制单元组成。它通过 CAN 总线连接与空调控制系统相关的控制单元组成控制器局域网。这种连接方式提升了空调系统的稳定性及信息交互的速率，与传统的通过离散型导线连接方式进行数据交互比较而言，使用 CAN 总线减少了车身线束的使用量，同时便于维修人员通过专业诊断仪对空调控制系统进行快速故障诊断。

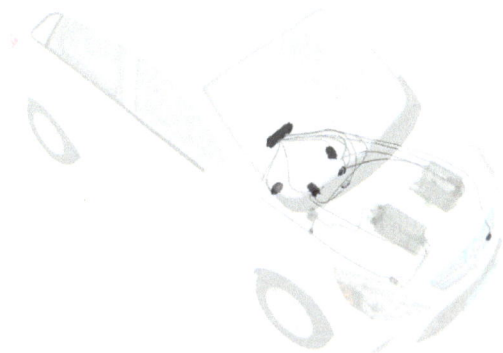

图 5-1-6　控制系统的安装位置

二、空调系统维护方法

空调系统的维护主要是对制冷系统、送风系统以及暖风系统进行维护。

1. 制冷系统的检查与维护

（1）检查制冷系统外观

1）检查空调制冷系统各管路接头处是否有油污及灰尘。若发现有油污或者灰尘聚集，则有可能有泄漏，应及时进行维修或更换。

2）检查冷凝器表面是否有脏污，若有，则可用气枪吹净。

3）检查散热片是否有变形。

4）在空调制冷系统运转的情况下检查低压管路是否有结霜。

（2）检查电路线束

1）检查电路线束及插接件连接是否对接到位，有无松动、破损、腐蚀等问题。

2）检查插接件线束有无破损。

3）检查插件内的插针是否有退针、弯曲等异常现象。

（3）检查连接螺栓

1）检查空调压缩机、冷凝器、蒸发器等制冷系统部件螺栓连接是否紧固，确认拧紧力矩是否符合要求。如不符合，则进一步拧紧到维修手册中要求的力矩。

2）打开空调，待压缩机工作后检查安装部位是否达标，确认各连接点未漏装 O 形圈后拧紧螺栓。

（4）检查制冷剂

检查制冷剂加注量是否符合标准，若制冷剂不足，则应按标准加注制冷剂至标准值。目前新能源车上常用的制冷剂为 R134a 和 R410a，这两种制冷剂不可混用，应使用相应的制冷剂回收机。

R134a 和 R410a 制冷剂对应的冷冻油也并不相同，因此制冷剂需要配合相应的冷冻油使用。

（5）检查压力传感器

使用诊断仪读取空调制冷系统的压力值，若存在制冷系统压力读数异常，则应及时检查制冷系统压力传感器，必要时进行维修或更换。

（6）检查蒸发器排水口

检查蒸发器排水口固定状态及排水口是否堵塞，若发生堵塞，则需及时疏通蒸发器排水口；若发生排水管老化，则需及时更换。

（7）检查与维护空调压缩机

1）检查空调压缩机上是否有灰尘、水渍与锈蚀等杂物。若有，则应用潮湿的抹布清理，确保晾干后重新装回压缩机。

2）检查压缩机工作声音是否正常。可使用车用听诊器直接放在空调压缩机上，如果压缩机内有金属摩擦的声音，则可能是轴承损坏或移动、静盘异响，需要进行修复或更换。

3）检查压缩机是否存在破损、泄漏等情况，若有应及时修复。

（8）检查与维护压缩机的绝缘性能

1）检查绝缘电阻。在高、低压断电及电容放电后，用 1 000V 规格的绝缘电阻表测试压缩机输入高压端子与车身搭铁之间的绝缘电阻值，绝缘电阻值应大于 20MΩ，若未达到，则进行修复或更换。

2）检查高压插接件的电阻值。在高、低压断电及电容放电后，拔下母端高压插接件，使用 1 000V 规格的绝缘电阻表分别检查压缩机高压母线与车身搭铁之间的绝缘电阻值，电阻值应大于 20MΩ，若未达到，则进行修复或更换。

2. 通风系统的检查与维护

（1）检查空调控制面板

检查空调控制面板时应转动到 ON 位，按下 A/C 按钮。

1）扭转风量调节按钮，检查风量是否和要求相符。

2）按下内外循环按钮，观察空调能否进行内、外循环模式切换。

3）按 MOOD 按钮，根据显示屏上的出风模式检查各出风口是否正常工作。

4）按下前、后风窗玻璃除霜按钮，检查出风口是否正常工作。

（2）检查空调滤芯

检查空调滤芯是否过脏，风速是否正常。确保滤芯清洁，过滤性能良好，无霉无菌，周边密封良好。

（3）检查风道通风装置

检查风道是否过脏或有异响，确保风道清洁、通风良好且无异响。

3. 供暖系统的检查与维护

（1）检查与维护电路线束

1）检查电路线束及插接件连接处是否对接到位，有无松动、破损、腐蚀等问题，若未达到要求，则进行修复或更换。

2）检查插接件线束波纹管有无破损，若有，则进行修复或更换。

3）检查插接件内的插针是否有退针、弯曲等异常现象，如有，则进行修复或更换。

（2）检查连接螺栓

检查 PTC 总成固定螺栓连接是否紧固，确认拧紧力矩是否符合要求，若不符合，则进一步拧紧至维修手册中规定的力矩。

（3）检查 PTC 的绝缘性

1）打开空调 A/C 开关，按下内外循环按钮，旋转冷暖调节按钮启动制热功能，空气通过 PTC 加热从仪表板通风口输出。暖风功能打开工作几分钟后，检查吹出的风有无焦糊味。

2）在高、低压断电及电容放电后，使用 1 000V 规格的绝缘电阻表测试档测试 PTC 正、负极与车身件的绝缘电阻，电阻值应大于 20MΩ，若未达到规定阻值，则应进行修复或更换。

三、空调系统维护注意事项

1）检查电动压缩机与空调 PTC 之前必须先切断高压电，等待 15min，待系统自动放电后方能进行检测操作。

2）检测电动压缩机与空调 PTC 的过程中必须穿戴高压防护装备，断开接插件时要注意高压安全。

3）当新能源汽车制热功能启动时，制冷系统不能同时工作，因此检查系统功能时应单独控制制冷或制热系统，切勿同时操作。

4）更换空调滤清器时需要注意安装方向，空调滤清器侧面的箭头位置需对准进气方向。若安装方向错误，会降低空调系统空气过滤效果。

四、空调系统维护周期

纯电动汽车空调系统的维护周期见表 5-1-1，"I"表示必要时进行检查、修正或更换。

表 5-1-1　纯电动汽车空调系统的维护周期

维护保养时间 维护保养项目	里程表读数（总里程）或月数，以先到者为准															
	里程表读数/1 000km	7.5	15	22.5	30	37.5	45	52.5	60	67.5	75	82.5	90	97.5	105	112.5	120
	月数	6	12	18	24	30	36	42	48	54	60	66	72	78	84	90	96
检查普通空调过滤网		I	I	I	I	I	I	I	I	I	I	I	I	I	I	I	I
更换空调制冷剂	每 4 年或 100 000km 更换长效有机酸型冷却液，以先到者为准																

注：混合动力汽车空调系统的维护周期见表 5-1-2，"Ⅰ"表示必要时进行检查、修正或更换。

表 5-1-2　混合动力汽车空调系统的维护周期

维护保养时间\维护保养项目	里程表读数（总里程）或月数，以先到者为准											
里程表读数 / 1 000km	3.5	11	18.5	26	33.5	41	48.5	56	63.5	71	78.5	86
月数	6	18	30	42	54	66	78	90	102	114	126	138
检查普通滤网（装有时）	I	I	I	I	I	I	I	I	I	I	I	I
检查高效过滤器（装有时）	I	I	I	I	I	I	I	I	I	I	I	I
检查 PM2.5 速测仪滤网（装有时）	I	I	I	I	I	I	I	I	I	I	I	I
检查静电过滤器（装有时）	I	I	I	I	I	I	I	I	I	I	I	I
检查更换空调制冷剂	每 4 年或 100 000km 更换长效有机酸型冷却液，以先到者为准											

实训演练

空调系统维护

请扫描二维码，查看"空调系统维护"技能视频，结合视频内容及相关资料，规范地完成空调系统维护实训。

实训工具与准备：

1）工具：

① 测量工具：红外测温仪。

② 常用工具：诊断仪、吹尘枪。

2）设备：2018 款比亚迪 e5、举升机。

3）防护用品：绝缘手套、绝缘鞋。

一、实训前准备

1）穿戴好个人防护用品。

2）铺设车内防护三件套。

3）铺设车外防护三件套。

二、空调系统工况检查

1. 制冷系统工况检查

1）打开车辆电源开关。

2）打开空调 AC 开关，按压温度调节键，将温度调至最低。

3）按压鼓风机调速按钮，将风量调至最大。

4）确认出风模式为面部吹风。

5）将温度计放入出风口，测量出风口温度是否正常，如图 5-1-7 所示。

6）出风口温度应在 2~9℃，若温度高于此范围，则说明空调制冷效果不足。

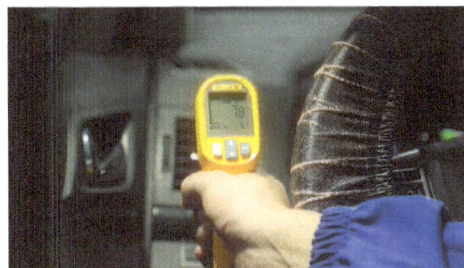
出风口 1

出风口 2

出风口 3

出风口 4

图 5-1-7　出风口温度

2. 制热系统工况检查

1）关闭空调 AC 开关，按压温度调节键，将温度调至最高，如图 5-1-8 所示。

图 5-1-8　温度调至最高

2）将温度计放入出风口，测量出风口温度是否正常。

3）出风口温度应为 30℃，若高于此温度，则说明空调制热系统工作正常。

🔔 **注意事项**：若在冷车状态下，则需等待 20min 以上，以便于 PTC 加热系统达到工作温度。

3.通风系统工况检查

1）运行空调系统，调节风量按钮，检查风量是否和要求相符，如图 5-1-9 所示。

2）调节出风模式，检查各出风模式下，风口出风是否正常，如图 5-1-10 所示。

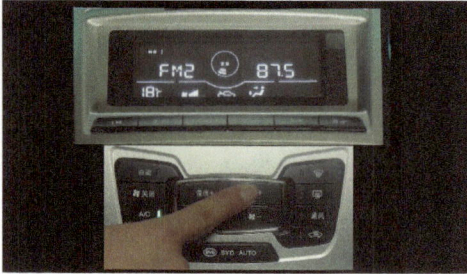

图 5-1-9　调节风量

图 5-1-10　调节出风模式

3）调节内外循环切换按钮，检查指示灯反馈是否正常，如图 5-1-11 所示。

4）调节出风口出风方向调节器，检查出风口器件是否正常，如图 5-1-12 所示。

5）关闭空调 AC 开关。

6）关闭车辆电源开关。

图 5-1-11　调节内外循环

图 5-1-12　调节出风方向

三、空调系统在线检测

1）组装诊断仪套件，如图 5-1-13 所示。

2）连接诊断仪至车辆诊断接口上，如图 5-1-14 所示。

图 5-1-13　组装诊断仪套件

图 5-1-14　连接诊断仪至车辆诊断接口

3）打开车辆电源开关。

4）打开空调 AC 开关。

5）打开诊断仪，选择车型诊断。

6）单击汽车诊断，选择比亚迪 e5。

7）单击按系统测试。

8）选择舒适网。

9）选择空调控制器，待车辆通信完成后，读取空调系统的相关故障码，显示系统正常。

10）读取空调系统的相关数据流，判断空调系统的相关数据是否正常。

11）退出诊断仪界面，关闭诊断仪。

12）关闭空调 AC 开关。

13）关闭车辆电源开关。

14）取下诊断仪套件。

四、空调滤清器拆检

1. 空调滤清器拆卸

1）打开杂物箱，拆卸杂物箱固定卡扣，如图 5-1-15 所示。

2）取下杂物箱、拆卸杂物箱限位器，如图 5-1-16 所示。

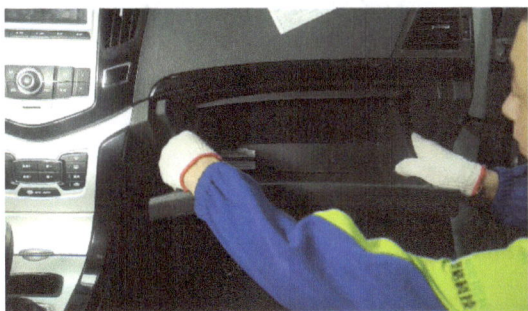

图 5-1-15　打开杂物箱并拆卸固定卡扣　　　图 5-1-16　拆卸杂物箱限位器

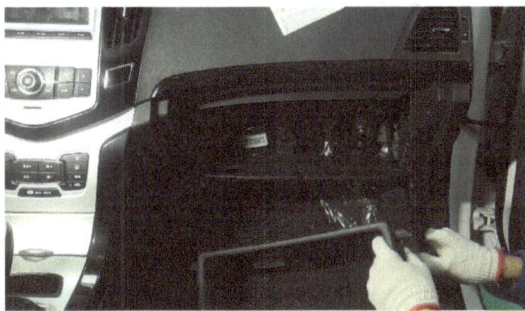

> 🔔 **注意事项**：拆卸固定卡扣不可使用螺钉旋具，以免损坏饰板表面。

3）按压固定卡扣，拆卸空调滤清器盖板，如图 5-1-17 所示。

4）取出空调滤清器，如图 5-1-18 所示。

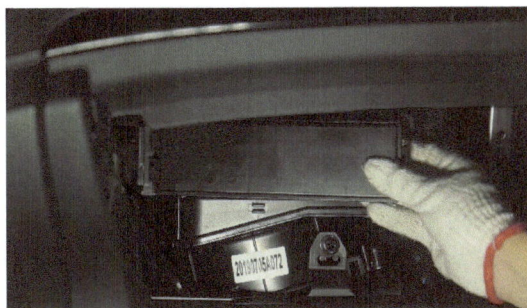

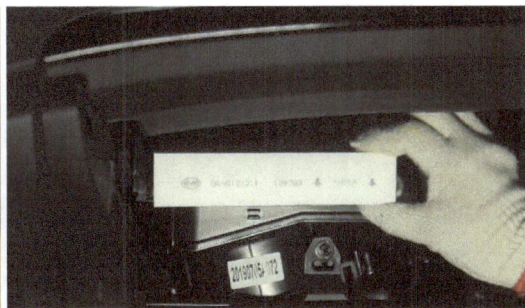

图 5-1-17　拆卸空调滤清器盖板　　　图 5-1-18　取出空调滤清器

2. 空调滤清器检查

1）目视检查空调滤清器的表面是否脏污、破损。

2）用吹枪吹去空调滤清器表面的灰尘，如图 5-1-19 所示。

3. 空调滤清器安装

1）安装空调滤清器至合适的位置。

2）空调滤清器完全推入固定位置。

> 🔔 **注意事项**：空调滤清器安装时，应保证箭头朝下。

3）安装空调滤清器盖板。

4）安装杂物箱限位器，如图 5-1-20 所示。

5）对准限位卡扣，安放杂物箱，将杂物箱安装至原来位置。

图 5-1-19　吹去表面灰尘

图 5-1-20　安装限位器

五、空调系统检查维护

1. 制冷系统部件检查

1）检查空调制冷系统各管路接头处是否有油污或荧光剂。

> 🔔 **注意事项**：若管道接头存在油污或荧光剂，则说明接头处存在制冷剂泄漏故障，需要进一步检修。

2）拧下空调管路上的高压制冷剂加注口盖，检查加注口芯是否存在泄漏及荧光剂残留痕迹，如图 5-1-21 所示。

3）拧回空调管路上的高压加注口盖。

4）以同样的方法检查空调低压加注口。

2. 空调进风口及排水管检查

1）目视检查空调进风口是否有杂物堵塞，若有，则需及时清理。

2）放置举升机顶角。

3）举升车辆至合适的高度，如图 5-1-22 所示。

4）检查空调蒸发器排水口是否正常排水，若无排水，则说明排水孔堵塞，需进一步排查故障。

　　5）检查完成后，降下车辆。

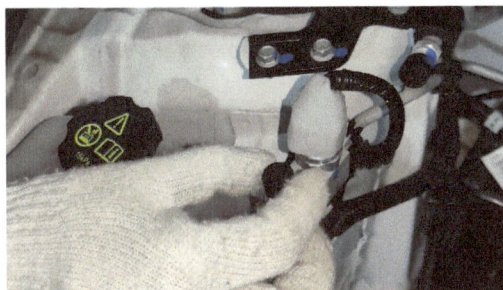

图 5-1-21　拧下高压制冷剂加注口盖

图 5-1-22　举升车辆

六、整理清洁

按照 7S 管理标准，整理工具和场地。

任务练习

一、选择题

1）在汽车空调装置中，蒸发器位于（　　　）。

A. 发动机前　　　　　B. 发动机后　　　　　C. 驾驶室内　　　　　D. 后行李舱内

2）通风系统的作用是将车外的新鲜空气引入车内，排出（　　　）及车内的其他有害气体。

A. 二氧化碳　　　　　B. 二氧化氮　　　　　C. 二氧化硫　　　　　D. 一氧化碳

3）前车窗玻璃一般采用（　　　）的方法除雾、除霜。

A. 电热线加热　　　　B. 自动喷雾　　　　　C. 暖风加热　　　　　D. 清洁液清洗

二、判断题

1）检查冷凝器表面是否有脏污，若有，则不可用气枪吹净。　　　　　　　　（　　　）

2）PTC 加热器可以将表面温度维持在居里温度，会产生表面"发红"现象。　（　　　）

3）检查空调控制面板时应转动到 OFF 位，按下 A/C 按钮。　　　　　　　　（　　　）

4）风门执行机构包括了风门翻板和风门电机。　　　　　　　　　　　　　　（　　　）

5）当新能源汽车制热功能起动时，制冷系统不能同时工作。　　　　　　　　（　　　）

6）新能源汽车空调系统与传统汽车基本相同。　　　　　　　　　　　　　　（　　　）

7）液态制冷剂进入膨胀阀节流降温降压，不断循环，抽取车厢内的热量，通过冷凝器排出热量，从而达到降温效果。　　　　　　　　　　　　　　　　　　　　　（　　　）

8）一般汽车在正常行驶过程中都是采用自然通风的方式。　　　　　　　　　（　　　）

9）检查空调压缩机上是否有灰尘、水渍与锈蚀等杂物。若有，则应用干燥的抹布予以清理。　　　　　　　　　　　　　　　　　　　　　　　　　　　　　　（　　）

10）检查电动压缩机与空调PTC之前必须先切断高压电，等待15min，待系统自动放电后方能进行检测操作。　　　　　　　　　　　　　　　　　　　　　　　　　（　　）

11）空调滤清器侧面的箭头位置需对准排气方向。　　　　　　　　　　　（　　）

三、简答题

简述检查制冷系统外观的方法。

任务二　照明系统维护

一辆2018款比亚迪e5送至4S店进行维护，车主反映该车使用过程中不能进行近光灯和远光灯的切换。现车间调度将任务工单派发至你手中，要求你安全、规范地完成照明系统中的灯光检查任务。

学习目标

1）知道新能源汽车照明系统的组成。
2）理解新能源汽车照明系统各组成的功用。
3）掌握新能源汽车照明系统的维护方法和维护标准。
4）知道新能源汽车照明系统维护的注意事项。
5）能按照操作规范对比亚迪e5照明系统进行维护。

知识储备

汽车照明系统是安装在汽车外部和内部，为车辆提供各种所需的灯管照明的装置，是汽车安全行驶的必备系统之一。其主要作用是保证车辆在白天和夜间行驶时的安全，提高驾驶舒适度。因此，定期对汽车照明系统进行维护，保证各灯光正常工作至关重要。

一、照明系统组成

新能源汽车照明系统按照其安装位置（图5-2-1）可以分为车外照明和车内照明两部分。车外照明主要包括前照灯、示廓灯、雾灯和牌照灯等；车内照明主要包括车内阅读灯、仪表灯、行李舱灯和门灯，其主要作用是方便乘客夜间上下车及行驶时看地图。

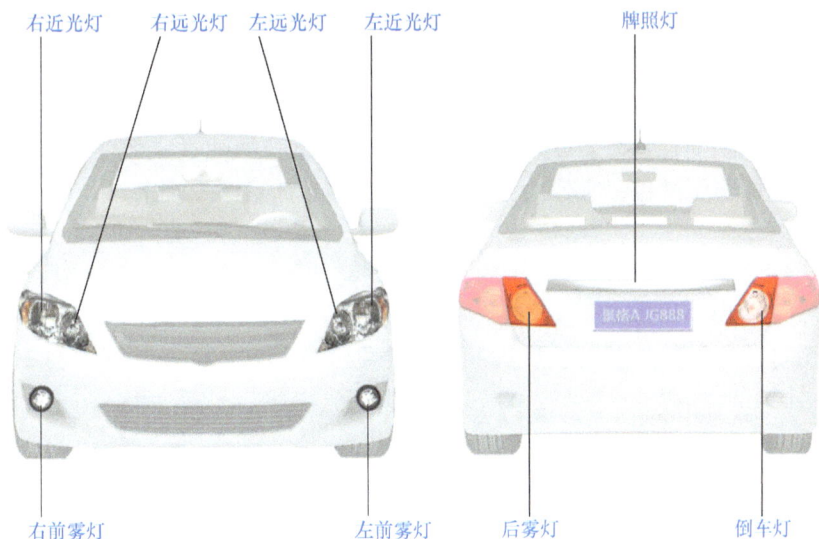

图 5-2-1　车外照明系统

1. 车外照明装置

（1）前照灯

前照灯俗称大灯，用于夜间行车道路的照明，装于汽车头部两侧。汽车前照灯包括近光灯和远光灯两种，按灯泡个数可以分为两灯制和四灯制（图 5-2-2）。两灯制的近光灯和远光灯共用一个灯泡；四灯制的前照灯在打开远光灯时会同时点亮两个辅助照明的灯泡。

两灯制　　　　　　　　　　　　　　　四灯制

图 5-2-2　汽车前照灯的类型

远光灯和近光灯是汽车上重要的照明光源。近光灯一般照射范围大，但距离短。在傍晚天色较暗和黎明曙光初现时，或者白天天气不好，比如下雪、大雨天气等视线受限的情况下使用。

与近光灯相比，远光灯的光线平行射出，光线集中且亮度较大，可以照到较高、较远处的物体，在夜间没有路灯的情况下对驾驶员的视线有很大的帮助。

（2）示廓灯

汽车示廓灯是在信号系统中用于示宽的灯具，俗称小灯，其主要作用是在黄昏、阴天、雨雾天气等光线较昏暗时表明汽车的宽度和高度，以便车辆在会车及超车时判断出彼此的相对位置及车辆体积，一般安装在车前及车后车灯总成上。

（3）雾灯

汽车雾灯安装于汽车的前部和后部，前雾灯如图 5-2-3 所示，用于在雨雾天气行车时照明道路与安全警示。汽车前、后雾灯的颜色并不相同，前雾灯为黄色，后雾灯为红色。前雾灯选用黄色，既能保证较好的穿透力，又能保证眼睛的视觉成像，使驾驶员驾驶时视野更清晰；后雾灯选用红色，穿透力强于黄色，更容易让后车发现前车，以保证行车安全。

（4）牌照灯

牌照灯（图 5-2-4）是夜间或者天色比较暗的时候和示廓灯一起打开以照亮牌照的灯，其作用是照亮车辆牌照以提示后方车辆，它和示廓灯为同一个开关控制。所有车辆夜间行驶时，都必须打开车后的牌照灯。后牌照灯的亮度要求是在夜间正常视力在 20m 之内必须能看清牌照号码。

图 5-2-3　比亚迪 e5 前雾灯

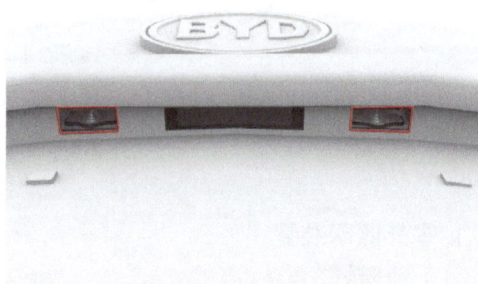

图 5-2-4　比亚迪 e5 牌照灯

2. 车内照明装置

车内照明装置主要用于驾驶室内照明，包含车内阅读灯、仪表灯、行李舱灯和门灯。它分布在车内的顶部、头部和行李舱位置。

（1）车内阅读灯

车内阅读灯安装在车辆前排车顶和后排车顶上，为车厢内提供照明，以便于驾驶员或乘客查阅地图、书籍等，前后阅读灯如图 5-2-5、图 5-2-6 所示。

由于在黑暗环境下，车内阅读灯会造成风窗玻璃处反射出车内倒影，使驾驶员眩目，影响驾驶员判断路况。因此，使用阅读灯后应及时关闭，以保证驾驶安全。

图 5-2-5　前阅读灯

图 5-2-6　后阅读灯

（2）仪表灯

仪表灯（图 5-2-7）安装于车辆仪表板内部，用来给仪表板照明，灯光颜色一般为白色。

（3）行李舱灯

行李舱灯（图 5-2-8）安装在行李舱顶部，用来给行李舱照明，方便驾驶员或乘客取放行李。

（4）门灯

开启车门时，门灯点亮，其作用为提示后方行人、车辆注意避让。部分车型的门灯安装于外开式车门内侧底部（图 5-2-9），而比亚迪 e5 的门灯与后阅读灯是共用的，即将后阅读灯的开关推至中间位置时为门灯。

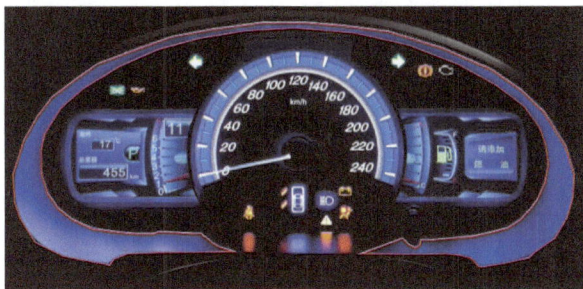

图 5-2-7　仪表灯

图 5-2-8　行李舱灯

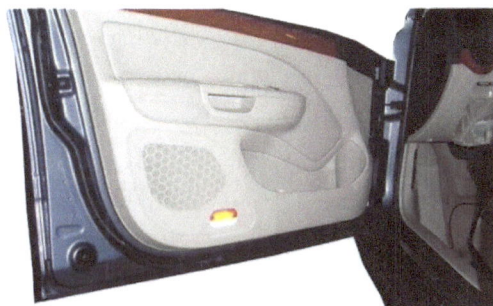

图 5-2-9　门灯

二、照明系统维护方法

1. 组合前照灯及开关检查

组合前照灯和开关检查主要使用目测法，主要包括外观检查、装配检查、工作检查和调整检查。

（1）外观检查

1）检查两侧前照灯新旧程度是否一致。

2）检查两侧组合前照灯外壳有无划痕、污染、破损等现象。

3）检查组合前照灯内部是否存在水迹、水汽等现象。

4）检查前照灯密封接头是否存在橡胶老化、开裂现象。

5）灯光操作开关有无卡滞现象，背景示廓灯是否工作正常。

（2）装配检查

1）检查两侧前照灯安装是否牢固可靠、到位。

2）检查灯位缝隙是否均匀，左右对称。

3）检查灯泡、插接器、橡胶密封件安装是否牢固可靠。

4）检查组合前照灯线束插接器是否安装牢靠，插接器是否存在腐蚀、破损、变形等情况。

（3）工作检查

工作检查主要是检查操纵灯光开关是否正常工作。

（4）调整检查

调整检查是利用灯光检测仪，检查两侧前照灯的发光强度、光束照射方向是否一致且符合规范。

2. 车外灯的检查

车外灯光检查通常需要两人配合进行检查，一人在车辆内部进行操作，另一人在车辆外部观察灯光情况，并通过灯光操指挥车内人员开启相应的照明系统灯光。

（1）示廓灯和牌照灯检查

车外前部示廓灯、后部示廓灯和牌照灯所对应的灯光操是一致的，均为双手平行向前伸直，拇指伸出相对，其余手指紧握，如图5-2-10所示。将灯光调至示廓灯档位后，观察车内仪表指示灯是否点亮，灯光是否正常亮起，亮度是否正常。

（2）雾灯检查

车外前部和后部的雾灯所对应的灯光操是一致的，均为双手平行向前伸直，拇指伸出向下，其余手指紧握，如图5-2-11所示。将灯光调至雾灯档位后，观察车内仪表指示灯是否点亮，灯光是否正常亮起，亮度是否正常。

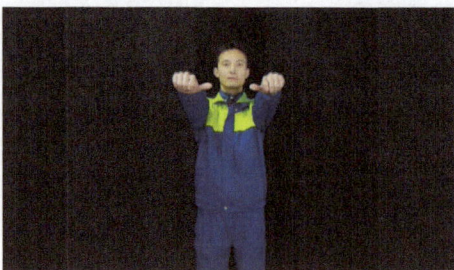

图 5-2-10　示廓灯和牌照灯检查

图 5-2-11　雾灯检查

（3）近光灯和远光灯检查

1）近光灯检查。近光灯检查的灯光操为双手平行向前伸直，掌心向下，四指并拢收起，拇指向下，如图5-2-12所示。调至近光灯档位后，观察近光灯是否亮起，亮度是否正常。

2）远光灯检查。远光灯检查的灯光操为双手向上弯曲，掌心向内，五指并拢，如图5-2-13所示。调至远光灯档位后，观察远光灯是否亮起，亮度是否正常，高度是否合适。

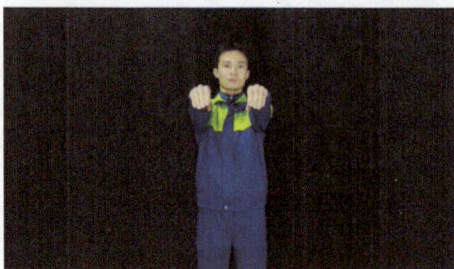

图 5-2-12　近光灯检查

图 5-2-13　远光灯检查

3）近/远光切换检查。近/远光切换检查的灯光操为双手向上弯曲，掌心向内，而后掌心向外，往前推出，并反复动作，如图 5-2-14 和图 5-2-15 所示。观察灯光能否进行近、远光切换。

图 5-2-14　近/远光切换检查 a

图 5-2-15　近/远光切换检查 b

3.车内灯的检查

1）开启相应的车内灯开关，检查工作情况。

2）将后阅读灯推至门灯位置，关闭车门，阅读灯熄灭；打开某一车门，阅读灯点亮工作。

3）开启行李舱盖，检查行李舱灯是否点亮，灯光亮度是否正常。

三、照明系统维护注意事项

1）检查车辆外部灯光时需注意检查车灯密封件，因为如果密封件发生老化开裂，那么遇到雨天会使雨水进入车灯总成内部，经过前照灯炙烤将在灯罩内形成水雾，影响车灯的照明范围。

2）灯光学组件要配套使用，不要随意更换不同功率的灯泡及其他光学组件，比如若检查时发现存在照明灯不亮，则应立即检查并排除故障，如需更换灯泡，则需注意替换灯泡的功率是否与原灯泡完全一致，因为功率大了会立即烧掉，小了则会亮度不足。

3）更换灯泡时，尽可能不使用手指直接接触灯泡表面。由于手部含有油脂，接触灯泡表面会使油脂残留在灯泡表面，当灯泡升温后，易在表面留下污浊物。

四、照明系统维护周期

新能源汽车照明系统维护可以参照表 5-2-1 所示进行操作。

表 5-2-1　比亚迪 e5 照明系统维护周期

维护保养时间 维护保养项目	里程表读数（总里程）或月数，以先到者为准															
里程表读数/ 1 000km	7.5	15	22.5	30	37.5	45	52.5	60	67.5	75	82.5	90	97.5	105	142.5	120
月数	6	12	18	24	30	36	42	48	54	60	66	72	78	84	90	96
检查灯具灯泡、LED 是否点亮正常	I	I	I	I	I	I	I	I	I	I	I	I	I	I	I	I
检查前灯调光功能是否正常	I	I	I	I	I	I	I	I	I	I	I	I	I	I	I	I

注：I 表示必要时进行检查、修正或更换。

实训演练

照明系统维护

请扫描二维码，查看"照明系统维护"技能视频，结合视频内容及相关资料，规范地完成照明系统的维护实训。

实训工具与准备：

1）设备：2018 款比亚迪 e5。
2）防护用品：绝缘手套、绝缘鞋。

一、实训前准备

1）穿戴好个人防护用品。
2）铺设车内防护三件套。
3）检查确认车辆状态是否正常。

二、照明系统外观检查

1. 前照灯总成外观检查

1）检查左侧前照灯灯罩外观是否良好，有无明显的裂纹、凹陷、磨损等痕迹。
2）检查左侧前照灯内部结构是否完好，各灯泡固定是否正常。
3）同样，检查右侧前照灯总成外观和内部结构是否完好。
4）打开车门，拉起前机舱盖拉锁手柄，打开前机舱盖。
5）检查左侧前照灯密封橡胶是否有老化开裂现象，并检查固定是否牢固。
6）检查左侧前照灯后部线束插接器是否松旷、插接器连接是否完好。
7）同样，检查右侧前照灯总成密封和固定情况。

2. 尾灯总成外观检查

1）检查左侧尾灯灯罩外观是否良好，有无外伤、裂纹等。
2）检查左侧尾灯内部结构是否完好，各灯泡固定是否正常。
3）同样，检查右侧尾灯外观和内部结构是否良好。
4）打开行李舱。
5）检查左侧尾灯总成两侧间隙是否均匀，密封是否良好，内部是否有水迹、水汽。
6）用手轻微晃动左侧尾灯总成，检查其固定是否牢靠。
7）同样，检查右侧尾灯总成的密封和牢固情况。

三、车外照明系统检查

1.车外前照灯检查

（1）示廓灯检查

①观察车外人员指挥手势，如图 5-2-16 所示。

②将灯光组合开关旋转至示廓灯档，如图 5-2-17 所示。

图 5-2-16　观察指挥手势

图 5-2-17　调至示廓灯档

③观察仪表指示灯是否点亮，如图 5-2-18 所示。

④车外人员观察示廓灯是否亮起，如图 5-2-19 所示。

（2）前雾灯检查

①观察车外人员指挥手势，如图 5-2-20 所示。

②先将组合开关旋转至示廓灯位置，再旋至前雾灯位置，开启前雾灯，如图 5-2-21 所示。

图 5-2-18　仪表指示灯亮起

图 5-2-19　示廓灯亮起

图 5-2-20　观察指挥手势

图 5-2-21　调至前雾灯档

③观察仪表中指示灯是否正常点亮，如图 5-2-22 所示。

④车外人员观察前雾灯是否正常点亮，如图 5-2-23 所示。

图 5-2-22　仪表指示灯亮起

图 5-2-23　前雾灯亮起

（3）近光灯和远光灯检查

① 观察车外人员指挥手势，如图 5-2-24 所示。

② 将灯光组合开关旋转至前照灯位置，如图 5-2-25 所示。

图 5-2-24　观察指挥手势

图 5-2-25　调至前照灯档

③ 车外人员观察近光灯是否亮起，如图 5-2-26 所示。

④ 再次观察车外人员指挥手势，如图 5-2-27 所示。

图 5-2-26　近光灯亮起

图 5-2-27　观察指挥手势

⑤ 将灯光组合开关向后调至远光灯档位，如图 5-2-28 所示。

⑥ 观察仪表指示灯是否点亮，如图 5-2-29 所示。

图 5-2-28　调至远光灯档位

图 5-2-29　仪表指示灯亮起

⑦ 车外人员观察灯光是否切换至远光灯模式，远光灯高度是否合适，如图 5-2-30 所示。

⑧ 观察车外人员指挥近、远光切换手势，如图 5-2-31 所示。

图 5-2-30　远光灯亮起

图 5-2-31　近、远光切换手势

⑨ 车内人员改变"变光开关"开关位置。

⑩ 车外人员观察灯光是否能近远光切换。

2. 车外后部照明灯检查

（1）示廓灯和牌照灯检查

> 🔔 **注意事项**：车辆牌照灯有两个，需要仔细检查，大多数牌照灯故障都是某一灯泡不亮，但检查时较易忽略。

① 观察车外人员指挥手势，如图 5-2-32 所示。

② 将灯光组合开关旋转至示廓灯档，如图 5-2-33 所示。

图 5-2-32　观察指挥手势

图 5-2-33　调至示廓灯档

③ 观察仪表指示灯是否点亮，如图 5-2-34 所示。

④ 车外人员观察尾灯总成内的示廓灯以及车辆牌照灯是否亮起，如图 5-2-35 所示。

图 5-2-34　仪表指示灯亮起

图 5-2-35　示廓灯及牌照灯亮起

（2）后雾灯检查

①观察车外人员指挥手势，如图5-2-36所示。

②先将组合开关旋转至示廓灯或前照灯位置，再旋转开关至后雾灯位置，如图5-2-37所示。

图5-2-36　观察指挥手势

图5-2-37　调至后雾灯位置

③观察仪表板中的后雾灯指示灯是否正常点亮，如图5-2-38所示。

④车外人员观察后雾灯是否正常点亮，如图5-2-39所示。

图5-2-38　仪表指示灯亮起

图5-2-39　后雾灯亮起

四、车内照明系统检查

1. 前阅读灯检查

1）按下右前阅读灯开关，检查右前阅读灯是否正常亮起，如图5-2-40所示。

2）按下左前阅读灯开关，检查左前阅读灯是否正常亮起，如图5-2-41所示。

3）再依次按下阅读灯开关，关闭阅读灯。

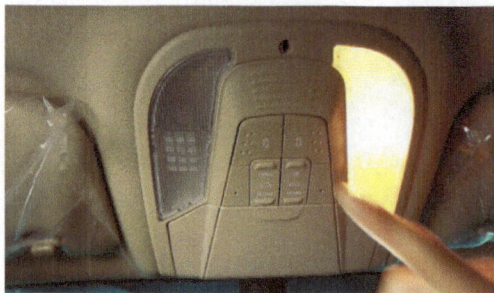

图5-2-40　右前阅读灯亮起

图5-2-41　左前阅读灯亮起

2. 后阅读灯检查

1）将后阅读灯开关推至 ON 位，检查后阅读灯是否正常亮起，如图 5-2-42 所示。

2）将后阅读灯开关推至 OFF 位，检查后阅读灯是否正常熄灭，如图 5-2-43 所示。

图 5-2-42　后阅读灯亮起

图 5-2-43　后阅读灯熄灭

3. 门灯检查

1）将后阅读灯开关推至中间门灯位置，如图 5-2-44 所示。

2）打开车门后，检查后阅读灯是否亮起。

3）关闭车门，检查后阅读灯是否正常熄灭。

图 5-2-44　推至中间门灯位置

4. 仪表灯和行李舱灯检查

1）打开车门。

2）检查仪表照明灯光是否正常亮起，如图 5-2-45 所示。

3）打开行李舱盖。

4）检查行李舱灯是否正常亮起，并确认亮度是否正常，如图 5-2-46 所示。

图 5-2-45　仪表照明灯亮起

图 5-2-46　行李舱灯亮起

五、整理清洁

按照 7S 管理标准，整理工具和场地。

任务练习

一、选择题

1）牌照灯主要是用于照亮车辆牌照的同时提示后方车辆，通常会和（　　　）一起打开使用。

A.制动灯　　　　　　B.倒车灯　　　　　　C.示廓灯　　　　　　D.后雾灯

2）进行灯光调整检查时，应使用（　　　）检查两侧前照灯发光强度、光束照射方向是否一致。

A.灯光检测仪　　　　B.万用表　　　　　　C.光度计　　　　　　D.照度计

3）在天色较暗，且对面无来车的情况下，驾驶员应使用（　　　）以提高行车安全。

A.远光灯　　　　　　B.近光灯　　　　　　C.远、近光灯交替　　D.以上选项都正确

4）照明设备灯包括（　　　）。

A.雾灯　　　　　　　B.顶灯　　　　　　　C.仪表灯　　　　　　D.以上全部都是

5）以下（　　　）不是车内照明装置。

A.行李舱灯　　　　　B.门灯　　　　　　　C.示廓灯　　　　　　D.仪表灯

二、判断题

1）在调整光束位置时，对具有双丝灯的前照灯，应该以调整近光光束为主。（　　　）

2）仪表灯安装于车辆仪表板内部，用来给仪表板照明，灯光颜色一般为黄色。

（　　　）

3）黄色防雾灯的作用是提高能见度，以便在雨雾天气下提高安全性。　（　　　）

4）某新能源汽车前照灯的灯泡坏了，可以用比原灯泡功率大一点的灯进行替换。

（　　　）

5）汽车会车时应采用远光灯，无对面来车时采用近光灯。　（　　　）

6）前照灯又称为前照灯，用于夜间行车道路的照明，装于汽车头部两侧。（　　　）

7）远光灯一般照射范围大、距离短。在傍晚天色较暗和黎明曙光初现时，或者白天天气不好，比如下雪、大雨天气等视线受限的情况下使用。　（　　　）

8）汽车"小灯"，在信号系统中用于示宽，也称示廓灯，其主要作用是在黄昏、阴天、雨雾天气等光线较昏暗时表明汽车的宽度和高度。　（　　　）

9）后雾灯选用红色，穿透力强于黄色，更容易让后车发现前车，以保证行车安全。

（　　　）

三、简答题

简述组合前照灯及开关外观的检查步骤。

任务三 信号系统维护

一辆 2018 款比亚迪 e5 送至 4S 店进行维护，车主反映该车左转向灯跳动频率比右转向灯快。现车间调度将任务工单派发至你手中，要求你安全、规范地完成该车信号系统维护的各项任务。

学习目标

1）知道新能源汽车信号系统的组成。
2）掌握新能源汽车信号系统的维护方法。
3）知道新能源汽车信号系统维护的注意事项。
4）能规范地对比亚迪 e5 的信号系统进行维护。

知识储备

信号设备是保证汽车在各种条件下安全行车，提高汽车行驶速度而安装的各种照明、仪表和警报装置。它主要通过声、光信号向环境发出有关车辆运行状况或状态的信息，保证汽车行驶安全。这些信号是驾驶员根据道路状况向其他车辆及行人发出的，由自身开关控制。

本任务以比亚迪 e5 轿车为例，主要介绍信号系统的组成、维护方法、维护注意事项以及维护周期。

一、信号系统组成

信号系统主要包括转向信号灯、危险警告灯、制动警示灯、示廓灯、蜂鸣器和倒车灯等，如图 5-3-1 所示。这些信号是驾驶员根据道路交通情况向其他车辆及行人发出的，由相应的开关控制。

a) 汽车前车灯   b) 汽车后车灯

图 5-3-1 信号系统组成

1. 转向信号灯

转向信号灯的作用是在汽车起步、转弯、变更车道或路边停车时打开的信号灯以示汽车的趋向，提醒周围车辆和行人。转向信号灯在车辆前后都有安装，它由车身模块控制、转向开关、转向灯和转向指示灯等组成。

2. 危险警告灯

危险警告灯俗称"双蹦"，主要用于提醒其他车辆或行人注意本车发生了特殊情况，其由警告灯开关和警告灯组成。

3. 制动灯

制动灯是主体颜色为红色的灯，红色能够增强光源的穿透性，以便后面行驶的车辆在能见度较低的情况下，易于发现前方车辆发生了制动，以防止追尾事故发生。制动灯一般安装在车辆尾部，主要由制动灯开关和制动灯组成。

4. 示廓灯

示廓灯也称为示宽灯，俗称小灯，主要用于在黄昏、阴天、雨雾天气等光线较昏暗时表明汽车的宽度和高度，以便车辆在会车及超车时判断出彼此的相对位置及车辆体积，一般安装在车前及车后车灯总成上。通常情况下，示廓灯的颜色为前白后红。

5. 蜂鸣器

蜂鸣器是汽车行驶中的声响警示装置。在汽车的行驶过程中，驾驶员根据需要和规定发出必须的音响信号，警告行人并引起其他车辆注意，以保证交通安全。它由膜片、触点、衔铁、共鸣片等组成，如图 5-3-2 所示。

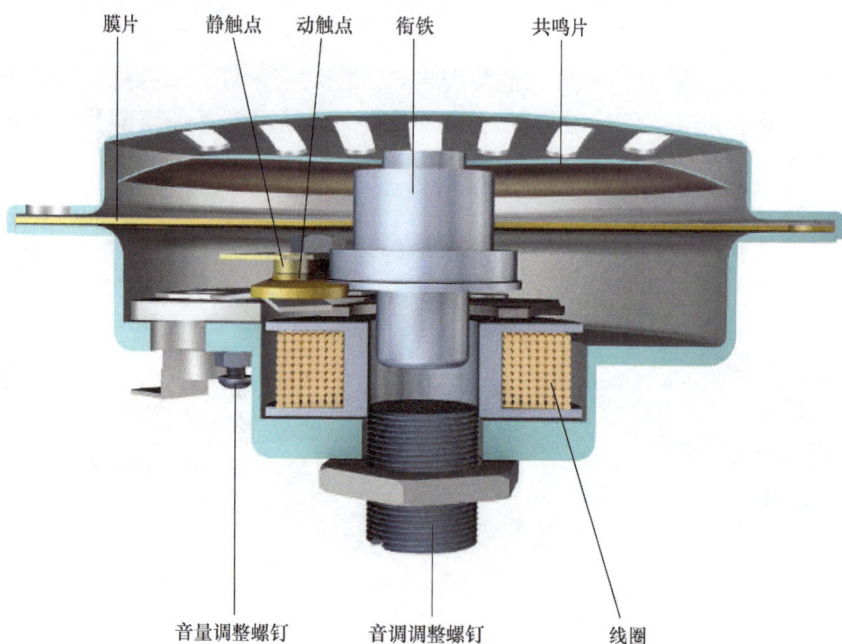

图 5-3-2　蜂鸣器的结构

6. 倒车灯

倒车灯安装于汽车后面，主要有两个作用：第一，是向其他的车辆和行人发出倒车信号；第二，主要是夜间倒车照明。

二、信号系统维护方法

1. 信号系统检查方法

车辆信号系统检查在维修站中通常为两人一组，以快保形式进行检查。

检查过程中，一人进入车内操作灯光，另一人在车外观察灯光，并通过灯光操指挥车内人员开启相应的信号系统灯光。这种检查方法可以加深工作人员的配合默契，并保证操作的准确性和有效性。

车外人员通常先站在车辆前部观察前部灯光，并给出相应的手势。完成前部检查后，车外人员移动至车辆后方，车内人员通过后视镜观察车外人员手势，并开启相应的灯光。在此过程中，如出现灯光问题，需再次重复灯光操作，排除人为操作失误。若重复后仍然存在灯光故障，则需及时记录并排除故障。

2. 信号系统检查内容

（1）转向灯检查

打开转向灯开关，检查右前转向灯、右车外后视镜转向灯和右后转向灯是否同时周期性闪烁，频率应为90~120次/min。如果发现一侧的灯光闪烁速度较快，则表明相应侧的转向系统发生短路或者断路现象。当转向盘回正时，转向开关应能自动回正。

（2）危险警告灯检查

打开危险警告灯开关后，车辆所有转向灯全部闪烁。

3. 示廓灯检查

调至示廓灯档位后，检查仪表指示灯是否亮起，示廓灯是否正常亮起，灯色是否正常。

4. 倒车灯检查

调至倒车档位后，观察倒车灯是否正常亮起，亮度是否正常。

5. 制动灯检查

踩住制动踏板，位于行李舱两侧的红色制动灯应点亮，同时中央高位制动灯也应一起点亮。

6. 蜂鸣器检查

按下蜂鸣器开关，检查蜂鸣器是否响起，音量是否正常，有无出现破声、单声等异常现象。

三、信号系统维护注意事项

1）检查转向灯时应检查所有转向灯。通常车辆侧面的转向灯最容易被忽略，因此应环车检查。

2）某些车辆的尾灯会设计单倒车灯和单后雾灯，因此需要根据车辆配置区分是否为单侧车灯不亮的情况。

3）检查信号灯光时应由两名维修人员配合进行，或将车辆停放至有镜面反光系统的保养工位上进行检查；严禁为节省工时而采取非常规检查操作，否则极易出现灯光漏检情况，严重时可能导致车辆发生事故。

四、信号系统维护周期

纯电动汽车信号系统维护周期见表 5-3-1，"I"表示必要时进行检查、修正或更换。

表 5-3-1　纯电动汽车信号系统维护周期

维护保养时间　维护保养项目	里程表读数（总里程）或月数，以先到者为准															
	里程表读数/1 000km	7.5	15	22.5	30	37.5	45	52.5	60	67.5	75	82.5	90	97.5	105	112.5	120
	月数	6	12	18	24	30	36	42	48	54	60	66	72	78	84	90	96
检查灯具灯泡、LED 是否点亮正常		I	I	I	I	I	I	I	I	I	I	I	I	I	I	I	I

注：混合动力汽车信号系统维护周期见表 5-3-2，"I"表示必要时进行检查、修正或更换。

表 5-3-2　混合动力汽车信号系统维护周期

维护保养时间　维护保养项目	里程表读数（总里程）或月数，以先到者为准											
	里程表读数/1 000km	3.5	11	18.5	26	33.5	41	48.5	56	63.5	71	78.5	86
	月数	6	18	30	42	54	66	78	90	102	114	126	138
检查灯具灯泡、LED 是否点亮正常		I		I		I		I		I		I	

实训演练

信号系统维护

请扫描二维码，查看"信号系统维护"技能视频，结合视频内容及相关资料，规范地完成信号系统的维护实训。

实训工具与准备：

1）设备：2018 款比亚迪 e5。
2）防护用品：绝缘手套、绝缘鞋。

一、实训前准备

1）穿戴好个人防护用品。
2）铺设车内防护三件套。
3）检查确认车辆状态是否正常。

二、信号系统外观检查

1.前照灯总成外观检查

1）检查左侧前照灯灯罩外观是否良好，有无明显的裂纹、凹陷、磨损等痕迹。
2）检查左侧前照灯内部结构是否完好，各灯泡固定是否正常。
3）同样，检查右侧前照灯总成外观和内部结构是否完好。
4）打开车门，拉起前机舱盖拉锁手柄，打开前机舱盖。
5）检查左侧前照灯密封橡胶是否有老化开裂现象，并检查固定是否牢固。
6）检查左侧前照灯后部线束插接器是否松旷、插接器连接是否完好。
7）同样，检查右侧前照灯总成密封和固定情况。

2.尾灯总成外观检查

1）检查左侧尾灯灯罩外观是否良好，有无外伤、裂纹等。
2）检查左侧尾灯内部结构是否完好，各灯泡固定是否正常。
3）同样，检查右侧尾灯外观和内部结构是否良好。
4）打开行李舱。
5）检查左侧尾灯总成两侧间隙是否均匀，密封是否良好，内部是否有水迹、水汽。
6）用手轻微晃动左侧尾灯总成，检查其固定是否牢靠。
7）同样，检查右侧尾灯总成的密封和牢固情况。

三、前部信号系统检查

1.蜂鸣器检查

1）观察车外人员指挥手势，如图 5-3-3 所示。
2）车内人员按下蜂鸣器开关，如图 5-3-4 所示。

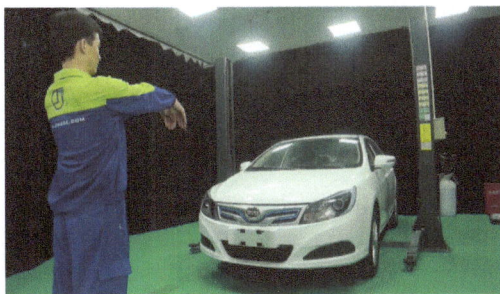

图 5-3-3　观察指挥手势

图 5-3-4　按下蜂鸣器开关

> 🔔 **注意事项**：如无法从声音上判断蜂鸣器是否存在单声，可以分别将手碰触在高、低声蜂鸣器上。按下蜂鸣器开关后，如果某一蜂鸣器无振动，则说明该蜂鸣器不响，蜂鸣器存在单声故障。

3）听高低声蜂鸣器是否同时响起，是否有单声、杂声和破声等情况发生。

2. 示宽灯检查

1）观察车外人员指挥手势，如图 5-3-5 所示。

2）将灯光组合开关旋转至示廓灯档，如图 5-3-6 所示。

图 5-3-5　观察指挥手势

图 5-3-6　调至示廓灯档

3）观察仪表指示灯是否点亮，如图 5-3-7 所示。

4）车外人员观察车辆前部示廓灯是否正常亮起、灯色是否正常、有无偏暗情况，如图 5-3-8 所示。

图 5-3-7　仪表指示灯亮起

图 5-3-8　示廓灯亮起

> 🔔 **注意事项**：当车辆使用 LED 灯时还需注意清点 LED 灯珠个数，检查是否有个别灯珠不亮。

3. 转向信号灯检查

1）观察车外人员指挥手势，如图 5-3-9 所示。

2）下拉组合开关手柄至左转向灯位置，如图 5-3-10 所示。

3）观察仪表中指示灯是否亮起，指示灯跳动频率是否正常，如图 5-3-11 所示。

4）车外人员观察车辆前部左转向信号灯是否亮起，跳动频率是否正常，如图 5-3-12 所示。

图 5-3-9　观察指挥手势

图 5-3-10　调至左转向灯位置

图 5-3-11　指示灯亮起并闪烁

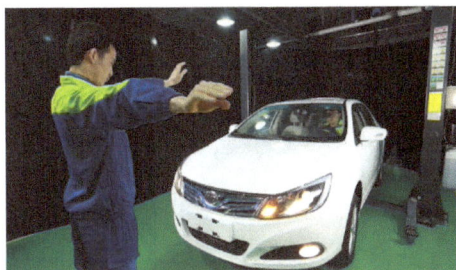

图 5-3-12　左转向灯亮起并闪烁

> 🔔 **注意事项：**
> ① 若某一转向灯的灯泡短路，该侧指示灯跳动频率会增加。
> ② 观察时切勿遗漏车辆两侧后视镜处的转向灯是否正常亮起。

5）观察车外人员指挥手势，如图 5-3-13 所示。

6）上推组合开关手柄至右转向灯位置，如图 5-3-14 所示。

图 5-3-13　观察指挥手势

图 5-3-14　调至右转向灯位置

7）观察仪表指示灯是否亮起，如图 5-3-15 所示。

8）车外人员观察车辆前部右转向灯是否亮起，跳动频率是否正常。

4. 危险警告灯检查

1）观察车外人员指挥手势，如图 5-3-16 所示。

图 5-3-15　指示灯亮起并闪烁

2）按下危险警告灯按钮，如图 5-3-17 所示。

图 5-3-16　观察指挥手势

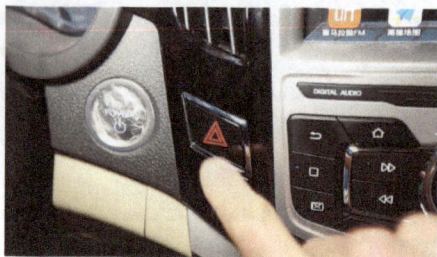

图 5-3-17　按下警告灯按钮

3）观察仪表中的指示灯是否点亮，如图 5-3-18 所示。

4）车外人员观察车辆前部危险警告灯是否正常闪烁，如图 5-3-19 所示。

图 5-3-18　指示灯亮起并闪烁

图 5-3-19　危险警告灯亮起并闪烁

5）再按下危险警告灯开关，关闭危险警告灯。

四、后部信号系统检查

1. 示廓灯检查

1）观察车外人员指挥手势。

2）将灯光组合开关旋转至示廓灯档。

3）观察仪表指示灯是否点亮。

4）车外人员观察车辆后部示廓灯是否正常亮起、灯色是否正常、有无偏暗情况，如图 5-3-20 所示。

2. 制动灯检查

1）观察车外人员指挥手势，如图 5-3-21 所示。

2）踩下制动踏板并保持，如图 5-3-22 所示。

图 5-3-20　后部示廓灯亮起

图 5-3-21　观察指挥手势

3）车外人员观察车尾部两侧制动灯和高位制动灯是否正常点亮，如图 5-3-23 所示。

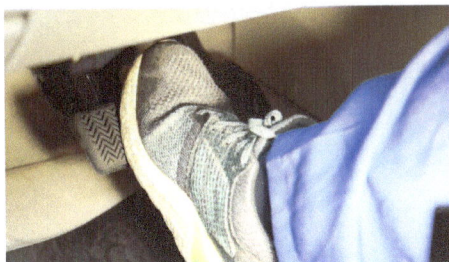

图 5-3-22　踩下制动踏板

图 5-3-23　制动灯亮起

4）松开制动踏板，制动灯熄灭。

3. 倒车灯检查

1）观察车外人员指挥手势，如图 5-3-24 所示。

2）踩下制动踏板，将档位挂入倒车档，如图 5-3-25 所示。

图 5-3-24　观察指挥手势

图 5-3-25　挂入倒车档

3）车外人员观察后部倒车灯是否正常亮起，倒车灯亮度是否正常，如图 5-3-26 所示。

图 5-3-26　倒车灯亮起

⚠ **注意事项**：并非所有车辆都有两个倒车灯，因此检查倒车灯时需参考车辆的实际配置。

4. 转向信号灯检查

1）观察车外人员指挥手势。

2）下拉组合开关手柄至左转向灯位置。

3）观察仪表中指示灯是否亮起，指示灯跳动频率是否正常。

4）车外人员观察车辆后部左转向信号灯是否亮起，跳动频率是否正常。

> 🔔 **注意事项**：若某一转向灯的灯泡短路，则该侧指示灯跳动频率会增加。

5）观察车外人员指挥手势。

6）上推组合开关手柄至右转向灯位置。

7）观察仪表指示灯是否亮起。

8）车外人员观察车辆后部右转向灯是否亮起，跳动频率是否正常。

5. 危险警告灯检查

1）观察车外人员指挥手势。

2）按下危险警告灯按钮。

3）观察仪表中的指示灯是否点亮。

4）车外人员观察车辆后部危险警告灯是否正常闪烁，如图 5-3-27 所示。

5）再按下危险警告灯开关，关闭危险警告灯。

五、整理清洁

图 5-3-27　危险警告灯亮起并闪烁

按照 7S 管理标准，整理工具和场地。

任务练习

一、选择题

1）转向信号灯的最佳闪光频率应为（　　）。

A. 40~60 次 /min　　　B. 70~90 次 /min

C. 100~120 次 /min　　D. 20~40 次 /min

2）制动灯灯光的颜色应为（　　）。

A. 红色　　　　　　　B. 白色

C. 绿色　　　　　　　D. 黄色

二、判断题

1）转向信号灯只在车辆前有安装。（　　）

2）制动灯是主体颜色为白色的灯。（　　）

3）转向信号灯由车身模块控制、转向开关、转向灯和转向指示灯等组成。（　　）

4）危险警告灯由警告灯开关和警告灯组成。（　　）

5）示廓灯也称为示宽灯。（　　）

6）危险警告灯俗称"双蹦"，主要用于提醒其他车辆或行人注意本车发生了特殊情况。　　　　　　　　　　　　　　　　　　　　　　　　　　　　（　　）

7）如无法从声音上判断蜂鸣器是否存在单声，可以分别将手碰触在高、低声蜂鸣器上。按下蜂鸣器开关后，如果某一蜂鸣器无振动，则说明该蜂鸣器不响，蜂鸣器存在单声故障。　　　　　　　　　　　　　　　　　　　　　　　　　　　　　　（　　）

8）若某一转向灯的灯泡短路，则该侧指示灯跳动频率会减少。　（　　）

9）所有车辆都有两个倒车灯。　　　　　　　　　　　　　　（　　）

10）信号设备是保证汽车在各种条件下安全行车，提高汽车行驶速度而安装的各种照明、仪表和警报装置。　　　　　　　　　　　　　　　　　　　　　（　　）

11）转向信号灯只在车辆前面有安装。　　　　　　　　　　　（　　）

12）倒车灯安装于汽车后面，主要有两个作用：第一，是向其他的车辆和行人发出倒车信号；第二，主要是夜间倒车照明。　　　　　　　　　　　　　　　（　　）

三、简答题

简述转向灯检查过程。

任务四　诊断仪使用及维护复位

一辆比亚迪·秦在进行保养时，需要用诊断仪读取相关控制模块的故障码和数据流。你知道如何操作诊断仪吗？在学完本任务后，请使用比亚迪专用诊断仪进行读取故障码和数据流的操作。

学习目标

1）知道 BYD-VDS2000 汽车故障诊断仪的组成。

2）理解 BYD-VDS2000 汽车故障诊断仪的功用。

3）掌握 BYD-VDS2000 汽车故障诊断仪按键的功能及界面操作。

4）能按照 BYD-VDS2000 汽车故障诊断仪的操作规范对比亚迪·秦进行诊断。

知识储备

汽车诊断仪是车辆故障自检终端，用户可以利用其迅速地读取汽车电控系统存储的故障，及相应的数据波形，并通过液晶显示屏显示故障信息，迅速查明发生故障的部位及原因并实时检测车辆性能，是检测车辆的必备工具。

一、诊断仪概述

汽车故障诊断仪，又称为汽车解码器，是用于检测汽车故障的便携式智能汽车故障自检仪。一般来讲，不同的诊断仪可能具有不同的功能，在适用品牌和车型上也有一定的要求。下面以 BYD-VDS2000 汽车故障诊断仪为例进行介绍。

BYD-VDS2000 汽车故障诊断仪能对比亚迪汽车有限公司所有现有的车型进行随车故障诊断。它可以完成许多人工难以进行的汽车检修工作，使汽车检修工作电脑化、自动化，如图 5-4-1 所示。

此外，它还能非常方便地进行在线升级，以支持比亚迪汽车有限公司后续新车型新系统的故障诊断。同时它还能够显示波形，可以作为一个简易版的示波器设备使用。

（1）0BYD-VDS2000 汽车故障诊断仪组成

BYD-VDS2000 汽车故障诊断仪的基本配置主要包括平板主机、VDCI 主机、OBD线束和 USB 线束四部分，如图 5-4-2 所示。

图 5-4-1　BYD-VDS2000 汽车故障诊断仪

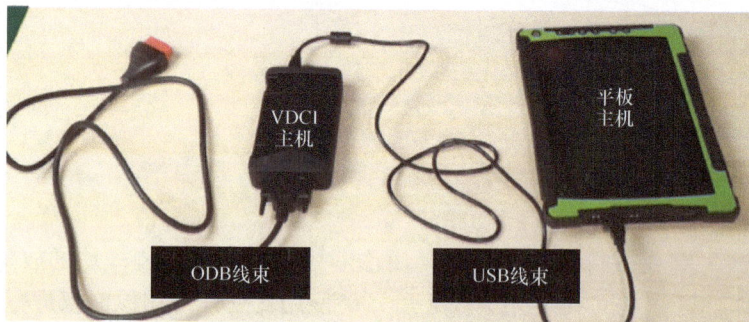

图 5-4-2　BYD-VDS2000 汽车故障诊断仪组成

其中 VDCI 主机上有三个主要的指示灯：STATE 灯、VCOM 灯和 COM 灯。

STATE 灯是 VDCI 状态指示灯，绿灯亮表示设备正常，红灯亮表示设备异常。

VCOM 灯是 VDCI 与整车通信指示灯，当有通信数据时绿灯闪动，停止通信后灯保持常亮。

COM 灯是 VDCI 与 VDS2000 诊断系统指示灯，当有通信数据时绿灯闪烁，停止通信后灯保持常亮。

注意：当诊断仪与汽车连接时，三个指示灯闪烁。随后，只有 STATE 灯亮，其他两个灯不亮，此时诊断仪在进行自检，诊断仪正常工作时，三个灯均常亮。

（2）BYD-VDS2000 汽车故障诊断仪功能

BYD-VDS2000 汽车故障诊断仪的功能包括：

① 无线或有线车辆诊断。

② 自动整车进行故障扫描。

③ 故障码智能关联（关联维修手册、互联网案例库）。
④ 可视化整车波形数据监测。
⑤ 诊断维修的统计和查询。
⑥ 智能判断整车程序更新。
⑦ 在线实时技术支持（文本、语音、视频）。
⑧ 故障码、维修手册、维修案例查询。

二、诊断仪界面认知

1. 诊断仪平板按键分布及功能

如图 5-4-3 所示，诊断仪平板右侧按键从上往下依次为电源键、音量增减键、返回键、回车键、任务键和 HOME 键。其功能见表 5-4-1。

注意：进入汽车诊断系统后，在其操作界面上也有相应的功能按钮，可根据实际情况与个人使用习惯选择使用。

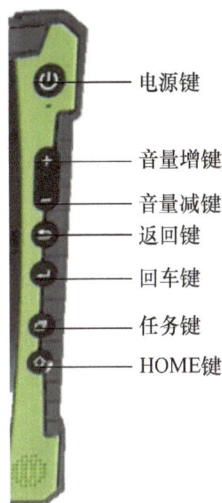

电源键
音量增键
音量减键
返回键
回车键
任务键
HOME键

图 5-4-3　诊断仪平板按键

表 5-4-1　平板按键功能

按键名称	按键功能
电源键	控制平板的"开机"和"关机"
音量增减键	控制音量的大小
返回键	返回上一菜单
回车键	回车，相当于"确认"键
任务键	单击后，可显示所有打开界面
HOME 键	返回主页面

2. 诊断仪界面显示

BYD-VDS2000 汽车诊断仪为触摸屏式诊断仪，以检测 2017 通用款比亚迪·秦为例，了解其界面显示情况。

1）进入汽车诊断仪后，可看到其初始界面如图 5-4-4 所示。

2）单击"乘用车"，进入汽车型号选择，如图 5-4-5 所示，几乎涵盖比亚迪的所有车型，若在界面中没有对应的车型，可单击"车型查找"，搜索相应的车型。

3）如图 5-4-5 所示，根据具体车型需要依次在界面进行选择。

图 5-4-4　初始界面

a)

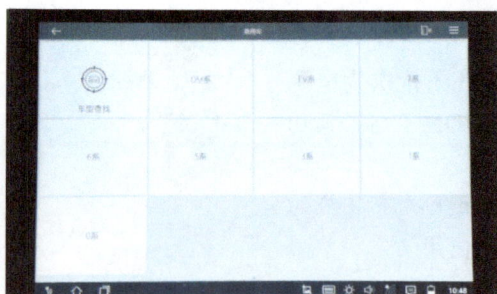

b)

c)

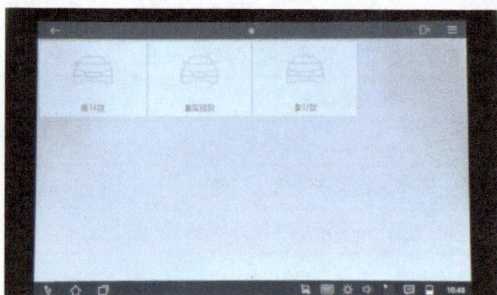

d)

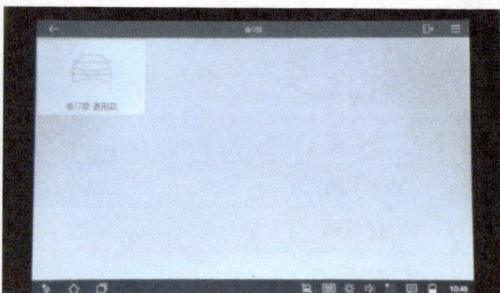

e)

图 5-4-5　车型选择

4）如图 5-4-6 所示，确定车型后进入其功能模块，根据需要选择相应的模块进行故障诊断。

5）在诊断时，通常先选择"ECU 模块"进行全车自动扫描，如图 5-4-7 所示。根据扫描结果，进入相应的子模块进行进一步的故障诊断，从而确定详细的故障部位。

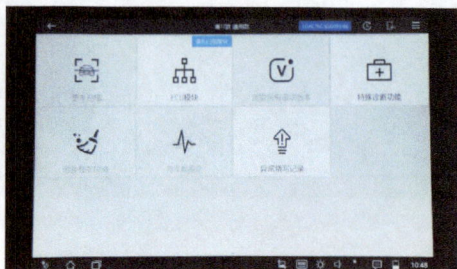

图 5-4-6　功能模块

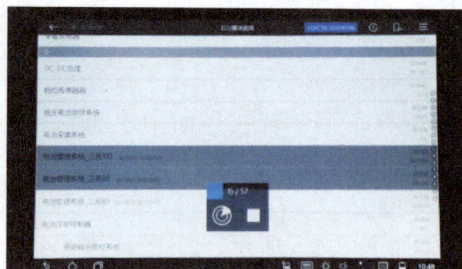

图 5-4-7　全车自动扫描

6）全车自动扫描结束后，选择其中任一子模块，如图 5-4-8 所示。单击该子模块最右侧箭头，进入该子模块的故障诊断中。如图 5-4-9 所示，在子模块故障诊断界面中共有 10 个功能选项，其中，较常用的有"故障检测""清除故障""数据流"和"动作测试"。

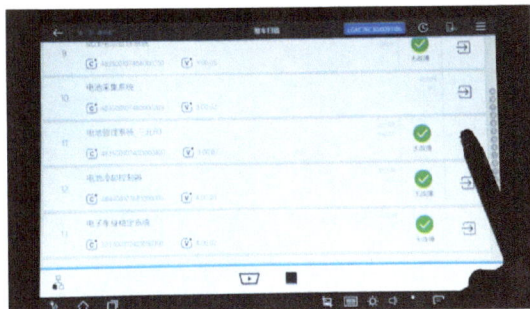

图 5-4-8　进入子模块诊断

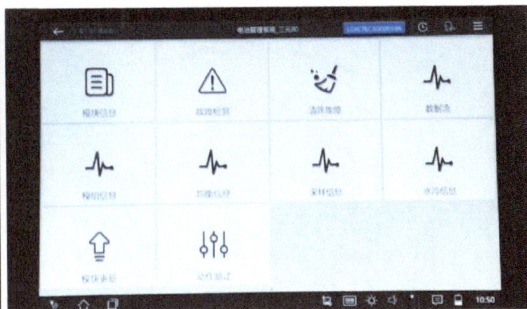

图 5-4-9　子模块功能区域

三、诊断仪使用注意事项

1）连接车辆诊断仪前需确认车辆已停放至可靠位置，档位置于 P 位，拉起驻车制动器，并将点火开关置于 ON 位或 START 位。

2）在使用车辆诊断仪期间，需确认车辆低压蓄电池电量在 11~14V 之间，若低于此电压，则需连接车辆低压蓄电池充电器。

3）若诊断仪电源异常，则当采用车辆点烟器电源线进行电源补充时，需注意在关闭车辆点火开关前应关闭诊断仪，以防止诊断仪出现非正常关机情况。

4）使用执行器控制功能时要符合操作规范，一些不当的操作可能会直接造成相关部件损坏。

5）在使用诊断仪对车辆进行软件升级时需要妥善管理车辆诊断插头，在升级过程中诊断插头脱落会直接导致车辆控制软件崩溃，造成车辆无法使用的情况。

实训演练

比亚迪汽车专用故障诊断仪的使用

请扫描二维码，查看"比亚迪汽车专用故障诊断仪的使用"技能视频，结合视频内容及相关资料，规范地完成比亚迪汽车专用故障诊断仪的使用实训。

实训工具与准备：

1）工具：比亚迪专用故障诊断仪 VDS2000。

2）设备：2017 款比亚迪·秦。

一、实训前准备

1）穿戴好个人防护用品。

2）铺设车内防护三件套。

3）检查确认车辆状态是否正常。

二、连接诊断仪套件

1）打开诊断仪套件。

2）取出诊断仪平板、诊断仪适配器 VDCI、OBD 线束和 USB 线束，并将其正确连接，如图 5-4-10 所示。

将OBD线束与适配器相连　　　　　　　USB线束两端分别连接适配器和平板

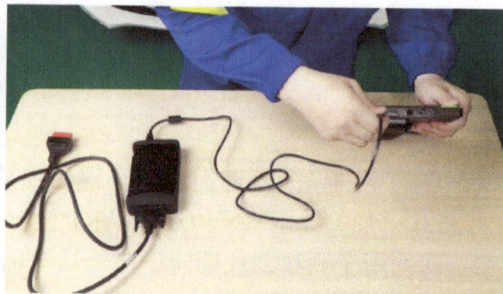

图 5-4-10　诊断仪连接

3）将适配器连接至车辆 OBD 诊断接口，如图 5-4-11 所示。

4）确认适配器上的"STATE"灯正常点亮并显示绿色，如图 5-4-12 所示。

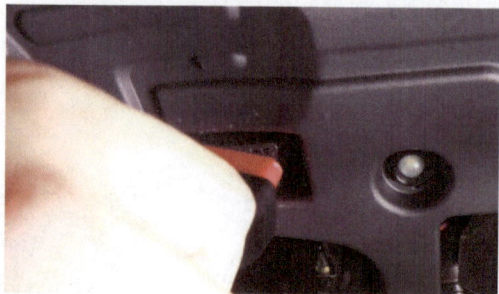

图 5-4-11　连接诊断接口　　　　　　　图 5-4-12　"STATE"灯正常点亮

注意事项：

① 将适配器连接至车辆 OBD 诊断接口之前须确保车辆起动开关处于"OFF"状态。

② 若 STATE 灯显示红色，则表示设备异常，需进行检修或更换。

5）按下车辆起动开关至"ON"状态，如图 5-4-13 所示。

按下"起动"按钮

仪表板显示"已起动"

图 5-4-13　起动车辆

三、全车扫描

1）打开诊断仪平板开关，如图 5-4-14 所示。

2）待初始界面出现后，单击"汽车诊断系统"，进入 VDS 汽车诊断系统，如图 5-4-15 所示。

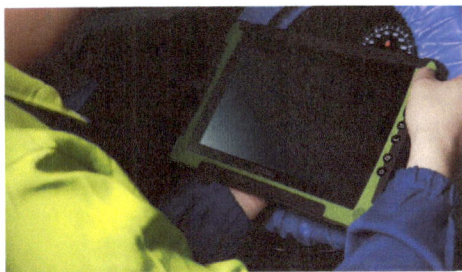
图 5-4-14　打开开关

图 5-4-15　进入汽车诊断系统

3）依次单击"乘用车"→"DM 系"→"秦"→"秦 17 款"→"秦 17 款 通用款"，与车辆 OBD 建立连接，进入诊断界面，如图 5-4-16 所示。

4）选择"ECU 模块"进行全车模块自动扫描。待扫描完成后，查看各模块状态是否正常，如图 5-4-17 所示。

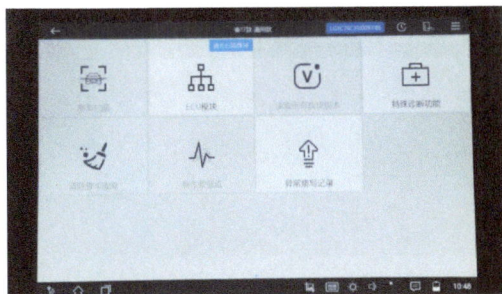
图 5-4-16　进入诊断界面

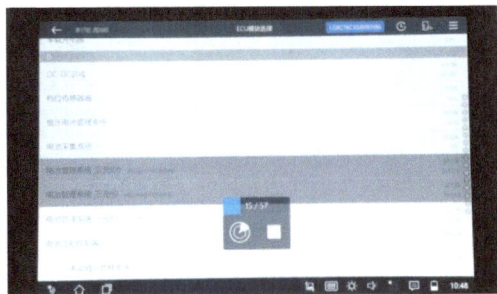
图 5-4-17　进行全车模块自动扫描

注意事项：若有模块显示故障，可进入模块诊断界面，查看模块详细数据，以此判断故障的可能原因。

四、单个模块测试

以"电池管理系统 - 三元 80"为例。在"电池管理系统 - 三元 80"模块诊断界面上，可以看到 8 个选项，下面主要以"故障检测"和"数据流"两个最常用的功能为例，进行演示。

> **注意事项**：每个模块因其功能不同，诊断界面中的选项也会略有不同，可根据具体需求进行选择。

1）单击"故障检测"读取电池管理系统的故障码，显示系统正常，如图 5-4-18 所示。

2）单击"清除故障"，可清除该模块的相关故障码，如图 5-4-19 所示。

3）单击"数据流"读取电池管理系统数据流，诊断仪提供系统全选和部分勾选两种方式查看数据流。单击"开始"按键，系统读取相关数据流；单击"暂停"按键，系统暂停读取相关数据流，如图 5-4-20 所示。

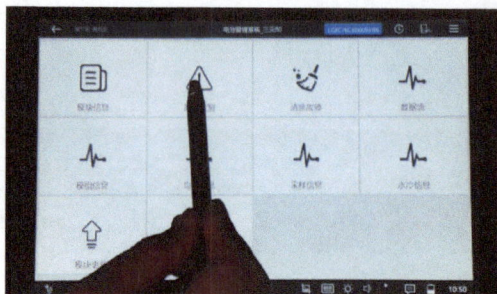

模块诊断界面

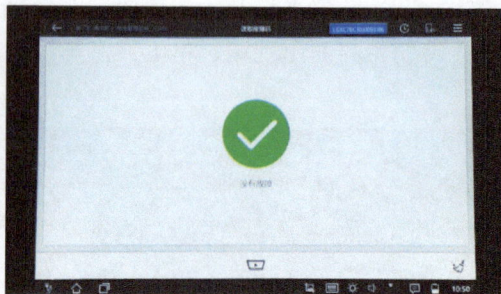

故障检测显示"没有故障"

图 5-4-18　故障检测

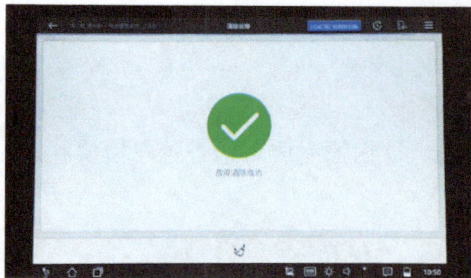

图 5-4-19　"清除故障"界面

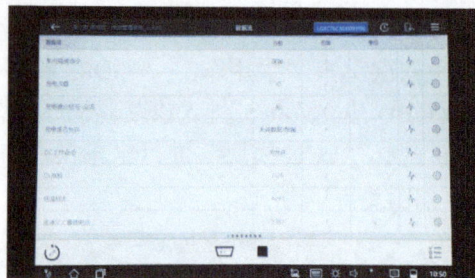

图 5-4-20　"数据流"界面

4）可根据故障码和相关数据流判断动力电池当前状态。

五、断开诊断仪

1）将车辆起动开关置于"OFF"状态。

2）将适配器插接器从 OBD 诊断接口处轻轻拔下，将诊断仪套件放回原位。

六、整理清洁

按照 7S 管理标准，整理工具和场地。

任 务 练 习

一、选择题

1）以下（　　　）是 BYD-VDS2000 汽车故障诊断仪的功能。

A. 自动整车进行故障扫描

B. 诊断维修的统计和查询

C. 在线实时技术支持（文本、语音、视频）

D. 以上全部都是

2）以下诊断仪平板按键所对应的功能正确的为（　　　）。

A. HOME 键，功能是单击后，可显示所有打开界面

B. 回车键，功能是返回主页面

C. 返回键，功能是返回上一菜单

D. 电源键，功能是只控制平板的"开机"

3）诊断仪使用注意事项中错误的是（　　　）。

A. 连接车辆诊断仪前需确认车辆已停放至可靠位置，档位置于P位，拉起驻车制动器，并将点火开关置于 ON 位或 START 位。

B. 在使用车辆诊断仪期间，需确认车辆低压蓄电池电量在 8~12V，若低于此电压，则需连接车辆低压蓄电池充电器。

C. 若诊断仪电源异常，则当采用车辆点烟器电源线进行电源补充时，需注意在关闭车辆点火开关前应先关闭诊断仪，以防止诊断仪出现非正常关机情况。

D. 在使用诊断仪对车辆进行软件升级时需要妥善管理车辆诊断插头，在升级过程中诊断插头脱落会直接导致车辆控制软件崩溃，造成车辆无法使用的情况。

4）以下（　　　）不是全车扫描的过程。

A. 打开诊断仪平板开关

B. 选择"ECU 模块"进行全车模块自动扫描

C. 在初始界面前，先进入 VDS 汽车诊断系统

D. 待扫描完成后，查看各模块状态是否正常

5）以下连接诊断仪套件顺序正确的是（　　　）。

① 打开诊断仪套件

② 确认适配器上的"STATE"灯正常点亮并显示绿色

③ 将适配器连接至车辆 OBD 诊断接口

④ 按下车辆起动开关至"ON"状态

⑤ 取出诊断仪平板、诊断仪适配器 VDCI、OBD 线束和 USB 线束，并将其正确连接

A. ①　③　②　⑤　④

B. ①　⑤　③　④　②

C. ①　③　⑤　②　④

D. ①　⑤　③　②　④

二、判断题

1）若 STATE 灯显示红色，则表示设备异常，需检修或更换。　　　　　（　　）

2）当诊断仪与汽车连接时，三个指示灯闪烁，随后只有 STATE 灯亮，其他两个灯不亮，此时诊断仪在进行自检，诊断仪正常工作时，三个灯均常亮。　　　　　（　　）

3）COM 灯是 VDCI 状态指示灯，绿灯亮表示设备正常，红灯亮表示设备异常。

（　　）

4）在使用车辆诊断仪期间，需确认车辆低压蓄电池电量在 5~10V。　　　（　　）

5）诊断仪平板左侧按键从上往下依次为电源键、音量增减键、返回键、回车键、任务键和 HOME 键。　　　　　（　　）

6）VDCI 主机上有三个主要的指示灯：STATE 灯、VCOM 灯和 COM 灯。　（　　）

7）当诊断仪与汽车连接时，两个指示灯闪烁。　　　　　（　　）

8）诊断仪在进行自检，诊断仪正常工作时，三个灯均常亮。　　　　　（　　）

9）每个模块因其功能不同，诊断界面中选项也会略有不同。　　　　　（　　）

三、简答题

描述 BYD-VDS2000 汽车故障诊断仪的功能。

参 考 文 献

[1] 段万普 . 蓄电池使用和维护 [M]. 北京：化学工业出版社，2021.

[2] 何宇漾，华奇 . 新能源汽车构造与维修维护 [M]. 北京：清华大学出版社，2021.

[3] 王鸿波，周娜 . 新能源汽车日常使用与维护 [M]. 北京：高等教育出版社，2020.

[4] 吴兴敏，杨军身 . 纯电动汽车 [M]. 北京：化学工业出版社，2020.

[5] 瑞佩尔 . 新能源汽车结构与原理 [M]. 北京：化学工业出版社，2019.

[6] 李晶华，李穗萍 . 新能源汽车使用与维护 [M]. 北京：机械工业出版社，2018.

[7] 包丕利 . 新能源汽车维护与保养 [M]. 北京：机械工业出版社，2018.